文化遗产保护与文化产业发展论丛

中国非物质文化遗产的保护利用

ZHONGGUO FEIWUZHI WENHUA YICHAN DE BAOHU LIYONG

黄永林 / 著

湖北省公益学术著作出版专项资金
Hubei Special Funds for Academic and Public-interest Publications

中国语言文学
一流学科建设文库

華中師範大學出版社

新出图证(鄂)字10号

图书在版编目(CIP)数据

中国非物质文化遗产的保护利用/黄永林著. —武汉:华中师范大学出版社,2023.6(2025.6重印)

(文化遗产保护与文化产业发展论丛)

ISBN 978-7-5769-0096-5

Ⅰ. ①中… Ⅱ. ①黄… Ⅲ. ①非物质文化遗产—保护—研究—中国 Ⅳ. ①G122

中国国家版本馆CIP数据核字(2023)第054197号

中国非物质文化遗产的保护利用

责任编辑:王 胜 **责任校对**:肖绪旭 **封面设计**:胡 灿

编 辑 室:学术出版中心 **电话**:027-67863280/7792

出版发行:华中师范大学出版社有限责任公司

社址:湖北省武汉市洪山区珞喻路152号 **邮编**:430079

电话:027-67863426(发行部) **传真**:027-67863291

网址:http://press. ccnu. edu. cn **电子邮箱**:press@ mail. ccnu. edu. cn

印刷:湖北新华印务有限公司 **督印**:刘 敏

字数:284千字

开本:710mm×1000mm 1/16 **印张**:19. 75

版次:2023年6月第1版 **印次**:2025年6月第2次印刷

定价:98. 00元

欢迎上网查询、购书

总　　序

浩瀚苍穹，斗转星移；苍茫大地，沧海桑田，文化照亮人类文明的前行之路。人类迄今已走过长达数百万年的历程，文明的出现所占不过6000年，文明是人类文化发展到较高阶段的产物。人类在漫长的历史长河中，从茹毛饮血到田园农耕，从工业革命到信息社会，创造了多姿多彩的文化瑰宝，书写了波澜壮阔的文明华章。传统文化是人类文明孕育诞生与演化发展的历史见证，是一个国家和民族的历史血脉、集体记忆和精神标识。我国地域辽阔，物产丰富，民族众多，历史悠久，是拥有五千年不间断文明史的古国，创造了博大精深、异彩纷呈的中华文化，为人类文明进步作出了不可磨灭的贡献。中华文化是中华民族集体智慧的结晶，积淀着中华民族最深沉的精神追求，凝聚着中华民族最根本的精神基因，体现着中华民族旺盛的生命力和伟大的创造力，是中华民族生生不息、发展壮大的丰厚滋养。中华文化既是中华民族的宝贵财富，也是全人类文明的瑰宝。

革命推动社会前进，科技铸就现代文明，传统文化在现代化进程中面临挑战。18世纪工业革命的爆发，彻底改变了延续数千年的手工劳动的绝对支配地位，推动延续了数千年传统的自给自足的自然经济逐步解体，使得建立在农业经济基础上的小生产共同体向以机械化大规模生产为条件的工业企业转变，以农业为主的农村社会逐渐向工业化和城市化社会转轨。自20世纪40年代中期计算机问世以来，在全世界范围内兴起的现代信息革命对人类社会产生了空前的影响，信息产业应运而生，人类迈向信息社会，人类文明正在由工业文明向信息文明转型。当今，互联网、大数据、云计算、人工智能、虚拟现实、区块链等新技术的新进展，为人类创造了生活新空间，带来了信息交流的新方式，使信息的传递突破了时间和空间的限制，让人与人之间的距离骤然缩短，整个地球变成了一个“地球村”，实现了信息资源的共享，人类单位时间中认识世界、改造世界的能力和效率极大提高。然而，产生于自然经济和农业文明基础之上的传统文化的传承却正遭受着严峻考验，一些十分珍贵的物质文化遗产频遭破坏，许多极为宝贵的非物质文化遗产正濒临消亡的危机。

面对来自自然和社会破坏的威胁，加强文化遗产保护已成为国际共识。为加强世界文化遗产的保护，1972 年 11 月联合国教科文组织通过了《保护世界文化和自然遗产公约》，为文化遗产保护提供了制度化保障。该公约开宗明义地指出：

> 注意到文化遗产和自然遗产越来越受到破坏的威胁，一方面因年久腐变所致，同时变化中的社会和经济条件使情况恶化，造成更加难以对付的损害和破坏现象，考虑到任何文化或自然遗产的坏变或丢失都有使全世界遗产枯竭的有害影响，考虑到国家一级保护这类遗产的工作往往不很完善，原因在于这项工作需要大量投入，而列为保护对象的财产的所在国却不具备充足的经济、科学和技术力量。本组织《组织法》规定，本组织将通过保存和维护世界遗产和建议有关国家订立必要的国际公约来维护、增进和传播知识。而现有的关于文化和自然遗产的国际公约、建议和决议表明：保护不论属于哪国人民的这类罕见且无法替代的财产，对全世界人民都很重要。考虑到部分文化或自然遗产具有突出的重要性，因而须作为全人类世界遗产的一部分加以保护；考虑到威胁这类遗产的新危险的规模和严重性，整个国际社会有责任通过提供集体性援助来参与保

护具有突出的普遍价值的文化和自然遗产，这种援助尽管不能代替有关国家采取的行动，但将成为它的有效补充；考虑到为此有必要通过采用公约形式的新规定，以便为集体保护具有突出的普遍价值的文化和自然遗产建立一个根据现代科学方法制定的永久性的有效制度。①

2003年9月，联合国教科文组织又通过了《保护非物质文化遗产公约》，将作为人类文化遗产重要组成部分的非物质文化遗产纳入保护的范围。该公约指出：

> 本公约的宗旨如下：（一）保护非物质文化遗产；（二）尊重有关社区、群体和个人的非物质文化遗产；（三）在地方、国家和国际一级提高对非物质文化遗产及其相互欣赏的重要性的意识；（四）开展国际合作及提供国际援助。②

经过半个世纪的努力，保护人类文化遗产已成为国际社会广泛的共识，世界各国积极行动，有效地保护了人类宝贵的文化遗产，促进了世界文化多样性的发展。

保护中华优秀传统文化，中国在积极行动，成就辉煌，经验宝贵，引领世界。中国是一个文化遗产大国，保护好文化遗产，事关中华文明的传承和中华民族的振兴，在保护中华优秀文化遗产方面我国作出了不懈努力，也取得了许多独特的中国经验。为加强文化遗产的保护，1982年11月，我国公布实施《中华人民共和国文物保护法》，我国文化遗产保护纳入法制化轨道。1985年12月12日，我国正式加入《保护世界文

---

① 联合国教科文组织：《保护世界文化和自然遗产公约（1972）》，https：//www. ihchina. cn/zhengce_details/15725。

② 联合国教科文组织：《保护非物质文化遗产公约（2003）》，https：//www. ihchina. cn/zhengce_details/11668。

化和自然遗产公约》，成为缔约国之一，这标志着我国文化遗产保护事业正式加入世界文化遗产保护事业中，是我国文化遗产保护事业国际化的里程碑。2002 年 10 月新修订的《中华人民共和国文物保护法》确立了“保护为主、抢救第一、合理利用、加强管理”的工作方针，至今成为我国文化遗产保护事业的基本出发点和法律依据。2004 年，我国加入联合国教科文组织的《保护非物质文化遗产公约》，成为缔约国之一。2005 年 12 月，国务院发布了《关于加强文化遗产保护的通知》，这是我国第一个以文化遗产保护为对象的政策性文件，它明确指出：物质文化遗产保护要贯彻“保护为主、抢救第一、合理利用、加强管理”的方针；非物质文化遗产保护要贯彻“保护为主、抢救第一、合理利用、传承发展”的方针。2011 年 2 月，第十一届全国人大常委会第十九次会议表决通过了《中华人民共和国非物质文化遗产法》，该法于 2011 年 6 月 1 日起施行。中国文化遗产保护的内容从物质文化遗产拓展到非物质文化遗产，即从对物的保护上升到对人的保护，从对物件的保护过渡到对物件制作技艺的保护。《中华人民共和国非物质文化遗产法》以国家立法的形式对非遗进行保护、传承，明确了保护与弘扬非遗的社会责任，这为非遗保护、传承提供了有效的法制保障，对非遗保护、传承、发展起到了巨大的促进作用。

党的十八大以来，以习近平同志为核心的党中央认识到文化遗产的传承、保护、利用在建设社会主义文化强国中的重要作用，高度重视弘扬中华优秀传统文化，推动中华优秀传统文化创造性转化、创新性发展。2013 年 8 月 9 日，习近平在全国宣传思想工作会议上的讲话中指出：在建设社会主义文化强国中，“中华优秀传统文化是中华民族的突出优势，是我们最深厚的文化软实力”[①]。2013 年 12 月 30 日，习近平在主持中共中央政治局第十二次集体学习时特别指出，“在 5000 多年文明发展进程

① 习近平：《把宣传思想工作做得更好》，《习近平谈治国理政》（第一卷），北京：外文出版社 2018 年版，第 155 页。

中，中华民族创造了博大精深的灿烂文化”，“要系统梳理传统文化资源，让收藏在禁宫里的文物、陈列在广阔大地上的遗产、书写在古籍里的文字都活起来”[①]。2016 年，习近平总书记对文物工作做出重要指示，强调要“切实加大文物保护力度，推进文物合理适度利用，使文物保护成果更多惠及人民群众……努力走出一条符合国情的文物保护利用之路”[②]。2017 年 1 月，中共中央办公厅、国务院办公厅印发《关于实施中华优秀传统文化传承发展工程的意见》，强调要“不断增强中华优秀传统文化的生命力和影响力，创造中华文化新辉煌”[③]。2021 年 8 月，中共中央办公厅，国务院办公厅印发《关于进一步加强非物质文化遗产保护工作的意见》[④]，强调非遗保护工作要“贯彻‘保护为主、抢救第一、合理利用、传承发展’的工作方针，深入实施非物质文化遗产传承发展工程，切实提升非物质文化遗产系统性保护水平，为全面建设社会主义现代化国家提供精神力量”。党的二十大报告再次提出，“繁荣发展文化事业和文化产业”，“加大文物和文化遗产保护力度”，“推进文化和旅游深度融合发展”，“坚守中华文化立场，提炼展示中华文明的精神标识和文化精髓，加快构建中国话语和中国叙事体系”[⑤]。2022 年 12 月，习近平对非物质文化遗产保护工作作出重要指示：“要扎实做好非物质文化遗产的系统性保护，更好满足人民日益增长的精神文化需求，推进文化自信自强。要推动中华优秀传统文化创造性转化、创新性发展，不断增强

① 习近平：《提高国家文化软实力》，《习近平谈治国理政》（第一卷），北京：外文出版社 2018 年版，第 161 页。

② 中共中央文献研究室：《习近平关于社会主义文化建设论述摘编》，北京：中央文献出版社 2017 年版，第 190 页。

③《中共中央办公厅　国务院办公厅印发〈关于实施中华优秀传统文化传承发展工程的意见〉》，2017 年 1 月 25 日，http：//www. gov. cn/gongbao/content/2017/content_5171322. htm。

④ 中共中央办公厅、国务院办公厅：《关于进一步加强非物质文化遗产保护工作的意见》，《中华人民共和国国务院公报》2021 年 8 月 30 日。

⑤ 习近平：《高举中国特色社会主义伟大旗帜　为全面建设社会主义现代化国家而团结奋斗——在中国共产党第二十次全国代表大会上的报告》，本书编写组编著：《党的二十大报告辅导读本》，北京：人民出版社 2022 年版，第 40—41 页。

中华民族凝聚力和中华文化影响力，深化文明交流互鉴，讲好中华优秀传统文化故事，推动中华文化更好走向世界。”①

新中国成立以来，我国文化遗产保护事业从艰难起步、快速发展到高质量发展，从抢救性保护到保护与利用并重，保护理念深刻变革，体制机制不断创新，不断优化调整工作思路和主要任务，在攻坚克难中开拓进取，取得了辉煌成就。目前，中国已有 56 项世界文化和自然遗产列入《世界遗产名录》，其中世界文化遗产 33 项、世界文化景观遗产 5 项、世界文化与自然双重遗产 4 项、世界自然遗产 14 项；共有 43 个项目列入联合国教科文组织非物质文化遗产名录、名册，居世界第一。

当今时代，中国社会正在悄然发生着一场继承和发扬中华优秀传统文化的“二次革命”，中华优秀传统文化的保护利用已进入高质量发展新阶段。在传统与现代交融的文化发展新背景下，我们应如何对这些优秀传统文化的价值进行充分发掘和弘扬？如何让这些博大精深的文化遗产为新时代中国特色社会主义文化建设发挥更大作用？这是我们必须迫切回答的问题。我们要以习近平总书记提出的“文化两创”为引领，深化对中华优秀传统文化重要性的认识，加强对中华优秀传统文化的历史价值、社会价值、文化价值、艺术价值、科技价值、经济价值等进行深入挖掘，为推动中华优秀传统文化创造性转化和创新性发展提供理论支撑与实践方案，让中华优秀传统文化在当代生活中迸发出发展新动力。

研究中国传统文化，推动文化产业发展，华中师范大学师生身先士卒，成绩显著。华中师范大学十分重视作为中华优秀传统文化重要组成部分的中国民间文化的学术研究和人才培养，早在 20 世纪 50 年代，即紧跟北京师范大学钟敬文先生，在中文系开设民间文学课程，1985 年开

①《习近平对非物质文化遗产保护工作作出重要指示强调　扎实做好非物质文化遗产的系统性保护　推动中华文化更好走向世界》，2022 年 12 月 12 日，http：//cpc. people. com. cn/shipin/n1/2022/1213/c243247-32586031. html。

始招收民间文学硕士研究生。经国家学位委员会批准，学校于 1987 年建立民间文学硕士点，2003 年建立民间文学博士点。1996 年，我主编的《民间文学导论》获国家教委高校优秀教材一等奖。1997 年，“民间文学教学改革研究”获湖北省政府教学成果一等奖。2006 年，学校整合学科资源成立全国高校第一个非物质文化遗产研究中心，并于 2007 年获得“文化部非物质文化遗产保护工作先进集体”称号。2006 年，以黄永林教授为主任的华中师范大学国家文化产业研究中心被文化部命名为国家级文化产业研究中心。2011 年，经教育部批准，我校国家文化产业研究中心以中国语言文学、中国史、公共管理、管理科学与工程四个一级学科为支撑，成立了新兴交叉学科“文化资源与文化产业”，成为国内首个在该交叉学科招收硕士、博士研究生以及博士后研究人员的单位。2012 年，由黄永林教授主持的国家“211 工程”三期建设项目“中华民族文化保护、创意与数字化工程”荣获第四届文化部创新奖；由华中师范大学国家文化产业研究中心和湖北九通电子音像出版社合作拍摄制作的《荆楚国家级非物质文化遗产精粹》，2020 年获湖北省政府出版奖，2023 年获第八届中华优秀出版物提名奖。

勇于探索，不断创新，出版丛书，展示成果，推动中华优秀传统文化创新发展。这套由黄永林教授主编的“文化遗产保护与文化产业发展论丛”，是华中师范大学“中国语言文学一流学科建设”“中华文化传承创新项目”具有开拓性、代表性成果的展现，是我校师生在党和国家实施中华优秀传统文化传承发展工程，推动中华优秀传统文化创造性转化、创新性发展，扎实推进文化事业和文化产业繁荣发展，实施国家文化数字化战略，建设社会主义文化强国的背景下，开展的以文化遗产保护与文化产业发展为主题研究的重要成果展示。这一丛书的出版，体现了高校的学术功能、学者的时代担当和出版社的社会责任。

本丛书第一批推出的成果包括《中国传统文化的现代阐释》《中国文化产业的现代发展》《中国非物质文化遗产的保护利用》《数字技术时代的非遗保护与经济文化发展》《文化与文化产业发展研究报告——基

于湖北的调研》，是作者近几年围绕中国文化遗产保护传承利用、文化产业高质量发展、数字技术与文化发展以及区域文化发展等重要领域进行研究的重要成果。丛书五卷一体，每卷自成体系，各有重点，独具特色。《中国传统文化的现代阐释》聚焦历史文物、民间文学、民俗文化、城市建筑文化和乡村地域文化等的产生发展、功能价值、传承保护和资源转化等进行现代阐释，力图通过一些个案，梳理中国传统文化的历史脉络，探索中华文化基因、文化特征和特殊价值，该研究为当今开展的中华优秀传统文化保护弘扬和利用发展提供了一定的理论支撑。《中国文化产业的现代发展》聚焦中国文化产业的发展历史、基本理论和资源利用、科技创新与产业发展等重大问题，探讨了我国现代文化产业发展的历史脉络、成绩与经验、问题与成因，分析了文化资源、文化创意、科技创新与文化产业发展的相互关系等，为推动我国文化产业高质量发展提供了一些理论思考和实践方案。《中国非物质文化遗产的保护利用》聚焦中国非物质文化遗产保护利用的重大理论与实践问题进行系统研究，利用文化经济学理论研究非物质文化遗产资源的经济价值，利用文化生态学理论分析非物质文化遗产保护利用的文化生态意义，利用文化传承理论分析非物质文化遗产传承人保护路径，并对非物质文化遗产学科建设和学派建构，以及加强非物质文化遗产教育提出了建设性意见，书中关于非物质文化遗产保护的中国经验的总结和非物质文化遗产“创造性转化和创新性发展”实现路径的深入探索，具有很强的理论价值和现实意义。《数字技术时代的非遗保护与经济文化发展》聚焦数字技术对非物质文化遗产传承和文化产业发展的巨大影响问题，重点论述了数字化与非遗保护传播、产业经济发展、新媒体建设等方面的问题，并关注数字技术、数字经济和数字文化等热点问题，进行了许多具有前沿性和前瞻性的理论思考和实践探讨，对提升我国非物质文化遗产保护传播水平和推动文化产业高质量发展具有建设性意义。《文化与文化产业发展研究报告——基于湖北的调研》选录了 2019 年至 2021 年间作者主持开展的湖北文化与文化产业调研项目的代表性成果。这些调研报告包括加强基层文化建设（“两个中心”建设），打造新媒体平台，基于现代科技提升文化产业竞争力，应对新冠肺炎疫情对文化产业的巨大冲击，大力发展区域文化产业等内容。这些报告通过实地调研、问卷访谈、纵向历史分析和横向区域比较研究，既总结成绩经验，又分析问题及原因，同时提出了具体的改革发展建议。有的调研报告内容已被湖北省委、省政府和武汉市委、市政府及有关部门采纳，有的还被省市主要领导肯定和被全国重要媒体报道转发，对湖北省和武汉市文化建设与文化产业发展起到了积极的推动作用。总体来看，这些研究成果以保护和弘扬中华优秀传统文化与推动创造性转化和创新性发展为宗旨，深入探讨文化遗产保护的理论与方法，大力挖掘文化遗产资源的内涵与价值，积极探索文化遗产资源利用应遵循的文化保护原则、现代产业理念和市场经济法则等，大胆提出加强文化与现代生活、现代经济、现代科技深度融合，通过创造性转化和创新性发展，实现文化保护与经济发展的相互促进。

本丛书首批五本集结的主要是作者主持的国家文化科技提升计划项目、国家社科基金重点项目、教育部人文社会科学重点研究基地重大项目等国家与省部级重大和重点项目的研究成果，其研究坚持理论与实践相结合的原则，既注重理论探讨，也重视实践研究，力求通过系统的理论研究为实践提供指导，通过深入的实践调查为理论建构奠定基础。其中绝大多数成果曾在国内外重要报刊上发表，有些还被《新华文摘》、《中国社会科学文摘》、人大复印报刊资料、人民智库等媒体全文转载，得到学界广泛关注和好评。出版该丛书对于加深对中华优秀传统文化保护传承与利用发展重要意义的理解，增强文化遗产作为战略性资源重要性的认识，对于持续推动文化遗产主动服务国家战略，融入现代生活，融合现代科技、文化创意、文化产业发展，切实发挥文化遗产在促进经济发展、社会治理、满足人民群众美好生活需要等方面的积极作用，推进社会主义文化强国建设具有一定的理论意义和积极的实践价值。

新时代、新征程、新起点，以新的成绩为推进中华民族伟大复兴作出新贡献。党的二十大报告提出，从现在起，中国共产党的中心任务就是团结带领全国各族人民全面建成社会主义现代化强国、实现第二个百年奋斗目标，以中国式现代化全面推进中华民族伟大复兴。中国式现代化深深植根于中华优秀传统文化，是对中华文明价值理念和智慧的继承创新，是以鲜明的中国特色创造的人类文明新形态。在新的历史时期，我们希望通过出版这类以“文化遗产和文化产业”为主题研究的丛书，来动员更多的人关心、支持和投入文化遗产保护利用事业，激发更多的文化工作者深入研究中华优秀传统文化的积极性，从中华优秀传统文化中寻找源头活水，把蕴含其中的价值充分挖掘出来并发扬光大，为坚持以中国式现代化全面推进中华民族伟大复兴提供强大的价值引导力、文化凝聚力、精神推动力。

探索无止境，创新没尽头。希望作者在未来的学术研究中沿着这条探索创新之路继续前行，以更多更高质量的优秀成果为中华优秀传统文化的保护利用和中国文化产业发展作出新贡献。

是为序。

刘守华

2023 年 3 月 18 日于中国科学技术大学

（刘守华教授是“中国文联终身成就民间文艺家”荣誉称号获得者，现任华中师范大学非物质文化遗产研究中心主任、博士生导师。）

文化自觉是文化大发展的重要基础（前言）*

党的十七届六中全会研究了深化文化体制改革、推动社会主义文化大发展大繁荣若干重大问题。全会把培养高度的文化自觉和文化自信作为建设社会主义文化强国的重要内容之一加以强调，这标志着我们党对文化建设的认识达到了一个新的高度，高层在文化理论创新与实践方面正逐渐走向成熟，促进文化事业全面繁荣和文化产业快速发展的能力建设正在稳步提升。我们必须认真学习贯彻会议精神，深刻理解文化自觉对促进文化大发展大繁荣的重要意义。

一、“文化自觉”是文化繁荣发展的思想基础和先决条件

“文化自觉”是我国著名的社会学家费孝通先生于 1997 年在北大社会学人类学研究所开办的第二届社会文化人类学高级研讨班上首次提出的。他在对近一个世纪的文化发展反思后觉察到：“我思来想去，文化的接力棒上要镌刻四个字，就是文化自觉。”他认为，“文化自觉只是指生活在一定文化中的人对其文化有自知之明，自知之明是为了加强对文化转型的自主能力，取得决定适应新环境、新时代文化选择的自主地位”。文化自觉乃是文化主体自我意识的觉醒、文化创造欲的涌流和文

* 本文原题《文化自觉：文化大发展的重要基础》，原载《中国教育报》2011 年 11 月 8 日。

化实践变革力的显现。换言之，文化自觉是指一个民族国家及其人民在文化上的觉醒和觉悟，包括对文化在社会生活中的地位和作用的深刻认识，对文化发展条件和规律的主动把握，对文化发展权利和责任的勇敢担当。总之，文化自觉是文化繁荣发展的思想基础和先决条件，关系到一个民族国家的前途和命运。

二、“文化自觉”是全民族文化主体性的自我确认与觉醒

人类是高级形态的理性的情感动物，文化是人类的独特存在方式，是一个社会制度存在的根基，是人们安身立命、身心和谐的基础，是人们坚守的独特精神家园。文化大发展大繁荣不能纯粹靠文化的自发发展，它需要全民族的文化自觉。文化自觉离不开全民族文化主体性的自我确认，离不开激活全社会的自觉力量，离不开对文化意识的觉醒与践行，离不开对文化创造欲望的激发。一个普通国民具有了这种文化自觉，就会增强历史文化的觉悟和智慧，更加深沉地热爱和守护本民族的历史和文化，并以创新的精神努力去创造新的文化。一个民族有了这种文化的自觉，就不会失去精神家园和文化的根，就会真正建立起文化自信，而这一切决定了这个民族是否拥有深厚的思想、活泼的想像力、奔放的创意、旺盛的自我超越的精神，更决定了这个国家的真实国力和它的未来。文化自觉要求我们深刻认识文化的功能和作用，意识到文化在当今世界综合国力竞争中越来越重要的地位。在今天这个全球化时代，文化越来越被看作一个国家和民族的“软实力”，实现民族复兴，既要发展市场经济，更要发展文化。一个民族，只有文化体现出比物质和资本更强大的力量，才能造就更大的文明进步；一个国家，只有经济发展体现出文化的品格，才能进入更高的发展阶段。当今中国，唯有通过提高全民族文化的高度自觉，才能真正实现民族的复兴和中华的崛起。

三、“文化自觉”就是要自觉担当传承优秀传统文化的历史责任

“文化自觉”就是要自觉担当传承优秀传统文化的历史责任。中华

民族具有五千年源远流长、博大精深的优秀的传统文化，这是我们民族凝聚和历史传承的文化血脉和精神基因，对此我们应充满敬意和自豪，自觉担当传承中华民族优秀传统文化的历史责任。中华民族之所以五千年生生不息，就是源于中华文化的强大凝聚力。中华文化是人类文明的重要组成部分，其倡导的和谐、大同、天人合一、厚德载物、自强不息、辩证思维等都是人类社会最重要的价值观。我们必须继承和弘扬这些优秀的传统文化。在对待我们的历史、传统和文化上，我们再不能干曾一度流行甚或非常热衷的自我作践、自我颠覆、自我否定的蠢事了。如今一些传统文化形式逐渐式微，时常出现的毁坏文化遗产、破坏文物的种种现象，其实也与我们缺乏文化的自觉、缺乏文化的自信有很大关系。

四、“文化自觉”就是要自觉以先进文化引领文化发展与繁荣

先进文化，首先是价值观念的先进，是与时俱进而不是腐朽没落的颓废，是科学昌明阔步前进而不是愚昧迷信自欺欺人，是面向世界、面向未来、面向现代化的开放心胸而不是抱残守缺的狭隘，是重在建设与积累的理性而不是动辄起哄破坏的砸烂。以社会主义核心价值体系为主要内容的社会主义先进文化，反映了时代特征，顺应了人民的期待，符合历史发展的规律，必须要坚持和发展。建设中国特色社会主义先进文化，是目前世界上渐具影响力的中国道路或中国模式的应有之义，是中华民族自立于世界民族之林、实现伟大复兴的思想理论前提。如果文化建设无所作为，社会主义核心价值体系不能确立，那么，“中国特色”和“中国道路”就是不确定的，“中国形象”和“中国模式”也就难以令人信服。社会主义文化建设要求我们把文化自觉与文化繁荣和社会进步加以链接，自觉以先进文化引领文化发展与繁荣，以马克思主义、特别是中国特色社会主义理论为指导，立足中国特色社会主义实践，解放思想，充分发挥人民群众的主体性，古为今用，洋为中用，在借鉴人类一切优秀文化成果的基础上，独立自主地探索自己的发展道路，通过持

续的自主创新，创建“中国特色、中国气派、中国风格”的社会主义先进文化，促进社会进步。

五、“文化自觉”就是要自觉以创新精神开创文化发展新局面

任何民族文化的生命力、延续力都有赖于其自身不断创新、丰富和发展。文化创新是文化建设、改革和发展的灵魂。哪里有改革，哪里就有新发展；哪里有创新，哪里就有新局面，这是党的十六大以来我国文化建设发展的有效经验。思路的开拓、观念的突破、机制的创新，带来了文化事业和文化产业两翼齐飞，促进了文化建设社会效益与经济效益的统一，造就了文化产业对加快经济发展方式转变的贡献。新形势下，“文化自觉”要求文化主体要有更加强烈的创造欲望和创新意识，以改革创新精神发展文化。“文化自觉”就是要自觉以创新精神开创文化发展新局面。文化只有不断创新才能不断焕发生机和活力。文化创新必须立足改革开放和现代化建设实践，深入火热的现实生活；必须植根历史文化，继承优良民族传统；必须着眼群众需求，服务人民大众；必须紧跟世界潮流，借鉴各国优秀文明成果；必须掌握现代科技，实现文化与科技的融合。牢固树立大文化的观念，跳出文化看文化，跳出文化抓文化；牢固树立大开发的观念，将文化发展融入整个经济社会发展的大局中；牢固树立大融合的观念，加强文化与其他相关产业相互渗透、相互影响、相互融合、相互借力，走借力发力、融合式发展之路；牢固树立大开放的观念，在社会效益优先、兼顾社会效益与经济效益的前提下，让一切解放和发展生产力的要素充分涌流，让管理、技术、资金在文化产业突变式、跨越式发展中迸发活力。

六、“文化自觉”就是要自觉利用文化资源发展文化生产力

随着经济全球化的深入发展和现代科学技术的突飞猛进，文化与经济、科技等相互交融的程度不断加深，经济的文化含量日益提高，文化

的经济功能越来越强，文化生产力已成为国家文化软实力和核心竞争力的重要组成部分。在经济全球化背景下，打通文化走向市场的通道，使文化变成市场中的智力、道德、艺术乃至直接生产力，打造文化产业，凸显文化产品的精品化、大众化、时尚化和财富化效应，这是实现文化自觉的重要环节。“文化自觉”就是要自觉利用文化资源发展文化生产力。文化资源可以通过市场机制来配置，文化产品可以通过市场经济来打造，通过市场资本积聚的优势，让民族文化资源转变成为文化资本，以提升民族文化的竞争力。重视和挖掘中华民族深远的传统文化，博大深厚的文化资源，不断放大文化在市场中所关联的创意功能，商品所关涉的文化符号象征意义；建立智能化的文化知识产权交易市场，让文化自觉变成市场的倍增器和市场的发动机。将文化内涵中的信仰、传统、价值观、审美观，输入冰冷的物质产品和财富实体中，使冷血的市场变为充满着人文精神和人文智慧的博弈空间，使缺乏文化关照的财富创造方式产生精神与物质相互贯通的财富聚集效应。打造先进文化精品、民族文化瑰品、大众文化上品，实现多样性的市场属性与多元化的文化价值定位相一致，文化的个性化审美偏好与文化的核心价值观的积极导向相一致，这些都是实现文化自觉的重要方式。

文化的对象是人，文化的主体也是人，只有人的高度文化自觉，才能实现真正的、充分的文化自信；只有充分的文化自信才能达到真正的文化自觉；而只有文化既自觉又自信，才能真正实现文化的自我更新，走向文化的大发展大繁荣。

目　　录

上编　非遗保护的文化阐释

中编　非遗保护与利用实践

下编　非遗教育与研究探讨

上编

非遗保护的文化阐释

SHANGBIAN

FEIYI BAOHU DE WENHUA CHANSHI

第一章　非物质文化遗产的文化经济学阐释

第一节　非物质文化遗产特征的经济学意义*

当今，“经济的文化化”和“文化的经济化”特征越来越明显，文化经济是以文化为资源、载体和手段，在经济活动、经济行为中自觉注入文化内涵的市场行为，把追求经济优质运行和可持续发展作为终极目标。文化产业作为一种新的经济形态被视为新世纪的“朝阳产业”，已成为世界经济新的增长点，在发达国家已成为国民经济的重点和支柱产业。作为中华优秀文化重要组成部分的非物质文化遗产，以其丰富的资源、博大的内容、多样的形式，成为中国文化产业发展的新宠，在推动中国文化产业和经济发展中扮演着越来越重要的角色。本书将在文化经济学视野下分析非物质文化遗产的基本特征及其对推动文化产业发展的重要意义和作用，为非物质文化遗产的产业开发提供理论支撑。

一、非物质文化遗产“物质性”特征与文化产业资源转化

文化资源是指人们从事文化生产或文化活动所利用或可资利用的多种资源，包括物质资料和精神资料。这些资料具有文化属性，是人们科

---

* 本节原题《非物质文化遗产特征的文化经济学阐释》，原载《文化遗产》2018 年第 1 期；中国人民大学书报资料中心《复印报刊资料·文化创意产业》2018 年第 3 期全文转载。

学技术和劳动智慧的结晶。……文化资源实际上也是一种经济资源①。人类的经济活动是有意识、有目的的，从一开始文化的因素就渗透其中，而一切文化活动本身也蕴涵着经济活动的因素。非物质文化遗产文化产品既展示着文化要素向一般经济物品的渗透，又体现着文化要素凭借产品形式而获得表达的双重事实。非物质文化遗产的经济学价值就是通过创新将非物质文化遗产文化资源转化为文化资本、将文化需求转化为文化供给、将文化精神转化为文化生产力，为发展现代文化产业服务。

（一）文化产品的“有形性”与“无形性”、“物质性”与“非物质性”的关系

文化产品按物理分类范式可分为有形产品与无形产品，与此相应的文化遗产也分为物质文化遗产与非物质文化遗产两大类。对文化产品的“有形性”与“无形性”以及“物质性”与“非物质性”的分类尽管在学界一直有争论，但大多数人认为，纯粹的“无形文化产品”和“有形文化产品”都是不存在的，因为任何无形文化产品只有借助物质载体才得以体现，任何有形文化产品如果没有体现人类的精神是算不上文化产品的。正是因为人类文化精神本质对文化产品意义的追问，才使物质变得神圣；正是因为人类文化精神有了物质载体，才得以存在与传播。从文化经济学角度来看，文化产品的“有形性”和“物质性”是产生价值的必备条件。

由于“非物质文化遗产”冠名为“非物质”文化遗产，因此往往使人认为它是无形的、纯粹的、与物质无关的精神存在，这实质上是一种误读。如前所述，完全脱离物质存在的非物质文化遗产是不存在的，因为非物质文化遗产的“非物质性”需要通过“物质性”的形式来体现，其冠名“非物质性”主要强调的是蕴含在物质形态中的精神思想、信仰和特殊技艺，实际上，如果没有物质作为载体，非物质文化遗产所蕴含的精神思想和特殊技能、技艺则无法具体呈现出来。为什么要将文化遗

① 秦淑娟、李邦君：《文化经济规律研究》，上海：上海财经大学出版社 2013 年版，第 89—90 页。

产分为物质文化遗产和非物质文化遗产呢？这主要是强调这两种文化遗产存在形态和保护重点的不同，物质文化遗产强调了遗产的物质存在形态、静态性、不可再生和不可传承性，保护也主要着眼于对其损坏的修复和现状的维护；非物质文化遗产是活态的遗产，注重的是可传承性（特别是技能、技术和知识的传承），突出了人的因素、人的创造性和人的主体地位[①]。简而言之，物质文化遗产是被历史固化了的文化呈现，非物质文化遗产是活在现实生活中仍在传承的活文化。

（二）非物质文化遗产的“物质性”与“非物质性”的关系

关于非物质文化遗产的“物质性”与“非物质性”的关系，温家宝指出，非物质文化遗产也有物质性，要把非物质文化遗产的非物质性和物质性结合在一起。物质性就是文象，非物质性就是文脉。人之文明，无文象不生，无文脉不传。无文象无体，无文脉无魂。文化文化，文而化之，化而文之，两者要很好地结合起来。人类文明只有代代相传，才能不断丰富发展；只有相互交流，才能文物化成。具体而言，非物质文化遗产的“物质性”集中体现在各种器具、工具、实物、制成品及相关场所等方面，尤其体现在制作材质及相关载体上；非物质文化遗产的“非物质性”主要强调非物质文化遗产反映的精神思想、信仰和特殊技能、技艺。“物质性”与“非物质性”两者有机结合才形成实际的非物质文化遗产。文化本没有有形与无形、物质与非物质之分，只是为了保护与研究的需要才划分的，为的是强调各自的重点。

（三）非物质文化遗产“物质性”资源在文化产业中的创造性转化

文化产品的生产既是一种意识形态活动，同时也是一种经济活动。以上之所以首先充分论证非物质文化遗产的“物质性”，其旨在强调它与发展文化产业的密切关系，因为文化产业的呈现方式主要是物质化的产品和服务，如果非物质文化遗产没有“物质性”存在，那它的文化产

① 王文章：《非物质文化遗产概论》，北京：教育科学出版社 2008 年版，第 40 页。

业经济价值将无法实现。非物质文化遗产的文化产业价值正是体现在通过人对精神思想、技能、技术和知识的运用和转化后所形成的物质产品之中。这个创造性转化过程是一个精神与物质有机结合，精神变物质的过程，这更是一个人的聪明才智与物的生产结合产生经济价值的过程。非物质文化遗产资源的“物质性”是转化为文化产业发展资源的基础和前提，没有精神变物质的创造性转化，非物质文化遗产不可能实现其经济价值。

对于文化产业来说，非物质文化遗产的“物质性”资源用于产业开发主要有三种途径：其一，直接用非物质文化遗产生产性项目进行开发。这主要是利用传统美术、传统技艺和传统医药类非物质文化遗产项目进行开发，因为它们其中蕴含的技能和技艺是通过具体的物质性载体（产品）体现的，它们以物质的形态呈现而被人们所认知、流传甚至是使用，尤其是因为其产品的实用性能产生经济效益才得以自然延续，这类非物质文化遗产项目可以通过创新提升直接转化为文化生产实现其经济价值。其二，借助其他载体对部分非物质文化遗产项目进行转化性开发。这主要是民间文学和民俗类非物质文化遗产，它们大多是口耳相传，不直接形成有物有形的文化产品，其“物质性”集中体现在对这些非物质文化遗产记录的文本资料上，对于这类非物质文化遗产项目或通过编辑、出版、展示的方式转换为图书和音像产品，或借助现代影视传媒将这些遗产资源进行改编，开发成影视动漫产品，或通过与旅游产业结合形成新的旅游项目，实现其经济价值。其三，对非物质文化遗产文化空间类资源进行经济价值的转化。这主要体现在文化空间与其他产业相互融合所取得的间接经济效益上，比如与会展业、旅游业结合，通过相关门票、纪念品等实现其经济价值。

经济价值是非物质文化遗产时代价值的重要体现，非物质文化遗产的经济价值既体现在对经营各类具有物化特征的非物质文化遗产产品所获得的直接收入上，又体现在通过非物质文化遗产服务项目所获得的间接收入上。值得注意的是，在非物质文化遗产资源经济价值转换的过程中，由于市场经济和现代媒介的巨大影响力，对类似于民间文学类遗产的改编是否会造成故事情节的固化而失去民间文学的活态传承，以及传统节日在旅游表演中是否会造成文化内涵的丧失等问题则需要进一步展开研究。

二、非物质文化遗产“生活性”特征与文化产业目标追求

文化是人类通过创造性劳动，为实现自己的目的使自然界发生特殊变化的形式，它包括人的需求、目的、意义、价值等特殊价值和功能。

非物质文化遗产源于生活的需要，与人民群众生活息息相关，是他们生产生活的重要部分和重要方面，往往是以生产和生活方式呈现出来，非物质文化遗产在历史创造和流传过程中表现出的这种“生活性”特征，体现出很强的目的性和实用性特点，这为非物质文化遗产产业化运作提供了文化意义挖掘潜质和产业开发目的反思。

（一）非物质文化遗产“生活性”特征

非物质文化遗产是文化，更是生活。从人本角度考虑，民众社会中的衣、食、住、行所蕴含的文化要素，涉及生产、生活、自然生态等多种复杂的因素。植根于人民生活的非物质文化遗产，来源于民众最简单、最普遍、最朴素的日常生活需求，渗透在百姓社会的各个方面，反映人民的喜怒哀乐、审美心理，与社会生活生产、宗教信仰、节庆民俗等活动密不可分。非物质文化遗产无论是以直接的精神生产方式，抑或是以技艺制作生产的产品，对于民众来说都是他们生活的有机组成部分，都深深地融于他们的生产与生活中。在传统农耕文明社会，非物质文化遗产之所以能够产生并被传承延续，其根本原因是在当时的社会语境中，非物质文化遗产与人们的现实生活关系极为密切，人们的社会生活需要这些非物质文化，而且这些文化能够获得他们的广泛认同，对他们的社会生活能产生积极的效用。人民群众既是非物质文化遗产的生产者，同时又是消费者和传播者，他们往往不以非物质文化遗产为谋生的手段，而是作为他们喜怒哀乐中不可分割的一部分。因此，老百姓的生活需求创造出非物质文化遗产，非物质文化遗产与老百姓生活日常生活同步、

与生活需求同在，体现出鲜明的“为生活的文化”的创造宗旨。

“生活性”特征极为鲜明的非物质文化遗产之所以被称为文化，是因为在民众极平凡的生活事项中蕴含着极丰富的文化内涵。比如那些以精神传承为目的的民间文艺，如民间文学、传统音乐和美术等，广泛流传于老百姓的日常生活中，它们以特有的方式表达着人们关于人与自然、社会关系的认知，对于真、善、美等一系列感知的价值判断；而那些以物质生产为直接目的的技艺型活动，如传统手工技艺、传统医药等，尽管产出的主要是物质形态的产品，但其中凝结着人们巧夺天工、独具匠心的精湛技艺，传达着人们对自然、地理以及朴素的人文价值的发现与阐释。然而非物质文化遗产所具有的“生活性”、“目的性”和“有用性”的文化经济特征，往往在习以为常和理所当然中被我们忽略，而这些深层次的、最具根本性的特征恰恰是非物质文化遗产存在和发展的前提，也正是文化产业发展所必须遵循的原则。

（二）非物质文化遗产“生活性”特征对文化产业发展的意义

非物质文化遗产在内容上关注现实社会生活、在形式上贴近民众，从文化经济资源角度来说，它不仅为文化产业发展提供了丰富多彩的、贴近生活的内容资源，而且为构建大众所喜闻乐见的艺术形式提供了借鉴。从文化产业目的追求来说，由非物质文化遗产“为生活创造”的宗旨所体现出的文化生产的目的性和产品的实用性的文化经济原则，对现代文化产业发展坚持为民众生活服务的宗旨和追求产品的“实用性”价值提供了依据与借鉴。在现代社会中，随着大众对文化产品与服务需求的与日俱增，传统社会中一些为上层社会人士所享用的非物质文化遗产产品，现在通过发展文化产业也走进了老百姓的日常生活，满足大众的需求。如景德镇瓷器烧制技术，尤其是御窑厂烧制的瓷器，最初只供皇室贵族或达官显贵专有，普通百姓是不可能享用的，现在景德镇瓷器在发展文化产业的背景下也逐渐走入寻常百姓家。与此相同的是过去用手工制作的仅为达官贵人所享用的非物质文化遗产产品，现在通过大规模机械化生产而为普通大众广泛享用。在发展文化经济的大背景下，非物质文化遗产生产与消费的生活化和大众化已然成为一种时尚与追求。

然而，当今市场经济的激烈竞争，“泛文化经济”意识的泛滥，对非物质文化遗产的产业开发产生了巨大冲击。在当今文化产业发展中，为了追求文化的经济价值，不少人对文化遗产掠夺式开发，非物质文化遗产资源在文化产业的开发利用中只是被抽象为形式层面的参与，而非多层面的生活实践展开。非物质文化遗产资源的产业开发同事实上的民众日常生活之间没有形成有机融合，并产生来自内部的动力，而成为一种脱离生活的纯粹表演性产品，即“伪非物质文化遗产”。非物质文化遗产传承人，在经济利益的驱动下，根据市场的需求，不断地在自己传承的知识、技艺和现代化追求之间寻找变通和进行调适，使得一些非物质文化遗产项目，在表演时间和地点上，超出了原生态非物质文化遗产本来的规定性，造成“天天过节日”“时时入洞房”“到处唱史诗”的不严肃、无序的表演状态；在内容上，诸种文化因素由于迎合消费者需要不断被删除、置换、重组，甚至是被戏化和恶搞，从而淡化了精神内涵；在形式上，传统的非物质文化遗产常常被简化为易于把握和利用的几种要素与特征，越来越成为固定场景中的系列化展演，丧失了原生态非物质文化遗产的艺术魅力。这种非物质文化遗产资源在被现代文化产业利用时，追逐“功利性”所导致“生活性”特征淡化的结果是，非物质文化遗产产业项目逐渐变得客体化、非历史化，人为的编排几乎把活态文化塑造成永恒固定的展演性项目，这是造成非物质文化遗产转化成文化产业资本并发展缓慢的深层次原因所在。因此，在利用非物质文化遗产发展文化产业时，我们必须重视非物质文化遗产的“生活性”特征，强调“为生活服务”的开发利用宗旨，在为百姓的日常生活提供非物质文化遗产产品和服务中，实现其经济效益。

三、非物质文化遗产“在场性”特征与文化产业市场开拓

美国人类学家摩尔根认为：“人类是从发展阶梯的底层开始迈步，

通过经验知识的缓慢积累，才从蒙昧社会上升到文明社会的。”① 文化的产生、发展进步，不仅使人从动物中分化出来，成为社会的存在，而且在社会中成为意识到的自我的存在。文化与人的交互作用，是人不断接受文化教化的过程，也是人不断发挥潜能并创造文化的过程，在这个过程中人是作为主体而存在的。要实现非物质文化遗产资源的产业转化和市场开拓，必须深入研究非物质文化遗产传承的基本形态和传承者的特殊地位与功能，只有这样才能真正发挥人的主体性作用，有效地将非物质文化遗产资源优势转化为文化产业资本，在为民众提供文化产品和服务中实现文化价值的增值，推动文化产业的发展。

（一）非物质文化遗产传承的“三种形态”与“在场性”特征

从人与文化的关系看，非物质文化遗产作为一种生活方式的存在与发展，是一个文化生态的系统性问题。文化是通过人来传承的，从文化的整体性角度来说，非物质文化遗产是属于全体民族的，但从文化的具体性情况来看，非物质文化遗产的创造者和传承人并不一定是全民族性的。根据文化性质和表现形式，非物质文化遗产的传承可分为社会传承、家庭（家族）传承和群体传承三种形态。社会传承是指在一个文化区（圈）或一个族群范围内，众多社会成员（群体）共同参与传承某一种非物质文化遗产类型，显示了组成这个群体共同的文化心理和信仰②。家庭传承是指在有血缘关系的人群中进行传授和研习，主要表现为手工艺、中医以及其他一些专业性、技艺性比较强的行业中。群体传承大体可分为两种情况：一是师徒传承，如某些表演技艺、戏剧曲艺、传统音乐等；二是无师自通、自然习得③。

无论非物质文化遗产有着怎样的传承方式，但非物质文化遗产传承

---

① ［美］路易斯·亨利·摩尔根：《古代社会》上册，杨东莼、马雍、马巨译，北京：中央编译出版社2007年版，第3页。

② 刘锡诚：《传承与传承人论》，《河南教育学院学报》（哲学社会科学版）2006年第5期，第24—36页。

③ 肖锋：《非物质文化遗产的保护与产业研发》，北京：人民日报出版社2016年版，第14—15页。

最重要的是人，最为有价值的遗留是它的活动主体与表达方式必须与传承人同时存在，即传承人的“在场化”特征。人们可以直观地、统一地看到一个文化的生命现象，一个活着的文化遗产。人们可以通过与传承者对话、交流、体验、学习来理解文化遗产的意义和价值，从中得到真正的感受、教育和感悟①。因此，非物质文化遗产的传承人与其所传承的生活文化事项之间存有一种独特的“共生”关系，既保持传承人自身行为的“物理在场”，在具体的生活场景中切实地实践这些文化活动；又保持心理的“意义在场”，积极地认同这些文化，借由这些行为的实施来组织生活、规范生活、美化生活。因此，非物质文化遗产作为人类生活的组成部分，人们在“在场性”的创造中，不断进行着社会意义的生产与认同，在“在场性”的传承和延续中，不断地对其社会意义进行继承、再生产与再认同。由此可见，与物质文化遗产的静止态不同，非物质文化遗产是人们生活样式的动态延续，能够适应新的文化生态环境条件并获得人们的文化认同是它能够生存下去的必要条件②。非物质文化遗产以人为载体，通过身体的形式存在和传播，往往是通过口头讲述及亲身经历来实现的，这种“在场性”和“认同性”特征，使得由它生产出的产品具有浓厚的生活气息、深厚的文化底蕴和旺盛的生命力。

（二）非物质文化遗产传承“在场化”特征对文化产业开发的意义

从非物质文化遗产传承人的“在场性”特征来说，保护和发挥传承人的积极性对于非物质文化遗产保护和文化产业发展都极为重要。《中华人民共和国非物质文化遗产法》指出，国家鼓励和支持发挥非物质文化遗产资源的特殊优势，在有效保护的基础上，合理利用非物质文化遗产代表性项目开发具有地方、民族特色和市场潜力的文化产品和文化服

---

① 孟慧英：《试谈少数民族文化遗产的特点》，文日焕、祁庆富主编：《民族遗产》（第一辑），北京：学苑出版社 2008 年版，第 54 页。

② 胡惠林、王媛：《非物质文化遗产保护：从“生产性保护”转向“生活性保护”》，《艺术百家》2013 年第 4 期，第 19—25 页。

务。传统非物质文化遗产项目在过去主要是个体传承，通过个人制作和作坊生产，由于规模小、产业化不足、效益低，其传承面临年轻人不愿学、老年人无处传的难以为继的局面。如何破解这一困局？最重要的是让这些非物质文化遗产项目“活起来”，让传承人“活下去”，唯一的途径是走产业化之路，让传承人在非物质文化遗产的传承中有获得感，即获得一定的经济收益。要积极用企业化或产业化模式去发展，依靠商业化、市场化运作的优势，将非物质文化遗产与现代民众生活需求结合，通过文化产品与服务创造出更大的经济效益，让更多的非物质文化遗产传承人从中获得更多的经济收益。只有这样，才能激发起广大人民群众对非物质文化遗产保护和传承的积极性与主动性，才能为非物质文化遗产产业化发展留住人才。

从非物质文化遗产消费者的“大众性”角度来说，非物质文化遗产的产业开发有着极为广阔的潜在市场。非物质文化遗产是一定区域和范围内的民众所创造和传承的与生活息息相关的文化，无论是采取社会传承、家庭传承，还是群体传承方式，非物质文化遗产的消费主体是广大人民群众，因此，非物质文化遗产项目和产品由于贴近生活，具有广泛的群众基础，深受这一区域和范围内的广大民众所喜爱。在现代社会中，当文化产品的生产在资本原则的主导下，以追求经济效益最大化为目标，以产业形式来组织，采取工业化的方式并依据商业化规则来生产、分配和消费时，文化市场的“大众性”和文化产品的“大众化”十分重要。当今这种利用非物质文化遗产项目和产品具有广泛的民众性和消费性特征进行的产业开发，既可以完成非物质文化遗产活态传承的有效循环，也可以通过产品满足人们对传统与时尚融入生活的新期待与新需求。因此，过去一些只在部分地区存在的有特色的非物质文化遗产项目和产品，因为其艺术的独特性，除了被当地百姓喜爱外，也逐渐被开发出来，用于文化产业，从而拥有更广大的市场。

从非物质文化遗产消费的“在场性”角度来说，非物质文化遗产可以为产业开发带来更多有“体验感”的项目。在商品化的时代，所有的文化产品，既是商业化的文化存在，也是真实的文化存在，现代大众在文化消费的过程中逐渐形成了“体验感”的需求。非物质文化遗产传承的“在场性”特点，正可以满足消费者的这种心理需求。对于发展非物质文化遗产产业来说，一方面，利用这些“在场性”的非物质文化遗产项目发展文化产业，使消费者在文化的“体验感”中获得快乐和教育；另一方面，就是增强文化项目和产品的体验性和互动性，使产品和项目更具亲和力与吸引力，尤其是对于非物质文化遗产资源与文化旅游、文化会展结合的项目来说，就是要提升项目的体验性，使参与者在亲身体验中感受文化的魅力。

四、非物质文化遗产“经典化”特征与文化产业品牌建构

文化发展的基本规律是文化的积累性和文化的变革性，当我们考察历史上的文化积累和变革时，就会发现一些相对稳定、长期延续的内在要素，这种要素就是文化传统，这些文化传统构成了不同民族的文化类型和特点。一个民族的文化品牌是在这个民族内在精神和外在形式不断整合、调适、变革与创造的经典化过程中形成的。中国流传至今的传统非物质文化遗产是在文化经典化过程中形成的中华优秀传统文化品牌，这些传统文化品牌资源对于现代文化产业品牌的形成具有资源利用和形成机制的借鉴意义。

（一）文化传统与文化的经典化

什么是文化经典？文化经典意味着它们具有高尚深刻的思想、完美的形式和天才的独创性相结合的品质，是人类精神升华的一种象征[①]。对于传统文化经典来说，它们从来不是一次性的、一劳永逸的，而是一个持续接受各种力量考验的保值、增值或者减值的动态的“经典化”过程。每一个民族的人民都生活在一定的文化氛围中，有一定的语言、知识、信仰、礼仪、习俗、制度和规范等，并通过各种学习、传授等耳濡目染的方式，在民族的认同中，产生共同的文化心理，形成独特的文化

① 高小康：《当代文化中文学的“再民间化”》，《探索与争鸣》2006 年第 12 期，第 8—10 页。

传统。每一个民族都有自己的文化经典，它们是这个民族文化基因不断传承，经历千百年的千锤百炼而形成的，充分表现了这个民族在历史进程中逐渐形成的优秀文化价值观念和审美理想，是这个民族优秀传统文化的重要组成部分。这些文化经典对于生活在这种文化中的民众来说，则是自身文化长久积淀、延续和发展的产物，是自己文化的杰出代表；而对于生活在本区域之外的民众来说，是人类文化的宝贵财富，是人类文化遗产，应该为人类所共享。

（二）非物质文化遗产经典化的过程

一个民族在漫长的历史中创造、传承和发展的非物质文化遗产，源于该民族人民长期的生产和生活实践，它们既是该民族民众智慧和经验积淀的结晶，是该民族深层次文化基因的凝聚，也是该民族的思想与感情的自发流露，更是有关该民族历史、宗教及其他人生知识的总结和审美观念与艺术情趣的体现，是这个民族文化精神的缩影。流传至今的非物质文化遗产是民众的生活文化在质的千年延续不变与量的永恒积累叠加的过程中形成的文化经典，而且这种历史传承仍在不断延续，这种经典化的过程仍在进行。

非物质文化遗产没有最终的经典，只有追求经典的经典化过程。原因在于：非物质文化遗产通常以口头形式为载体，在群体参与互动的活动中进行传承，由于没有固定化的文本和形式，每个传承者在传承代代相袭的文化基因和传统、固定母题和程式化的表现形式的同时，又都在把它们变成自己的创作，在每一次传播过程中即兴发挥和随意改动、变化，一次次传承使原有的非物质文化遗产口头文本一次次被即兴扩展和修改。因而对于非物质文化遗产传承来说，既不存在唯一的传承人，也不存在一个最完善的作品，即没有一个像经典意义上的文学文本那样可以被确认为客观对象的固化经典形态。非物质文化遗产传统的精髓所在就是它们没有完全被固化的最终实体，而是在传承中不断增殖繁衍，每一次传播都是一次提升和经典化的过程。因此，非物质文化遗产传承永远是一个经典化的过程。

（三）非物质文化遗产经典对文化产业的意义

文化品牌是经过市场检验的、被消费者所信赖的、具有文化意义和价值的并具有独特标记的产品。随着社会生产的发展和人们生活质量的提高，人们越来越重视品牌的价值，一个企业拥有的文化品牌越多、越深入人心，它的文化竞争力就越强。在某种意义上来说，产品的竞争、市场的竞争就是品牌的竞争，打造品牌已成为提高文化竞争力的有效战略。如何利用非物质文化遗产自身品牌优势和通过经典化创建品牌的机制，推动文化产业品牌建设值得认真研究。

首先，利用非物质文化遗产品牌创建文化产业品牌。

非物质文化遗产大多是经过长期文化要素的积淀和信誉凝练的文化品牌，这种在历史流变过程中能顺应时代和文化变迁，保持相对稳定文化内核的非物质文化遗产，具有丰富的挖掘潜力和内在的生命力，如果在这些文化资源基础上进行适当的产业化运作，借助其文化品牌的影响力进行深入开发，挖掘出更深的文化内涵，构建更好的形式，从而又可以快速形成文化品牌，有助于文化产业品牌的速成。如杨丽萍利用云南非物质文化遗产原生态歌舞资源和品牌，以公司经营的方式进行民间艺术资源的开发，打造《云南映象》歌舞剧，大获成功，成为云南非物资文化遗产演艺方面的一大品牌。张艺谋等把“甲天下”的广西桂林阳朔的山水、刘三姐的民间传说和民族民歌文化品牌进行融合，通过现代科技手段进行表现，让自然风光与人文精神交相辉映，在国内首创大型山水实景演出项目《印象·刘三姐》，现在已成为文化产业的著名品牌。这两个品牌的创建在获得良好的社会效益和经济效益的同时，都起到了非物质文化遗产保护与文化产业发展的双重作用。在我国，非物质文化遗产品牌很多，比如那些著名的、历史久远的具有鲜明地方特色的“老字号”“百年老店”“老牌子”，都是传承非物质文化遗产的老品牌，中国的文化产业发展要充分利用好这些品牌，要进一步把这些文化资源转化成影响力，让过去沉睡的文化品牌资源活起来、动起来，创造出强势文化品牌，为创建文化产业品牌服务。

其次，借鉴非物质文化遗产经典化机制打造文化品牌。

文化的经典性是在悠久的历史传承的过程中形成的稳定的文化传统，文化的经典化过程形成文化品牌，而文化品牌的打造对于文化产业发展具有十分重要的意义。我国文化产业刚刚起步，塑造品牌文化企业和产品已成为我国文化产业发展的当务之急，打造知名品牌已成为文化企业追求的目标。品牌的塑造是一个系统工程，一般都会经历品牌策划、品牌定位、品质控制、品牌传播、品牌保护等运作流程，文化品牌的灵魂是特定的文化，核心是产品品质，文化是品牌质量的升华，是品牌的最高境界。在文化产业品牌的打造中，我们要学习非物质文化遗产创造与传播中“以满足消费者的需求为中心”的理念，发扬非物质文化遗产“追求卓越，精益求精”的经典化精神，努力提炼、打造提升文化资源品质，文化产业品牌的内涵是活的、充满生命力和创造力的文化建设，打造文化产品品质的过程体现着企业的创新精神、文化理念以及企业人格化的特点。品牌打造的过程是品牌不断经典化的过程，是一个提炼与提升的过程，是一个提高品牌核心竞争力的过程，是一个企业与品牌共同成长的过程，因此，文化品牌的建设对于一个企业来说永远在路上。

五、非物质文化遗产“多样性”特征与文化产业创新发展

经济开发价值是市场经济和消费社会条件下非物质文化遗产的一种重要价值形态，是非物质文化遗产价值体系的文化价值的经济效益的呈现。文化产业发展的基础是文化，没有丰富的文化资源，就不可能有文化产业的发展；文化产业发展的动力是创新，没有创新的文化产业，是不可能有生命力的。非物质文化遗产经济价值的实现依赖文化创新，而文化创新必须以深入研究文化资源和文化产业的本体特征、内在规律与相互关系为基础，否则其文化创新将是盲目的行动。非物质文化遗产资源的丰富性、多样性为文化产业经济价值的实现提供了资源的保障和创新的可能。

（一）非物质文化遗产多样性的文化意义

2001 年 11 月，联合国教科文组织通过的《世界文化多样性宣言》强调指出，文化在不同的时代和不同的地方具有不同的表现形式。这种

多样性的具体表现是构成人类的各种群体和各种社会的特征所具有的独特性和多样化。文化多样性是文化交流、革新和创造的源泉，对人类来讲就像生物多样性对维持生态平衡那样必不可少。《世界文化多样性宣言》既强调了多元文化生存的合理性，也指出多元文化的全球发展有着广泛的前途的可能性。文化多样性增加了每个人的选择机会；它是发展的源泉之一，它不仅是促进经济增长的因素，而且还是享有令人满意的智力、情感、道德精神生活的手段①。文化的多样性是有益于人类生存和发展的一种文化生态环境，不管每种文化有怎样的特质，它必然会有某些人类共享的成分，多元文化的生存策略就是把多种文化都作为在场的一分子，共同参与建设世界大文化的格局中来，形成著名社会学家费孝通先生所描述的“各美其美，美人之美，美美与共，天下大同”的理想的文化局面。

非物质文化遗产的丰富性与多样性表现在它与民众的精神、情感、思维方式相联系，体现了各民族所特有的生产生活方式、道德观念、审美情趣和艺术品位，更多地表现为精神性、智慧性、技艺性的呈现形态，这种丰富性与多元性对未来文化发展极为重要。丰富多样的非物质文化遗产是多民族的文化资本，这些资本既具有文化学的社会价值，也具有经济学的向经济资本转换的价值。资本是经济活动的推动力，也是文化产业和文化经济的内在动力，能推动文化与经济相互交融。文化资源转化为文化资本，可以丰富当代社会的经济形式，改变文化在当代社会的存在方式，为社会带来直接的经济效益。

（二）将丰富的文化资源转化为文化产业资本的策略

非物质文化遗产的经济开发的意义在于：可以促进非物质文化遗产拥有地的经济发展，在这些地区的财政收入增加后，就有条件加大对非物质文化遗产保护资金的投入力度，从而扩大对非物质文化遗产的宣传力度，为非物质文化遗产的传承人提供更好的生活、传承、保护、创新

① 《世界文化多样性宣言》，联合国教科文组织第三十一届会议于 2001 年 11 月 2 日在巴黎通过。

的条件，使之能更加积极地从事非物质文化遗产的保护传承工作，最终达到实现非物质文化遗产的保护传承和产业开发的双赢。

首先，用创新精神将非物质文化遗产资源转化为产业经济资源。

保护传承是文化延绵的重要方式，创新创造又是传承适应时代发展不可或缺的品质和心态。创造性传承是一种文化基因式和文化底蕴式的精神在创新中传承，是通过文化创作、创意和再生型创造，来弘扬本民族和本区域的文化精神与时代精神。实现文化产业经济价值的关键，就在于如何通过创新创造把作为整体的文化中的有效要素转化为产品。其一，发展文化产业需要将非物质文化遗产资源进行创造性转化，从非物质文化资源中提取相关要素，进行创意性再生产，最后通过交换和消费，实现凝结在产品中的物质、文化与劳动要素的经济价值。其二，非物质文化遗产产业开发是实现其经济价值的重要途径，它以某种非物质文化遗产为蓝本，通过仿制或创新的手段，对其实施产业化经营和商业化利用，它不仅要求把原有的一些事项进行市场化运作，而且要求在原有的经济、社会成分中增添新的要素。其三，非物质文化遗产的独特性，能为资源主体的参与提供根本保障，并能为文化产业的发展提供重要的动力。其四，在非物质文化遗产产业化创新活动中必须遵循产业发展规律。在非物质文化遗产产业化实践中，非物质文化遗产资源要成为商品，必然会受到资本及市场规则的制约。树立市场经济的法律规则意识，做到依法生产、依法经营，以确保非物质文化遗产产业健康可持续发展。

其次，用现代科技将非物质文化遗产资源转化产业经济资源。

传统的非物质文化遗产要想跻身于当代文化产业，需要当代科技的改造。马克思指出，随着资本主义生产的扩展，科学因素第一次被有意识地和广泛地加以发展、应用并体现在生活中，其规模是以往时代根本想象不到的①。在现代科学技术的开发下，许多以往被排斥在经济领域之外的文化形态，都可以进入经济学家和投资人的视野，成为产业资源。

---

① 中共中央马克思恩格斯列宁斯大林著作编译局：《马克思恩格斯全集》（第47卷），北京：人民出版社1979年版，第572页。

一种传统的非物质文化遗产项目，只有当它既是文化产品同时又是科技产品时，才是产业意义上的文化产品。如非物质文化遗产中的手工剪纸、绘画、刺绣、雕刻等文化技艺，只有处于当代文化产业群时才真正成为文化产业的组成部分，在此之前，它们存在了几百年，有的甚至上千年，从来没有形成真正的文化产业。只有当电脑设计、数码喷绘、机器雕刻等科技手段运用于这些项目中，使它们被大规模生产，这些传统文化才形成了产业。随着社会的进步和科技的发展，精神生产与物质生产的结合越来越密切，在整个社会生产中占的比重越来越大，对技能和社会的作用也越来越大。

第二节　非物质文化遗产资源的创造性转化和创新性发展*

为加快我国社会主义文化强国建设，习近平总书记在系列重要讲话中多次强调，弘扬中华优秀传统文化，要处理好继承和创造性发展的关系，重点做好创造性转化和创新性发展①。非物质文化遗产作为优秀传统文化资源，在当今不仅要面向传统进行抢救、保护和传承，而且更要面向现代，充分挖掘其潜在的社会价值和经济价值，通过生产创造、产品创意和技术创新进行转化，让其在当下继续发挥重要的社会作用和经济价值。

一、创造性利用非物质文化遗产生产性保护发展文化产业

所谓创造性转化，就是要按照时代特点和要求，对那些至今仍有借鉴价值的内涵和表现形式加以改造，赋予其新的时代内涵和表达形式，激活其生命力。所谓创新性发展，就是按照时代的新进步新进展，对中

---

* 本节原题《论非物质文化遗产资源在文化产业中的创造性转化和创新性发展》（与纪冬冬合作），原载《华中师范大学学报》（人文社会科学版）2018 年第 3 期；《新华文摘》2018 年第 17 期全文转载。

① 习近平：《习近平谈治国理政》，北京：外文出版社 2014 年版，第 164 页。

国优秀传统文化的内涵加以补充、拓展、完善，增强其影响力和感召力①。当今时代，中国社会正在悄然发生着一场继承和发扬中华优秀传统文化的“二次革命”，随着文化产业在世界范围内的蓬勃兴起，人们越来越强烈地意识到作为中华优秀传统文化重要组成部分的非物质文化遗产，有着极其重要的社会价值与经济价值，尤其是那些具有生产性质的非物质文化遗产项目所具有的广阔产业开发前景。

（一）非物质文化遗产生产性保护项目的产业开发特质

针对非物质文化遗产生产性项目的保护，2012 年 2 月文化部印发了《关于加强非物质文化遗产生产性保护的指导意见》，提出生产性保护方式，文件指出，非物质文化遗产生产性保护是指在具有生产性质的实践过程中，以保持非物质文化遗产的真实性、整体性和传承性为核心，以有效传承非物质文化遗产技艺为前提，借助生产、流通、销售等手段，将非物质文化遗产及其资源转化为文化产品的保护方式。文化部在《关于加强非物质文化遗产生产性保护的指导意见》中特别强调生产性保护方式主要是在传统技艺、传统美术和传统医药药物炮制类非物质文化遗产领域实施②。从已经公布的国家级非物质文化遗产生产性保护示范基地来看，这些基地也仅涵盖这三类非物质文化遗产。对于发展文化产业来说，非物质文化遗产生产性保护项目具有以下产业开发特性。

1. 物质特质明显

非物质文化遗产生产性保护项目大多是具有物质生产性质的项目，其生产技艺是通过具体的物质生产过程体现，最终以物质形态（产品）呈现而被人们所认知、流传甚至是使用，其价值也是通过物质的流动来实现的。如传统手工技艺主要是通过一个个手工产品实现的，传统美术技法主要是通过一幅幅书画作品展现的，传统医药制作秘方主要是通过一种种中药成品体现的。任何文化产品开发必然是物质形态的呈现，产

① 王艺霖：《习近平对中国传统文化的创造性转化和创新性发展——以知行关系为例》，2016 年 2 月 3 日，http：//theory. people. com. cn/n1/2016/0203/c40531-28108648-3. html。

② 中华人民共和国文化部：《文化部关于加强非物质文化遗产生产性保护的指导意见》，2012 年 2 月 14 日，https：//www. mct. gov. cn/whzx/bnsj/fwzwhycs/201202/t20120214_765156. htm。

品的价值往往也是通过可观可感可用的物质来实现的，这些非物质文化遗产的物质形态产品的创制技艺，为进行文化产业深入开发奠定了物质基础并提供了基本技术保障。

2. 地域特征鲜明

独特的地域性特征是非物质文化遗产具有恒久生命力的基础。法国历史学家、文学家、哲学家丹纳在他的《艺术哲学》一书中认为，很多文化艺术的生命力就在于它与特定的地理环境、气候、生产生活方式，习俗和信仰相关①。非物质文化遗产的多数项目都是地域性民众集体智慧的结晶，不同地域和民族的非物质文化遗产是特定的自然内化为心灵的本民族集体的下意识，又外化为一种生命美的艺术形式、生产形式及其技艺形式。比如，苗族银饰的工艺技艺和藏族银饰的工艺技艺迥然相异，就是明证。由于这些非物质文化遗产来自生命的本真，来自大自然的灵感，因其地域特色的丰富多彩而具有恒久的、旺盛的、触动人们心灵的美的生命力。

3. 经济价值突出

具有生产性特征的非物质文化遗产项目，自诞生之日起就具有经济性特质，广大民众通过制作、拥有和消费这类物态化的文化产品，如手工艺品、书画作品和医药产品，分享其中的文化内蕴和精神滋养，在流通消费过程中完成非物质文化遗产活态传承的有效循环的同时，实现其经济价值。这种源于民众现实生产与生活，具有民众性和民生性、实用性和消费性特征的非物质文化产品，能产生较好的社会价值和经济效益。它们自身能产生经济效益才得以自然延续，对这类非物质文化遗产项目开展生产性保护，通过创新提升将其直接转化为文化生产，依靠自身经济价值的实现而获得持久性传承与发展。

4. 产业链条完整

中国非物质文化遗产中传统技艺、传统美术、传统医药等生产性保护项目，在一代又一代的心传口授中确立了传统特色技艺传习体系，

① ［法］丹纳：《艺术哲学》，傅雷译，北京：人民文学出版社 1997 年版，第 1—80 页。

从古至今，它们严格维护传统手工技艺的原真材料、核心技艺和传统工艺流程，形成了涵盖产品设计、原料选择、生产加工，最终到产品呈现的完整的产业链。这些项目的生产链均能在现代相关产业中找到相对应的环节，利用这些成熟的生产链有利于实现非物质文化遗产项目与现代文化生产企业的对接，可以为现代相关产业的发展提供经验借鉴。

5. 品牌资源丰富

非物质文化遗产生产性项目大多是经过长期文化要素积淀和信誉凝练的文化品牌，它们在历史流变过程中顺应时代发展和文化变迁，保持了相对稳定的文化内核和传统技艺。在大力发展文化产业的当今，如果能借助其文化品牌的影响力进行深入开发，挖掘出更深的文化内涵，构建更好的产品形式，可以快速形成新的现代文化品牌。在我国，非物质文化遗产品牌十分丰富，比如那些历史久远、地方特色鲜明的“老字号”“百年老店”等老品牌，发展中国文化产业必须充分利用好这些丰富的品牌资源、优秀的专业力量、完善的产品标准体系，为创建现代文化产业品牌服务。

（二）非物质文化遗产生产性保护是更具生命力的保护传承和产业发展方式

从历史传统来看，人们把非物质文化遗产的创造与传承仅仅看成是一种民众自我日常生活满足的生存方式和自娱自乐的文化行为，在他们看来，绝大部分非物质文化遗产活动不但创造不了经济价值，相反还要消耗一定的经济资源。传统的非物质文化遗产作为当地民众自发、自主、自愿、自享的文化，很少作为商品流通，尤其是一些精神娱乐项目，如侗族大歌、丽江古乐、西北花儿、藏戏等，很少是为了谋利。但从现实发展来看，非物质文化遗产不仅是人类文明的记忆载体，体现中华民族文化特征的鲜活样本，而且还是当代生活的底蕴和滋养以及文化产业开发的重要资源。非物质文化遗产生产性保护的突出特征就是挖掘其潜在的经济价值，变静态保护为活态保护、被动保护为主动保护，因而被一些学者认为是最具文化延续力和创造力的保护方式。

1. 变静态保护为活态保护

2003 年 10 月，联合国教科文组织通过的《保护非物质文化遗产公约》强调，“保护”指采取措施，确保非物质文化遗产的生命力①。所谓确保非物质文化遗产的生命力就是让传统的非物质文化遗产能在现代社会“活下去”和“活起来”。布迪厄认为，文化是动态的，不断发展变化的，只有通过不断的“再生产”才能维持自身平衡，社会也才得以延续②。非物质文化遗产只有再生产才能实现“活态传承”，如果束之高阁必然成为“遗产”，这背离保护传承的宗旨。生产性保护作为文化再生产的具体形式，克服了以往非物质文化遗产静态保护的局限，通过再生产实现动态保护与文化产业开发的有机结合。谭宏在《对非物质文化遗产生产性方式保护的几点理解》一文中指出，非物质文化遗产的生产性保护，就是把非物质文化遗产置于其所赖以产生的生产实践中去保护，通过人类的生产来保护非物质文化遗产。所以，非物质文化遗产生产性方式保护，是一种更具生命力和延续性的保护和传承方式③。

2. 变被动保护为主动保护

由于过去人们仅仅把非物质文化遗产资源看成是一种自我满足的消耗性资源，忽视了它的经济属性和产业价值，因而在保护上实行的是民间自发无偿投入与政府扶持投入相结合的公益性保护方式。在现代生活、市场经济和科学技术发展的冲击下，传统非物质文化遗产传承面临巨大危机，即便是过去许多能够作为养家糊口的生产性项目，由于主要依靠手工制作生产，不仅规模小，而且效益低，也出现了断代失传的危机。在这样的形势下，非物质文化遗产仅靠民间自发保护和传承显然是不可能的，但如果仅靠政府公益投入的方式，由于其数量巨大、情况复杂、

---

① 联合国教科文组织：《保护非物质文化遗产公约》，2003 年 10 月 17 日，https://www.mct.gov.cn/whzx/bnsj/fwzwhycs/201111/t20111128_765132.htm。

② ［法］皮埃尔·布迪厄：《实践感》，蒋梓骅译，南京：译林出版社 2012 年版，第 78—87 页。

③ 谭宏：《对非物质文化遗产生产性方式保护的几点理解》，《江汉论坛》2010 年第 3 期，第 130—134 页。

保护任务繁重，也是难以为继的。非物质文化遗产生产性保护就是发挥商业化、市场化运作的优势，将非物质文化遗产项目快速、便捷地融入现代社会，让更多人在消费非物质文化遗产产品与服务中获得快乐，从而让传承人在获得更多经济收益中得到实惠，真正激发起广大民众对非物质文化遗产保护和传承的积极性和主动性。积极鼓励在生产中创造性传承非物质文化遗产这种生产性保护方式，能使非物质文化遗产在人民群众的获得感中保持旺盛的生命力，真正能“活下去”和“活起来”。

总之，通过开展生产性保护，可以有效地促进非物质文化遗产的文化价值与资源优势转化成为现实生产力和丰富的产品，实现社会效益与经济效益、保护与发展的双赢。

二、创意性利用非物质文化遗产文化元素发展文化产业

积淀深厚、丰富多彩的非物质文化遗产是当今文化产业发展的深厚土壤，这里有着取之不尽、用之不竭的宝贵文化资源。除了上述几类非物质文化遗产生产性项目可以直接用于文化产业开发外，绝大多数非物质文化遗产项目中丰富多彩特色鲜明的文化元素，仍可以成为发展文化产业的重要资源，我们必须高度重视非物质文化遗产文化元素资源对发展文化产业的重要作用。

（一）非物质文化遗产文化元素的重要特征

做好优秀传统文化创造性转化和创新性发展，积极开发利用传统非物质文化遗产中丰富的文化元素资源，为发展现代文化事业和文化产业服务，首先必须正确认识传统文化元素的主要特征和基本内容，只有这样才能充分而有效地利用这些资源。

1. 传统文化元素的特征

按照美国人类学家克利福德·格尔茨的观点，文化概念实质上是一个符号学的概念，文化是通过丰富多样的符号表达构建起的一个完整的意义体系，“所谓文化就是这样一些由人自己编织的意义之网，因此，

对文化的分析不是一种寻求规律的实验科学，而是一种探求意义的解释科学”①。文化符号是指具有某种特殊内涵或者特殊意义的标示，它们是一个民族或一个国家历史文化沉淀下来的独特文化的抽象体现，是文化内涵的重要载体和形式，是文化元素的重要组成部分。文化元素是在相对稳定的社会空间、生产和生活形态和精神世界里，由历史积淀下来的一种适合本地区和本民族的独创的精神生活方式和文化表达形式。一方面它们往往具有悠久的历史渊源、深厚的文化内涵、鲜明的地域与民族特色；而另一方面文化元素在历史的进程中不断发展，特定的文化元素在不同时代具有不同的意蕴。当今，如果能够树立创新理念，形成科学传承和开发机制，文化元素在文化传承与发展中的价值将会大大提升。中华文明上下五千年，形成了源远流长、博大精深的文化传统，而这些文化传统也是由一点一滴的文化元素累积而成。中华优秀传统文化元素是中华物质文化和精神文化的精华，凝结着华夏民族传统文化精神，积淀着中华民族最深层的精神追求，是中华民族的文化标识和文化基因，也成为当今国家竞争力的重要内容和深层体现。

2. 中华非物质文化遗产文化元素的内涵

我国非物质文化遗产作为传统文化元素的重要组成部分，负载着丰富的民族、地域文化信息，成为人类文化“活的记忆”。纵观五千年文明积淀的中国非物质文化遗产元素，其内容丰富多彩、形式千变万化，包含着中国传统的自然观和思维方式，体现了中华民族文化的内涵，以其独特的个性为当今文化的发展提供了丰富的文化资源。每项中国非物质文化遗产项目及其独特要素都是中国文化元素的重要组成部分。已经列入人类非物质文化遗产代表作名录的昆曲、书法、篆刻、剪纸、二十四节气等无疑是重要的中国文化元素，那些国家级、省级以及各地方的非物质文化遗产项目同样也是中国传统文化元素的重要组成部分。每项非物质文化遗产项目都具有独特的精神意识、思想内涵以及非物质形态，

---

① ［美］克利福德·格尔茨：《文化的解释》，韩莉译，南京：译林出版社 1999 年版，第5页。

这些都构成了独具特色的中国文化基本元素。例如，春节的对联、门神、年画，七夕节的织女、鹊桥和乞巧，中秋节的月饼和赏月，端午节的粽子和龙舟，元宵节的花灯和灯谜，还有传统建筑、民间剪纸、民间木版年画中的吉祥图案等，这些都是由中国文化渊源传承下来的传统文化元素。这些非物质文化遗产的文化元素都具有独特的中国文化意蕴，比如，中国古代建筑、织锦和年画上的吉祥图案，往往以特定的构成形式，特定的人物、动物、植物或器物组合，经过漫长的历史文化积淀，从而形成相对稳定的传统结构样式和有意味的图案。如常见的图案有三羊开泰、连年有余、五福庆寿、四喜登梅、洪福齐天等，多采用象征手法，如“连年有余”，过新年时，家家挂一张儿童抱鲤鱼的年画，“鱼”与“余”同音，比喻生活富裕，表达了人们追求年年幸福富裕生活的良好愿望。“三羊开泰”，“羊”古同“祥”字，寓吉祥；“三羊”喻“三阳”，三阳，卦爻之初九、九二、九三，阳气盛极而阴衰微也。开泰，泰卦名；乾上坤下，天地交而万物通。开泰即启开的意思，预示要交好运。“三羊开泰”图案，寓意吉祥好运接踵而来。这些在长期的集体诠释中生长、发展而来的民族文化符号，一旦形成，就会使民族共同体的成员产生强烈的情感认同和心理归属感，逐渐建构起其民族身份认同和国家认同，这也是非物质文化遗产的社会价值之所在。

（二）中国非物质文化遗产文化元素在发展文化产业中的价值

党的十九大报告指出，深入挖掘中华优秀传统文化蕴含的思想观念、人文精神、道德规范，结合时代要求继承创新，让中华文化展现出永久魅力和时代风采。习近平总书记强调要使中华民族最基本的文化基因与当代文化相适应、与现代社会相协调①。中国非物质文化遗产文化元素作为中华民族传统文化的宝贵财富，把这一文化资源转变成发展文化产业的资源，不仅是拯救陷于困境中的非物质文化遗产保护的重要措施，而且对于传统民族文化的继承和发展，弘扬民族精神，增强民族自豪感、

① 习近平：《习近平谈治国理政》（第一卷），北京：外文出版社 2014 年版，第 161 页。

自信心和凝聚力，满足人类精神文化的需求等方面具有重要意义。

1. 发挥非物质文化遗产文化元素的社会价值

中华民族的传统文化符号有着多样性的存在，其中，经过时间洗涤之后沉淀下来的精华，从某种意义上说是中华民族发展理念的载体。这些极具中国传统特色，在历史的演变中成为瑰宝的“中国元素”在增进民族文化认同感、自信心、凝聚力和向心力，维持社会和谐和道德秩序方面，一直发挥着十分重要的作用。在传统社会，非物质文化遗产对于良好的社风民俗的形成具有十分重要的作用，如丰富多彩的民间文学、音乐、舞蹈等非物质文化遗产，因为贴近实际、贴近生活、贴近民众，且具有深刻的哲理性、教育性，而深受群众喜爱，在培养当代民众的道德情操方面，起到了不可替代的作用。人们通过一则则民间传说、一首首民歌、一出出民间小戏、一幅幅年画，潜移默化地得到传统文化的滋养，汲取传统文化的正能量，形成善良、正直、仁爱、忠厚、诚信、宽恕、谦恭、礼让等美好品质，这就是非物质文化遗产作为民族精神载体的根本体现。非物质文化遗产本身具有许多当代社会有所缺失的文化特征与精神内涵，通过对它们的保护和传承，可以更好地促进当代人社会生活的和谐和价值观念的重构。作为优秀传统文化重要组成部分的非物质文化遗产中所体现出的“和为贵”“天人合一”“尽善尽美”等观念，与社会主义核心价值体系的基本精神高度契合，有助于在当今实现人与自然、人与社会的和谐相处。当今，我们要以科学的态度、发展的眼光，发掘、继承和弘扬优秀传统文化，并对其进行现代性改造，释放其正能量。

2. 发挥非物质文化遗产文化元素的经济价值

从消费文化的角度来看，当今社会已进入符号消费时代，符号消费必然伴随着符号经济。非物质文化遗产的符号化，为文化遗产资源向文化资本转化提供了途径。法国著名社会学家让·鲍德里亚在他 1970 年出版的《消费社会》一书中指出，人们就是通过消费不同的物品来界定自己与物品相符的身份，将自己与某种类型等同而与其他人相区别，即人们现在消费的不是物品的使用价值而是符号价值，人类社会已经进入符号消费时代[①]。符号消费最大的特点就是表征性和象征性，即通过对商品的消费来体现个性、品位、社会地位并实现社会认同和文化认同。符号消费作为一种差异性消费，这就为不同文化的展示提供了平台，为地域特色突出、民族文化底蕴深厚的非物质文化遗产资源转化为文化资本创造了条件。

现代非物质文化遗产的保护和传承，必须创新思路，努力让非物质文化遗产变身成为文化符号，让传统非物质文化元素与现代文化产业融合，达到文化保护与经济发展互为促进的目的。非物质文化遗产中的文化元素（因子）在文化产业中的利用，是以非物质文化遗产保护为宗旨，以发展文化产业为目，所创造出的现代文化产业与传统非物质文化遗产文化元素深度融合的新型文化产业开发模式。在新时代、新观念、新形式中，深入挖掘非物质文化遗产文化元素资源，从优秀的非物质文化遗产中充分汲取丰富的营养，结合时代要求进行创造性转化，巧妙地将非物质文化遗产文化元素融于文化产品中，既使中华民族最基本的文化基因与当代文化相适应、与现代社会相协调，又能让中国的文化及文化产业发展深深植根于中华优秀传统文化沃土。非物质文化遗产所传承的文化元素和体现的文化精神，在中国文化产业发展中被创造性地运用，不仅可以为中国的文化产品赋予鲜明的思想、内容、形式和美学特色，使中国文化产业扎在本民族深厚的文化根基上，而且能给中国文化产品以特殊的文化魅力和市场竞争力，在我国经济结构转型升级的过程中，用好这些非物质文化遗产文化元素资源，可增加中国产品的文化内涵，向世界传达中国人的审美创造和文化观念，实现由“中国制造”向“中国创造”的跨越。因此，丰富多彩的中国非物质文化遗产文化元素资源具有巨大的开发潜力，为我国文化产业发展孕育了产生良好社会效益和巨大经济效益的机遇。

---

① ［法］鲍德里亚：《消费社会》，刘成富、全志钢译，南京：南京大学出版社 2014 年版，第 62—63 页。

三、创新性利用非物质文化遗产资源发展文化产业

非物质文化遗产的传承与发展需要与时俱进，创新思维。创造性传承和创新性发展是非物质文化遗产多样化、个性化的源头，也是非物质文化遗产魅力永葆的根本。在现代社会生活日新月异、市场竞争日趋激烈和科技发展突飞猛进的新形势下，传统非物质文化遗产只有在创新和创造中实现价值的再创造，才能真正实现优秀传统非物质文化遗产的历久弥新、绵延不绝。

（一）面向现代社会生活

非物质文化遗产是以人为核心、以一定历史时代的生产和生活为载体的活态传承实践，它具有与时俱进、自我更新的属性，其生命力就体现在适应生产和生活变化的创新发展中。当今，随着社会时代环境、生产方式、生活条件和大众审美趋向等的不断变化，非物质文化遗产的保护传承和开发利用，也必须顺应时代社会的发展，紧密联系当今当地民众的生产和生活实践，紧跟现代生产和生活的变化节奏，在继承和创造的统一中不断发展。

1. 用现代产业理念开发非物质文化遗产生产性项目

从产业发展角度来看，文化产业的发展为非物资文化遗产资源的现代转化带来了难得的机遇，充分利用非物质文化遗产独特文化资源，发展特色文化产业，这不仅是文化产业发展的内在要求，也是非物质文化遗产资源创造性转化的新思路。如前所述，传统的非物质文化遗产生产性项目具有鲜明的生产实践性和生活实用性特征，因此，当今对非物质文化遗产进行生产性保护和开发利用时，必须适应时代社会发展需要，充分关注当下社会生产、民众生活和审美观念的新变化，用现代产业理念审视传统非物质文化遗产，在保留传统非物质文化遗产项目精神内核和生产方式的基础上，将活跃、新颖的现代表现形式融入其中，开发一些具有时代感、现代气息和地方特色的为现代大众所喜爱的文化产品。近年来，在国家推行非物质文化遗产生产性保护和大力发展文化产业的大背景下，要积极探索将中华优秀传统文化的保护传承与推动特色文化

产业发展紧密结合起来，通过保护方式、保护内容和保护机制的创新，拓展文化产业发展的新领域和新途径。在大力推动文化产业发展的时代背景下，非物质文化遗产以其丰富的项目资源、多样的生产形式和独特的传统技艺，被当作当地的文化名片来打造，当作地方文化产业新的经济增长点来发展，特别是那些适合生产性保护和产业开发的传统技艺、传统美术、中医药制作和饮食文化类非物质文化遗产项目，更是成为文化产业的新宠，它们以传统技艺和现代形式融合重新走进百姓现实生活，满足他们的物质产品和精神文化生活需求，取得了良好的社会效益和经济效益，使优秀传统非物质文化遗产项目在产业发展中焕发出新的生命力。

2. 用现代审美思维利用非物质文化遗产文化元素

充分利用非物质文化遗产文化元素发展文化产业，就是要以非物质文化遗产中深厚的民族精神、丰富的文化内涵和多彩的文化形式为资源，在深入研究当代社会需求和大众审美取向的基础上，用现代审美创意思维来解读其发展文化产业的经济价值，积极寻求非物质文化遗产与市场经济的新结合点，在传统非物质文化遗产中获取文化产业资源，吸取艺术养分，以厚重的民族性为灵感，以丰富多彩内涵深厚的核心元素渗透到现代文化产品中，通过创新，以新形式、新内容生产出既能准确传达民族传统文化风韵，展示非物质文化遗产生产高超技艺，又能体现时代精神、符合当下大众审美趣味的具有中国特色、中国风格、中国气派的文化产品。

首先，大力挖掘非物质文化遗产文化元素资源。我国非物质文化遗产资源十分丰富，各类非物质文化遗产产生的历史背景、地理环境、生存状态各不相同，因此其中包含的文化元素内容和形态也各不一样。要利用非物质文化遗产文化元素资源发展文化产业，必须大力挖掘各地各民族与现代产业相关的非物质文化遗产文化元素，以现代眼光审视其中包含的文化密码，寻找那些具有时代意义的文化元素，找出那些具有产业开发价值的内容和形式进行利用和转化。其次，精心提炼非物质文化遗产文化元素的价值。利用非物质文化遗产元素发展文化产业，必须进行认真选择和提炼，取其精华，去其糟粕，推陈出新。比如选择那些具有浓郁民族文化特色的文化元素，采用一些抽象的方法对传统文化元素进行加工提炼，使其更加简化、精炼，在文化产品中附加这些具有典型意义的文化符号，以提高民族文化产品的市场竞争力和文化产业的国际竞争力。最后，充分利用非物质文化遗产文化元素发展文化产业。非物质文化遗产中许多独特的文化元素、符号、工具等为当代文化产业发展提供了丰富的素材和艺术表现形式，中国文化产业对这些文化产业元素利用的任务就是将其挖掘出来，进行创造性转化，以符合现代社会的精神需求和审美判断，生产出更多具有鲜明地方和民族特色以及时代精神的为大众喜爱的产品。比如在现代影视创作中加入一些地方民风民俗民情的描写，在现代建筑中使用各种中国传统建筑艺术元素，在现代纺织产品中引入各种中华民族传统服饰文化元素，在现代旅游中注入一些地方特色文化灵魂。再比如在发展动漫动画产业时，中国传统非物质文化遗产文化元素可以为动漫动画创作提供丰富的艺术形式供给，例如，中式服装、饮食、礼俗、民族音乐、民间信仰等大量非物质文化遗产元素都能成为很好的创作资源，优秀的故事情节更是动漫动画创作的重要素材，动漫动画创作还可以从很多传统文化的表达和展现手段中获得最直观的表现形式。这些非物质文化遗产文化元素在现代文化产业中的运用，可以实现旧与新结合、传统与前沿融合，非物质文化遗产保护与地方经济发展结合，通过打造文化产业新品牌，树立文化产业新形象，进一步增强文化产品对当代生活的适应力，强化现代文化产业的市场竞争力，提升非物质文化遗产的传承活力。

（二）面向现代市场经济

从长远发展来看，非物质文化遗产的保护并不是把它们“标本化”，而是要用现代眼光审视传统，将传统与现代、文化与经济、保护与开发有机结合起来，在面向现代市场经济进行产业开发过程中，实现传统非物质文化遗产资源的现代创造性转化，以具有强大吸引力的产品和竞争力的产业在激烈的市场竞争中拓展非物质文化遗产的生存与发展空间。

1. 按现代大众消费需求提高非物质文化遗产产品的吸引力

在激烈竞争的文化市场环境中，非物质文化遗产产品只有按现代大众消费需求生产出优质产品，提高产品的吸引力，被广大消费者所购买，才能真正实现其社会价值和经济效益。

其一，要重视地域性差异化发展。非物质文化遗产产品开发必须重视地域文化的差异性，要在尊重当地文化传统和民族特点，保护文化多样性，维护与弘扬非物质文化遗产所蕴含的文化精髓与价值的同时，以地方文化特色和优势，增强非物质文化遗产产品的表现力和吸引力，提高市场适应力和竞争力。其二，要重视消费者个性化需求。对于不同文化消费者来说，文化产品应该是个性化的，要提高非物质文化遗产产品的吸引力，必须从满足消费者个性化需求方面下功夫，在研究不同地域、年龄、知识结构、审美偏好消费者需求的基础上，创造出内容丰富、形式多样，既弘扬优秀传统文化，又为现代大众所喜闻乐见的非物质文化遗产产品。其三，要重视产品功能现代转化。许多技艺类非物质文化遗产项目功能在新时代早已发生重大变化，而今需要在保留传统工艺和技艺的同时，将原有功能进行创新性发展，赋予新的内容，注入新的活力，研发新的产品，这样既能使传统项目的技艺得以有效传承和保护，也能在发展文化产业中获得很好的社会效益和经济效益。其四，要重视产品包装的美化。不少传统非物质文化遗产产品内容都很好，但包装过于简单，缺乏艺术点缀、个性化色彩，更缺乏民族特色，因而严重影响了产品的吸引力。现代人十分注重产品包装外在形式，一个好的产品需要有很好很独特的个性化包装，这是产品进入现代市场不可忽视的重要环节，因此要重视非物质文化遗产产品的包装，提高产品外在吸引力，提升产品品位和经济价值。

2. 按现代文化品牌战略提升非物质文化遗产产业的竞争力

在激烈竞争的市场经济条件下，非物质文化遗产产业只有在市场经济中寻求发展的动力，建构自己独特的品牌，才能保持旺盛的生命力和强劲的竞争力。

其一，传承人是品牌创建的关键。实施非物质文化遗产产业品牌战略，传承人的作用极为关键，他们既了解什么样的非物质文化遗产精品项目能够成为文化品牌，又掌握生产过程中独特的传统技艺，因而能在文化品牌建构中发挥其重要的能动作用。在现代品牌建构中，传承人更需要开阔眼界，不断学习、传承、传授、总结和整理其技艺，在保有核心技艺的前提下，以开放的心态将现代技术知识和方法与传统非物质文化遗产品牌相结合，通过创新创建新的品牌。其二，传统技艺是品牌建构的核心。在现代非物质文化遗产品牌建构时，要特别强调核心技艺，坚持传统工艺流程的整体性、核心技艺的真实性，传统关键技艺和精湛工艺与现代技术的合理结合能够有效解决非物质文化遗产在保护和发展中的基本问题，并成为培育文化产业品牌的坚实基础。其三，不断创新是品牌不衰的根本。传统非物质文化遗产品牌为现代文化品牌的创建奠定了基础，现代品牌战略为非物质文化遗产产品品牌建构提供了新思路，大部分传统非物质文化遗产放在过去也是很“现代”的，当今我们应以开放的心态汲取传统非物质文化遗产艺术和技术的精华，为我所用，通过文化资源整合、文化内涵挖掘以及文化产品创造等现代创新性转化，创建中华优秀传统非物质文化遗产产业品牌。

（三）面向现代科技发展

当今世界正处在大变革大调整大发展时期，文化与科技相互融合、相互促进的强劲态势有力推动文化产业的大发展。2016 年 11 月，国务院印发的《“十三五”国家战略性新兴产业发展规划》强调，以数字技术和先进理念推动文化创意与创新设计产业加快发展，促进文化科技深度融合、相关产业相互渗透，通过全民创意、创作联动等新方式，挖掘优秀文化资源，激发文化创意，适应互联网传播特点，创作优质、多样、个性化的数字创意内容产品。促进优秀文化资源创造性转化。鼓励对艺术品、文物、非物质文化遗产等文化资源进行数字化转化和开发①。将优秀非物质文化遗产资源与现代科技相结合，通过科技创新促进非物质

① 国务院：《“十三五”国家战略性新兴产业发展规划》，2016 年 11 月 29 日国发〔2016〕67 号。

文化遗产的保护传承和相关文化产业的发展，是未来的发展方向。

1. 利用现代科技提升非物质文化遗产保护水平

在全球化时代，保护和传承好各国的非物质文化遗产，是对全人类文化多元化存在，以及与后代人共享人类文化遗产所负有的义不容辞的责任。只有保护和传承好宝贵的非物质文化遗产，非物质文化遗产的生产性保护和创造性转化及产业开发才有资源基础。2005 年 3 月，国务院办公厅印发的《关于加强我国非物质文化遗产保护工作的意见》确定了“保护为主、抢救第一、合理利用、传承发展”的指导方针①。现代科技在非物质文化遗产保护中正发挥着越来越重要的作用。首先，利用现代技术建立非物质文化遗产数字化档案。在现代化的巨大冲击下，许多非物质文化遗产项目面临着消亡的危险，我们要按照《中华人民共和国非物质文化遗产法》要求，充分利用电子信息、互联网、数字化等现代技术，尽快对已经被联合国教科文组织“非物质文化遗产代表作名录”和我国“国家级非物质文化遗产名录”所收录的项目以及全国各地省市级非物质文化遗产代表性项目，根据它们的不同门类和特色建立非物质文化遗产代表作名录数据库，保存好我国优秀的非物质文化遗产。其次，利用现代技术为非物质文化遗产提供虚拟展示和传播平台。积极运用虚拟现实、三维动画以及网络等技术，着力打造集非物质文化遗产展示、保护、传承、交易、体验为一体的线上线下互联网互动大平台；积极运用当今新兴社交媒体和互联网交流工具，如 QQ、微博、微信等大众喜爱的方式，再现、传播非物质文化遗产特色文化信息，让更多人知晓、关注并参与非物质文化遗产的传承保护和开发利用，从而达到保护、传承和传播非物质文化遗产的目的。

2. 利用现代科技提升非物质文化遗产产品价值

首先，利用现代科技挖掘非物质文化遗产资源价值。当下，在现代科技的帮助下，传统非物质文化遗产与生产紧密结合，将非物质文化遗

---

① 国务院办公厅：《关于加强我国非物质文化遗产保护工作的意见》，2005 年 3 月 26 日国办发〔2005〕18 号。

产资源注入现代文化产业中，将传统工艺的价值以更加多元的形式传递到现代生活中，从而形成特色文化产业，这既保留了传统技艺的精髓，又更好地促进了文化资源优势转变为经济优势。美国迪斯尼公司成功地将中国古代民间故事《花木兰》改编成商业动画片，影片采用了许多中国元素，从音乐到绘画，甚至价值观都是中国的，同时还运用了最现代的艺术创作的手法，最现代的科学技术，把中国传统文化元素与现代科技相结合，使之变成了全世界都可以接受的对传统文化传播非常有价值的一部电影，在全球赚取了超过 20 亿美元的票房收入①。其次，利用现代科技拓展非物质文化遗产产业链。传统非物质文化遗产往往存在产品单一，生产规模小、周期长等缺点，现代科技的运用在一定程度上克服了这些缺陷，拉长了文化产业生产链，扩大了文化产业生产规模，提高了生产效率，在市场上取得竞争优势，创造出巨大的经济与社会效益。如非物质文化遗产项目“皮影戏”（泰山皮影戏）的国家级项目代表性传承人范正安联合山东师范大学学生，通过“网络众筹”等渠道，成立山东皮影保护发展基金会，组建“幕影春秋泰山皮影传播与推广系统”团队，还与腾讯游戏联合开发“泰山英雄传”手机游戏，皮影 DIY、皮影微电影线上定制与展映，实现皮影与网络、微电影的三方跨界，带动山东其他地方皮影艺术的传承与发展②。

3. 利用现代科技提升非物质文化遗产的生产效率

首先，利用现代科技加强非物质文化遗产产品的科学设计。传统非物质文化遗产生产产品基本没有设计环节，通常是传承人凭经验和感觉按照已有的图案或范式去制作。近些年，越来越多的传承人开始重视用科技进行产品前期的设计，他们利用数字化档案对非物质文化遗产技艺进行分析，总结相关规律，运用于设计实践，实现从主观经验到科学设计的转化，让生产过程更加科学。例如国家文化科技提升计划项目“黑胎哥窑开片青瓷复烧工艺研究”负责单位龙泉市正聪青瓷研究所采用 X

---

① 黄永林：《数字化背景下非物质文化遗产的保护与利用》，《文化遗产》2015 年第 1 期，第 1—10 页。

② 李旭：《文化遗产转化为审美资本的机制思考》，《光明日报》2017 年 11 月 30 日。

射线荧光光谱分析仪技术，对胎、釉进行化学组成分析，还原并改良了与南宋黑胎哥窑开片青瓷外观特征相近的坯料配方，复烧的黑胎哥窑开片青瓷取得了较好的市场效果①。

其次，利用现代科技提高非物质文化遗产生产能力。对于传统手工艺产品，传统的叫法为制作，较少生产成分，但是，在非物质文化遗产产业化过程中，生产意味着手工与技术的结合，不过，在结合的过程中，必须以保持非物质文化遗产的真实性、整体性和传承性为核心，以有效传承非物质文化遗产技艺为前提，在尊重非物质文化遗产技艺的核心价值基础上，用现代科技实现从手工制作向机械化生产的转化，从而提高生产效率。比如黔东南施洞镇的苗族银饰技艺，过去都是银匠手工制作，现在的银匠在制作过程中都采用机器拉丝和焊接工艺，这样不仅提高了银饰生产效率和产品品质，而且能让银匠从“苦力”中抽身出来花费更多的精力在完善艺术性的核心工艺上②。这是传统工艺与现代技术相结合最普遍采用的方式。

4. 利用现代科技促进非物质文化遗产产品传播能力

日新月异的互联网、电子信息、数字化和人工智能等科技在文化生产领域的运用，从根本上改变了文化产品的设计、生产、消费、流通、销售方式，提高了文化产品的原创力和传播力。如互联网技术加入文化产品流通环节，为文化产品提供了前所未有的传播能力，使文化产品的流通空间更大、速度更快、周期更短，表现出流通空间立体化、时间快速化和手段现代化等特征，从而大大增强了文化产业的生命力。如数字化技术在文化产品销售中的运用，能让更多的消费者了解非物质文化遗产背后的文化内涵和艺术价值，让传统非物质文化遗产产品与市场需求高效匹配，最大程度地吸引消费者的眼球。又如采用数字技术提供制作、传输、传播、营销、推广等的文化与科技融合型企业和企业集团的迅猛兴起与发展，大大提高了文化产业的竞争能力。如企业门户网站、手机

① 叶乐峰：《科技+文化点亮生活意境美》，《光明日报》2016 年 9 月 26 日。

② 陈静静、俞晓菁：《贵州施洞苗族银饰锻制工艺的发展探究——基于塘龙寨的田野考察》，《人民论坛》2015 年第 A11 期，第 83—85 页。

报、微信公众号、QQ 群、微信群等在非物质文化遗产产品营销中的运用，把文化产品直接与消费者联系起来，能更好地与消费者沟通，有效地推送和及时反馈产品信息，为消费者提供更加个性化推送服务，使文化产品的生产和销售针对性更强，这对于培育文化产品的消费者和消费观，形成更为广泛的消费群体具有十分重要的作用。总之，在一定的潜在市场需求下，现代技术给非物质文化遗产与日常生活融合提供可能性，非物质文化遗产的创造性转化与创新性发展使非物质文化遗产得到更好的保护传承和发展利用，使之成为满足人们不断增长的物质文化和精神文化需求的重要途径①。

① 宋俊华：《文化生产与非物质文化遗产生产性保护》，《文化遗产》2012 年第 1 期，第 1—5 页。

第二章 非物质文化遗产的文化生态学阐释

第一节 文化生态视野下的非物质文化遗产保护*

近些年来，随着经济全球化和现代化进程的加快，中国的文化生态发生了巨大的变化，非物质文化遗产的生存与保护受到了前所未有的冲击。如何创造一个有利于非物质文化遗产健康而可持续发展的文化生态环境，并对其原生态特质及其文化空间进行有效保护，已成为政府文化部门和学界十分关心和积极探讨的重要理论与实践问题。

一、文化生态与原生态文化

从本质上来说，非物质文化遗产是一种在一定的文化生态环境下形成的原生态文化，弄清文化生态和原生态文化的特征对于认识非物质文化遗产的独特性和保持文化多样性价值具有特殊的意义。

文化生态与原生态文化是两个相关但又有区别的概念。从生态学的角度来看，人类的生存环境有自然环境、社会环境和规范环境。文化生态是指由构成文化系统的诸内、外在要素及其相互作用所形成的

---

* 本节原题《"文化生态"视野下的非物质文化遗产保护》，原载《文化遗产》2013 年第 5 期。本书略有修改。

生态关系。文化生态系统是文化与自然环境、生产生活方式、经济形式、语言环境、社会组织、意识形态、价值观念等构成的相互作用的完整体系，具有动态性、开放性、整体性的特点。在一定历史和地域条件下形成的文化空间，以及人们在长期发展中逐步形成的生产生活方式、风俗习惯和艺术表现形式，共同构成了丰富多彩和充满活力的文化生态。

所谓原生态，就是自然状态下的、未受人为影响和干扰的生态原状，是事物与环境的合二为一状态，即事物与其生存环境共存共生的现象，其显著特征是天然美、自然美、原始美。原生态文化一词的出现，是基于将自然生态与文化生态关联起来，对文化进行一种生态性的理解，赋予文化生态性意义。原生态文化是属于自然和文化的完美结合，具有以下特征：

其一，原生态文化是自然状况下生存的本真文化。本真是原生态文化的显著特征，它具备原创时的本真意义，保留着诞生时的基本状态，在历史长河中具有相对的稳定性。原生态文化的本真性至少要满足三个标准：自然形态——不做人为加工，未经修饰；自然生态——不脱离生存发展的自然与人文环境；自然传衍——与民俗、民风相伴的一种特定的生活与表达情感的方式。有学者将事物本质及本质属性与时空环境一起呈现的整体状态称为本生态，这种本生态体现了文化本质与其属性、环境的内在的历史联系状态①。

其二，原生态文化是民众生活中的文化。原生态文化一般藏匿在民间，尤其在少数民族地区，是其先民在漫长的征服自然、繁衍生存的过程中创造的，是与民族的乡土环境、人文历史、民俗民风融为一体的，是非职业非专业、非城市化非商业化的文化。

其三，原生态文化是植根于某个地域的独特文化。这种文化产生并存在于某个偏远的乡村、古朴的村落。地方性知识是原生态文化的内涵，

① 宋俊华：《论非物质文化遗产的本生态与衍生态》，《民俗研究》2008 年第 4 期，第 5—13 页。

它不仅涉及地域意义，也涉及知识生成和发展中形成的特定情境。它按历史传统、岁时节令和民间俗信演示，在特定的文化时间和空间中就地出演，始终反映当地历史特征的鲜明个性，也保持了自身所具有的特色文化传统主线。

其四，原生态文化也是与时俱进的活文化。文化是人类历史代代传承下来的精神财富，是人类在改造自然、改造社会和改造自我过程中代代遗留、积累和继承下来的，历史传承几乎成了文化演进的唯一方式。因此，文化生态的稳定是相对的，而变化是必然的，每一种文化都是在不断变化的文化生态中动态发展的。然而，在这种动态的过程中，每一种文化都存在着自身相对稳定的文化基因，这种内在文化基因与外在文化环境共同构成了这种文化特质的生态。原生态文化所具有的与时俱进的发展性特征，使文化呈现出活态性和多样性的特点①。

二、文化生态保护的理论探讨

（一）西方文化生态理论与生态博物馆概念

关于文化生态的研究，大致可以分为侧重解释文化变迁的生态学研究和把文化类比为生态整体的文化研究。前者把文化置于生态之中，侧重研究文化演变与文化生态（包括自然生态）的关系；后者把文化类比为生态一样的整体，虽然也顾及文化与自然环境的关系，但是侧重研究文化与社会的关系。

现代意义上的生态学概念是1866年德国生物科学家恩斯特·海克尔（E. Haeckel）提出的，他认为，所谓生态，是一种关系的描述，就是自然、有机生命体与周围世界的关系，因此，生态学被定义为研究植物与动物之间以及它们与生存环境之间相互依赖关系的科学。

1955年，美国文化进化论学者斯图尔德（Julian H. Steward）在他出版的《文化变迁理论》专著中重点阐明了不同地域环境下文化的特征及

---

① 宋俊华：《论非物质文化遗产的本生态与衍生态》，《民俗研究》2008年第4期，第5—13页。

其类型的起源，即人类集团的文化方式如何适应环境的自然资源、如何适应其他集团的生存，也就是如何适应自然环境与人文环境。斯图尔德的文化生态学开创性地把研究文化与环境的互动关系的四个取向融为一体：①以文化存在于其中的环境来解释文化而不只是在经济与地理的结合中解释文化；②把文化与环境的关系作为一种过程而不只是相关来理解；③不是在大的文化区域，而是在小规模的环境中进行研究；④检验生态与多线文化进化的联系[①]。斯图尔德首次将生态学原理引入文化研究中，发现了文化与环境因果关系并系统论证了其对于人类社会组织的作用、类型与意义，具有重要的实际指导意义。他所确定的以特定环境下特定行为模式关系作为文化生态学研究主要内容的观点，尤其是必须深入研究区域文化内核及其与生存和经济行为关系的指导思想，都极具前瞻性。

20世纪70年代初，一大批时代精英对当时的文化、教育、经济、环境等作生态学反思，直接影响到了传统的博物馆学，对传统博物馆的批判也随之而来。这种强烈甚至激进的批判促使了生态博物馆思想和新博物馆学的产生。在1971年法国举办的国际博物馆协会第九届大会上，国际博物馆协会秘书长“生态博物馆之父”——乔治·亨利·里维埃和法国博物馆学家雨果·戴瓦兰在向法国环境部长解释博物馆和生态环境的关系时提出了生态博物馆的概念，其内涵与传统意义上的博物馆截然不同。传统的博物馆是将文化遗产搬到一个特定的博物馆建筑中，与此同时发生的是这些文化遗产远离了它们的所有者，远离了它们所处的环境。而生态博物馆是建立在这样一个基本理念之上，即文化遗产应该被原状地保存和保护在其所属的社区及环境之中。所以，生态博物馆不是一个建筑、一间房而是一个社区。它所保护和传播的不仅仅是文化遗产，还包括自然遗产。由于生态博物馆具有传统博物馆所缺乏的性质，并顺应了当代人类生态环境保护意识日益觉醒和高涨的潮流，顺应了当代要求文化遗产权和文化遗产的解释权应回归原驻地和原住民的呼声，顺应

---

① J. H. Steward, *Theory of Culture Change*. Urbana: University of Illinois Press, 1979: 7, 39-40。

了人类要求协调和持续发展的愿望，因而其理论一问世，便迅速在欧洲、拉丁美洲和北美洲等许多国家和地区传播开来，成为一种有效地保护文化生态的方式。

（二）中国文化生态理论与文化生态失衡问题

自20世纪初叶起，我国学者李大钊、冯友兰、梁漱溟等在探讨文化生成机制时，就力图从生态环境角度说明文化差异性、民族性，进而进行优劣比较与选择。虽然没有把文化生态看作动态系统而是静态研究，但启发了国人对民族文化的自省。20世纪五六十年代我国曾出现民族调查高潮，文化生态研究一度活跃。林耀华等撰写的《中国的经济文化类型》为其时的典型之作。

20世纪90年代，对文化生态进行保护的理论逐渐传入我国。文化学的文化生态概念在近几年被比较广泛地采用，在客观上是缘于经济全球化对中国文化的压力造成了严重的文化问题，在主观上是缘于学界近些年的文化自觉意识达到了一个新的高度。1998年，方李莉在北京大学社会学人类学所主办的人类学高级研讨班上，提出了文化生态失衡的问题，她在后来发表的文章中对文化生态的意义给予了阐发："人类所创造的每一种文化都是一个动态的生命体，各种文化聚集在一起，形成各种不同的文化群落、文化圈，甚至类似食物链的文化链，它们互相关联成一张动态的生命之网，其作为人类文化整体的有机组成部分，都具有自身的价值，为维护整个人类文化的完整性而发挥着自己的作用。"① 其基本含义就是把人类文化本身看作一个生态系统（当然是一个类比于自然生态的系统），在概念解释之后，她在经验层次关怀草根文化的困境，并把这种困境提到了中国的文化生态失衡问题上。孙兆刚随后发表专文把文化体系看作生态系统一样的有机体，针对人类的文化生态系统严重失衡的危机，论述了建立民族文化生态保护区的必要性②。近十年来，

① 方李莉：《文化生态失衡问题的提出》，《北京大学学报》（哲学社会科学版）2001年第3期，第105—113页。

② 孙兆刚：《论文化生态系统》，《系统辩证学学报》2003年第3期，第100—103页。

相关实践研究迅速增多，一定程度上充实了文化生态学理论研究[①]。的确，全人类的历史实际上可看作各种文化不断地适应其境遇的变迁历程[②]，因此，文化生态学研究意义日益显现。正是文化生态失衡问题的提出，为我们今天以非物质文化遗产为对象讨论文化生态建设开启了话题。

（三）文化生态理论与非遗整体性保护

1989 年，联合国教科文组织颁布的《保护民间创作议案》把“民间创作”解释为“来自某一文化社区的全体创作”，将民间创作与特定社区联系起来，体现了关注文化生态的整体保护理念。

2003 年，联合国教科文组织通过的《保护非物质文化遗产公约》第二条指出，各个群体和团体随着其所处环境、与自然界的相互关系和历史条件的变化，不断使这种代代相传的非物质文化遗产得到创新，同时使他们自己具有一种认同感和历史感，从而促进了文化多样性和人类的创造力。对非物质文化遗产保护定义的核心是采取措施，确保非物质文化遗产的生命力。文化遗产是拥有该文化的民族创造的、与时俱进而又能基本上保持原始状态的传统文化，是人类共同体传承到当今时代的原创性文化，是在时代的浪潮中不断创新、融入了时代元素的活的传统文化。非物质文化遗产的这种不断创新精神，是确保其生命力的重要保证。

从生态学的视角看，文化生态学强调生态整体性，明确人类在生态系统整体中作为一个“类”存在的特征，并认为人和人类社会是自然生态系统自组织进化的产物，人和人类社会产生以后又作为相对独立的主体，以自身适应和改造自然环境的活动，参与自然生态系统的自组织演化过程。一定的生态潜力是文化发展的基础，生态圈的整体性及稳定性是可持续发展的自然基础。非物质文化遗产是一种生活文化，大多来自

---

① 方慧：《云南少数民族传统文化与生态环境关系刍议》，《思想战线》1992 年第 5 期，第 56—62 页；潘定智：《从文化生态学看中国民族关系》，《贵州民族研究》1992 年第 3 期，第 101—103 页；廖国强：《云南少数民族刀耕火种农业中的生态文化》，《广西民族研究》2001 年第 2 期，第 76—80 页；尹绍亭：《一个充满争议的文化生态体系——云南刀耕火种研究》，昆明：云南人民出版社 1991 年版，第 119 页。

② 李亦圆：《文化与行为》，台北：台湾商务印书馆 1993 年版，第 23 页。

少数民族、原始部族、乡土文化、民间文化等，是依赖一定生态环境和特定人群与历史的生态文化。非物质文化遗产保护的“核心物”是一个民族原生态优质文化基因，这种文化基因在代代传承的过程中，发展映射出不同民族的演变历程，动态地演绎出一个民族的审美意蕴、价值取向、生活方式、思维模式和精神信仰，是民族存在、集体意识的精神表达，是维系民族存在的生命底线，是民族发展的源泉。即便是在与时俱进的不断创新过程中，其文化核心元素也一代又一代被保留下来，成为这个民族文化的遗传基因和文化身份基本识别标识。当今，在非物质文化遗产保护中提出原生态保护，就是为了强调源头性、原生性、整体性保护。2004 年我国著名学者刘魁立在《非物质文化遗产及其保护的整体性原则》一文中，从文化的空间和时间两个维度解释了非物质文化遗产保护的整体性原则。他认为，首先，保护文化遗产不是对一个个“文化碎片”或“文化孤岛”的“圈护”，而是对文化全局的关注；不但要保护文化遗产自身及其有形外观，还要注意它们所依赖和因应的结构性环境。其次，从时间上来说，不仅要注意文化遗产的历史形态，也不能忽视和歧视其现实状况和将来发展①。建设文化生态保护区，对与民众生活最为密切的非物质文化遗产表现形式（文化空间）进行整体性保护，可以复活一个民族丰富而生动的记忆，保存一个民族历史发展的血脉，同时，在这种复活中，可以追寻传统文化的精神源泉，为社会建设提供精神动力。

值得注意的是，在现代化的浪潮中，原生态文化需要保护，但这种保护不应是封闭的保护，而应是开放的、与时俱进的保护，因为原生态传统文化不是静态的存在，而是动态的观念；不是静态的积淀物，而是动态的生活。非物质文化遗产的保护与物质文化遗产保护的区别，就在于物质文化遗产的保护，是对定格于特定历史时空点上物化形态（器物层面）的静态保护，要求不走形、不走样地、原汁原味地保护，即使维

---

① 刘魁立：《非物质文化遗产及其保护的整体性原则》，《广西师范大学学报》（哲学社会科学版）2004 年第 4 期，第 1—8 页。

修，也要修旧如旧。而非物质文化遗产的保护，是对社会历史发展过程中形成的世代相传的非物化形态，即精神（技艺）层面文化的动态保护，不是机械地、被动地封存式保护，而是活态传承。要正确处理好原生态文化保护与发展的辩证关系，就必须实现民族性与开放性有机结合、原生性与产业性现实结合、观念性与商业性有机统一。要在保护好原生态文化生长的“原生土壤”的基础上，引导好原生态文化的良性变迁。我们还应当看到，不是社会文化环境要去适应非物质文化遗产，使其得以传承，而是非物质文化遗产保护要适应不断变化着的社会文化环境而得以传承。因此，原生态文化只有积极地向外来先进文化学习，积极吸收和消化其他民族文化中先进因素与现代化的元素，才能不断增强自我文化的生命力与创造力。

三、中国非物质文化遗产传承的文化生态失衡

费孝通先生在《乡土中国　生育制度》一书中对文化做过这样的解释：文化是依赖象征体系和个人记忆而维护着的社会共同经验①。不可再生性是文化生态的特点之一，那些与其生成发展相伴相随的民风、民俗、传统礼仪等等，在社会变革中不同程度地出现淡化、变异，甚至衰微、消逝。在文化生态变化的背景下，许多传统风格（俗）一旦消失，历史文化遗产一旦毁损，人居环境一旦破坏，都将是人类文明的损失和历史的遗憾。在中国，这种遗憾已经而且仍在继续发生。

（一）文化生态变化对非物质文化遗产生存的冲击

任何一种非物质文化遗产都是在特定的历史环境和自然环境下产生的，如果其赖以生存的文化生态遭到破坏，这种文化遗产就会渐渐沉寂下去，甚至走向灭绝。近二三十年来，由于工业化和城镇化建设步伐的加快，生产生活方式的迅疾改变，影视的普及与流行艺术的影响，加上外来文化的冲击等文化生态的变化，非物质文化遗产传承面临危机。一些有历史、科学和文化研究价值的村落、村寨遭到破坏，依靠口头和行

① 费孝通：《乡土中国　生育制度》，北京：北京大学出版社1998年版，第19页。

为传承的各种技艺、习俗、礼仪等非物质文化遗产正在不断消失。比如黔东南曾被称为“世界苗侗原生态民族文化遗产保留核心地”，被誉为“世界上最大的民族生态博物馆”“人类疲惫心灵栖息的最后家园”，然而现在黔东南的土著居民，尤其是年青的一代，已经不再像自己的祖先们甚至是自己的父母辈们那样，了解、热爱和熟悉本民族的原生态文化了。比如说民歌，昔日的黔东南锦屏清水江、亮江流域两岸有很多劳动歌曲，砍伐木头时有伐木歌，抬木头时有抬木歌，放排时有放排歌乃至放排的“号子”；民间“玩龙”时有玩龙的锣鼓，喊龙时有喊龙的唱词；就连男女之间谈情说爱也有情歌（玩山歌），节日筵庆有劝酒歌、敬酒歌，婚丧娶嫁有迎亲歌、伴嫁歌、送嫁歌、哭丧歌、安魂曲等不一而足。但是，这一些典型的原生态文化，经过最近二三十年的社会文化变迁，几近失传。尤其是随着大批身怀绝艺的民间艺人的衰老和去世，这种青黄不接、后继乏人的状况日趋明显①。原生态民族传统文化在与现代文化的碰撞、对接中，在文化的变迁、重构中许多未能进行价值转型与提升，造成了文化生存空间的丧失，大量原生态民间文化的失传。

（二）原生态文化破坏性开发对非物质文化遗产的伤害

当今，在市场经济社会中，由于经济利益的驱动，外来商业文化的侵袭，为迎合人们崇尚自然的需要，原生态已经作为时尚新概念成为卖点，如把非物质文化遗产当成“摇钱树”进行商业化运作，使得许多原生态民间歌舞和民俗变味乃至变形。在很多地方，民众的生活方式被当作旅游资源加以推销，庄重的仪式、礼俗成为日复一日的表演，寄寓其中的民众情感自然就会逐渐淡化，使这些非物质文化遗产的功能发生了根本的转变，虽然在形式上仍然保持着原来的面貌，但情感和灵魂被空洞化、异化了。男女对唱的情歌变成了苍白的歌唱；仪式性的舞蹈成为技巧的展示；庄重的仪式成为戏剧的表演……一些民族村寨打造的千篇

① 余未人：《社会转型条件下民间文化遗产的命运》，冯骥才主编：《中国民间文化遗产抢救工程·守望民间》，北京：西苑出版社2008年版，第182—193页。

一律的舞台表演，既无特色，更无文化内涵，不但不能引起参观者的情感共鸣，反而伤害了其原汁原味的文化内涵①。更有甚者，有些人打着“原生态”旗号，人为地制造一些与原生态文化毫不相干的东西，譬如一些旅游景区招徕游客的“伪土风土舞”被插上原生态文化的标签，这些本质上属粗制滥造的东西，破坏了原生态的特性和美感，实际上摧残了原生态文化。以壮族对歌为例，壮族对歌是男女面对面的对唱，但一些景区景点把一大帮男女弄到舞台上，面对着观众来唱，这根本谈不上是“原生态”。当下在荧屏、舞台、旅游景点表演的各种民间艺术，无论保留着何等程度的乡土气息，或者就是农民演出队，都脱离了“原生态”文化的基本属性。因旅游开发而致使原生态文化遭到破坏的例子比比皆是，如金林水乡的无人售货超市消失，泸沽湖女儿国的走婚失去原始的文化功能等等。我们“要让‘非遗’回到民间”，“别把非物质文化遗产只当‘摇钱树’”，要警惕、遏制对“原生态”概念的滥用，既不能把劣质包装的民间艺术误认为是源泉，也不应限制艺术家在汲取民间艺术精华基础上的个性化创造。尤其是在非遗传承和保护工作中更忌把“原生态”当作另类“形象工程”来运作②。

美国学者弗里乔夫·卡普拉在《转折点：科学·社会·兴起中的新文化》一书中指出，当前的危机不只是个人的危机，不只是政府的危机，也不只是社会组织的危机，而是全球性变迁。无论是作为个人，作为社会，作为文化，还是作为全球的生态系统，我们都正在达到一个转折点。他认为，在这个转折点上，危机引起深刻的文化不平衡，传统文化成为衰退中的文化，它不可避免地处于衰退、崩溃和瓦解过程中。新文化成为上升的文化，它将继续上升，最终将担负起领导作用。这是一场文化转变。这场大规模的极为深刻的文化转变是不可抗拒的③。在这

---

① 刘魁立：《文化生态保护区问题刍议》，《浙江师范大学学报》（社会科学版）2007 年第 3 期，第 9—12 页。

② 吴学安：《非遗保护好还是原生态好》，2007 年 7 月 20 日，http：//tech. sina. com. cn/d/2007-07-20/11331627787. shtml。

③ ［美］弗里乔夫·卡普拉：《转折点：科学·社会·兴起中的新文化》，卫飒英、李四南译，北京：中国人民大学出版社 1989 年版，第 23、316—317 页。

场大文化转折中，作为传统文化重要组成部分的非物质文化遗产面临的危机也是巨大的、全球性的。面对新的文化的产生及新文化生态的形成，我们从保护民族文化多样性和保护我们民族文化根基的角度，应高度重视非物质文化遗产的保护工作。

四、中国非物质文化遗产的文化生态保护政策的变迁

近十年来，中国政府更加重视文化传承和发展，在非物质文化遗产保护方面出台了很多政策并采取了许多措施，这些政策和措施包括从实施中国民族民间文化保护工程，抢救濒危的民族民间文化遗产，申报评定非物质文化遗产代表作，分级命名非物质文化遗产名录和扩展项目名录，保护非物质文化遗产传承人，公布非物质文化遗产项目代表性传承人名单，到建立文化生态保护区，对非物质文化遗产实行整体性保护，充分利用非物质文化遗产资源，实行生产性保护。非物质文化遗产文化生态保护，在中国大体上经历了以下过程。

（一）加强非物质文化遗产整体性保护，建立民族文化生态保护区

文化生态保护区是指在一个特定的区域中，通过采取有效的保护措施，修复一个非物质文化遗产和与之相关的物质文化遗产互相依存，与人们的生活生产紧密相关，并与自然环境、经济环境、社会环境和谐共处的生态环境[①]。通过划定文化生态保护区，将民族民间文化遗产原状保存在其所属的区域及环境中，使之成为活文化，是保护文化及其生态的一种有效方式。

2000 年 2 月 13 日，文化部、国家民委印发的《关于进一步加强少数民族文化工作的意见》指出，新中国成立后，特别是改革开放以来，各地对少数民族文化遗产的收集、整理工作，取得了很大成绩。但是，随着城市化和工业化的发展，少数民族文化遗产的保护面临严峻的形势，民族文化生态的保护问题显得越来越突出。各地文化、民族部门要对民

① 中华人民共和国文化和旅游部：《国家级文化生态保护区》，2020 年 3 月 1 日，http://www.ihchina.cn/shiyanshi#target1。

族地区的文化生态情况进行普查，对传统文化生态保存比较完整的地区，要建立民族文化生态保护区。民族文化生态保护区建设是一项系统工程，涉及各个方面。各地有关部门要在当地党委、政府的领导下，做好论证，统一规划，共同做好保护工作。特别是保护区新建设施和民居，文化、民族部门要会同建设部门共同把握建筑风格和民族特色，使之与保护区统一与协调。发展自然和文化生态旅游，要做到保持、维护自然和文化生态系统的完整性，防止文化生态的破坏。要研究制定相应的保护法规。2004 年 4 月 8 日，文化部、财政部下发《关于实施中国民族民间文化保护工程的通知》及《中国民族民间文化保护工程实施方案》（文社图〔2004〕11 号），提出在民族民间文化形态保存较完整并具有特殊价值、特色鲜明的民族聚集村落和特定区域，分级建立文化生态保护区；建立民族民间文化艺术之乡的申报、审核和命名机制，通过建立文化生态保护区，命名民族民间文化艺术之乡，对原生态文化保存较为完整并具有特殊价值和浓郁特色的文化区域，进行动态性的持续性保护。这两个文件都突出对民族文化遗产保护的特点，并首次提出建立民族文化生态保护区，对民族民间文化形态保存较完整并具有特殊价值、特色鲜明的民族聚集村落和特定区域进行动态性、持续性保护，保持、维护自然和文化生态系统的完整性。

2003 年 10 月 17 日，联合国教科文组织第 32 届会议正式通过的《保护非物质文化遗产公约》（2006 年 4 月 21 日生效）认为，非物质文化遗产，指被各社区、群体，有时是个人，视为其文化遗产组成部分的各种社会实践、观念表述、表现形式、知识、技能以及相关的工具、实物、手工艺品和文化场所。这种非物质文化遗产世代相传，在各社区和群体适应周围环境以及与自然和历史的互动中，被不断地再创造，为这些社区和群体提供认同感和持续感，从而增强对文化多样性和人类创造力的尊重。对非物质文化遗产保护定义的核心是采取措施，确保非物质文化遗产的生命力。文化的生命力存在于它们的文化生态中，当我们对它们进行保护时，需要对它们的本体，以及文化空间、与之相应的自然环境予以整体性保护。

2004 年 8 月 28 日，中华人民共和国第十届全国人大常委会第十一次会议表决通过了关于批准加入联合国教科文组织《保护非物质文化遗产公约》的决定，这标志着中国为保护非物质文化遗产提供了法律保障，在保护非物质文化遗产的进程中又迈出了重要一步。2005 年，在中国民族民间文化保护工程的基础上，我国正式启动了非物质文化遗产保护工作。2005 年 4 月 26 日，《国务院办公厅关于加强我国非物质文化遗产保护工作的意见》（国办发〔2005〕18 号）指出，研究探索对传统文化生态保持较完整并具有特殊价值的村落或特定区域，进行动态整体性保护的方式。在传统文化特色鲜明、具有广泛群众基础的社区、乡村，开展创建民间传统文化之乡的活动。2005 年 12 月 22 日，《国务院关于加强文化遗产保护的通知》（国发〔2005〕42 号）指出，加强少数民族文化遗产和文化生态区的保护。重点扶持少数民族地区的非物质文化遗产保护工作。对文化遗产丰富且传统文化生态保持较完整的区域，要有计划地进行动态的整体性保护。对确属濒危的少数民族文化遗产和文化生态区，要尽快列入保护名录，落实保护措施，抓紧进行抢救和保护。适应加入《保护非物质文化遗产公约》新的形势，这里将保护的范围由前面文件中的民族民间文化扩大到非物质文化遗产，尤其强调了对民间传统文化及其区域进行动态整体保护。

非物质文化遗产生长在丰富的人文和自然土壤里，所以保护要从整体性入手，任何“碎片化”的保护都会损害它的价值和破坏其生命力。以侗族大歌为例，它是侗族一种多声部、无伴奏的民间合唱形式，几乎每个侗族村寨居民都会演唱，然而，它不仅仅是单一的演唱艺术，还涉及侗族建筑艺术、服饰艺术、民俗风情、艺术传承等多方面，跨越整个侗族生存区域。2003 年黔东南州黎平县启动了申报人类非物质文化遗产工作。2008 年，黔东南州跳出县域区划限制，将黎平、从江、榕江、锦屏、天柱等侗族大歌流传地集中进行申报，经过艰苦努力最终成为人类非物质文化遗产。为了获得联合国教科文组织的认可，黔东南州提出了对侗族大歌整体性保护承诺，其中包括出巨资保护侗族地区自然环境，修缮保护侗族鼓楼、戏台、寨门、风雨桥；建设侗族文化生态博物馆、民俗博物馆；开展相关学术研究，并将侗族大歌引入当地中小学课堂等。我国的非物质文化遗产的保护，以无形的非物质文化遗产为核心，以有形的物质文化遗产为载体，从对一件文物、一个项目的保护，扩展到对非遗整个生存空间的保护。将特定对象与当地自然环境、社会环境视为一体，进行系统的、整体性的文化生态的保护，这不仅是保护范围的扩大，更是保护方法的革新。

（二）加强非遗文化生态保护，设立国家级文化生态保护区

2006年9月14日，中共中央办公厅、国务院办公厅印发的《国家“十一五”时期文化发展规划纲要》，关于“民族文化保护”提出在“十一五”（2006—2010年）期间确定10个国家级民族民间文化生态保护区的任务，对非物质文化遗产内容丰富、较为集中的区域，实施整体性保护。这是国家最高层面首次明确批准设立“国家级民族民间文化生态保护区”及其目标任务。

为进一步深化非物质文化遗产保护，加强国家级文化生态保护区建设，2010年2月10日，文化部办公厅印发《文化部关于加强国家级文化生态保护区建设的指导意见》（文非遗发〔2010〕7号），提出了以下指导意见：国家级文化生态保护区是指以保护非物质文化遗产为核心，对历史文化积淀丰厚、存续状态良好，具有重要价值和鲜明特色的文化形态进行整体性保护，并经文化部批准设立的特定区域。设立国家级文化生态保护区，以非物质文化遗产为核心加强文化生态保护，对于推动非物质文化遗产的整体性保护和传承发展，维护文化生态系统的平衡和完整；对于提高文化自觉，建设中华民族共有精神家园，增进民族团结，增强民族自信心和凝聚力；对于促进经济社会全面协调和可持续发展，具有重要的意义。

2011年2月25日，第十一届全国人民代表大会常务委员会第十九次会议通过，2011年6月1日正式实施的《中华人民共和国非物质文化遗产法》第二十六条规定：对非物质文化遗产代表性项目集中、特色鲜明、形式和内涵保持完整的特定区域，当地文化主管部门可以制定专项保护规划，报经本级人民政府批准后，实行区域性整体保护。确定对非

物质文化遗产实行区域性整体保护，应当尊重当地居民的意愿，并保护属于非物质文化遗产组成部分的实物和场所，避免遭受破坏。实行区域性整体保护涉及非物质文化遗产集中地村镇或者街区空间规划的，应当由当地城乡规划主管部门依据相关法规制订专项保护规划。这是唯一的一段“确定对非物质文化遗产实行区域性整体保护”的法律条文，为非物质文化遗产实行区域性整体保护提供了法律依据，也对文化生态保护实验区建设提出了明确目标。

2012 年 2 月 15 日，《国家“十二五”文化改革发展规划纲要》在“加强非物质文化遗产保护传承”部分指出，对濒危项目和年老体弱的代表性传承人实施抢救性保护，对具有一定市场前景的非物质文化遗产项目实施生产性保护，对非物质文化遗产集聚区实施整体性保护。加大西部地区和少数民族非物质文化遗产保护力度。统筹国家级文化生态保护区建设。建设非物质文化遗产保护利用设施，不断提高非物质文化遗产保护的科学化水平。

综上所述，我国的非物质文化遗产保护政策具有以下特点：从保护的重点内容来看，经历了对少数民族民间文化的保护，到民间传统文化的保护、非物质文化遗产的保护；从保护的范围来看，经历了从一个具体重要文本、一种类型，到一个传承人、一个村落，再到区域性保护直至建立一个文化生态区保护；从保护手段来看，经历了抢救性保护、活态保护，到整体性保护、生产性保护；从文化生态保护的级别来看，从一般性保护，到国家级、省（区）和县（市）级的多级保护。

五、中国非物质文化遗产文化生态保护的实践

实施文化生态区保护，是保持文化多样性、文化生态空间完整性、文化资源丰富性的重要方式之一。对与民众生活最为密切的非物质文化遗产表现形式（文化空间）的整体性保护，是唤起人们珍爱传统文化的自觉意识、培养民众的文化自信和积极投身文化遗产保护事业的有效途径。中国政府对非物质文化遗产进行生态保护是受西方保护经验的启发，在政府的积极主导和政策的大力支持下开展的，经历了从

活态博物馆，到生态博物馆，到建立民族文化生态村，再到建立国家级文化生态区的过程。

（一）非物质文化遗产保护从活态博物馆到生态博物馆

中国对文化生态保护的重视，与西方一种全新的文化保护行动相关。早在20世纪初，北欧国家就出现了一种保护乡土文化的“活态博物馆”运动。其宗旨是以一个特色文化乡村为核心，将其视为一个活态的天然生态博物馆，在这个文化空间里，它的文化节日、集市贸易、婚丧嫁娶、民居民宅、表演游戏、影舞弹唱、玩具器物等各种有形与无形文化、物质与非物质文化都是其文化的一部分，借这些文化吸引外来游客，发展当地的旅游经济。

20世纪60年代以后，法国等国家又兴起了“生态博物馆”运动，将历史、文化、自然博物馆的静态保护理念推广到一个著名文化社区、古村落整体动静结合的保护中。生态博物馆不同于一般意义上的博物馆，它以村落全部文化为保护对象，在保护中谨慎地开发、利用。这里的生态的意义，既是自然生态，也是人文生态。这里的文化，庶几近于原生态文化。

1986年，中国博物馆学会常务理事苏东海研究员首次在他主编的《中国博物馆》杂志上介绍了生态博物馆。1995年在他的倡导下，贵州省开始建设生态博物馆，这个工程得到了挪威政府的援助，被纳入1995年至1996年挪中文化交流项目中。贵州生态博物馆建设选择了四个地点：梭嘎（苗族）、镇山（布依族）、隆里（汉族）和堂安（侗族）。贵州生态博物馆建设的指导思想，集中体现于由挪威专家和苏东海、胡朝相等中国专家共同制定的《六枝原则》之中，其内容如下：第一，村民是其文化的主人，有权认同与解释其文化。第二，文化的含义与价值必须与人联系起来，并应予以加强。第三，生态博物馆的核心是公众参与，必须以民主方式管理。第四，旅游与保护发生冲突时，保护优先，不应出售文物，但鼓励以传统工艺制造纪念品出售。第五，避免短期经济行为损害长期利益。第六，对文化遗产进行整体保护，其中传统技术和物质文化资料是核心。第七，观众有义务以尊重的态度遵守一定的行为准则。第八，促进社区经济发展，改善居民生活①。

1998 年 10 月，中国与挪威合作在贵州六枝特区梭嘎乡建立的中国第一座生态博物馆——梭嘎苗族生态博物馆开馆。该博物馆的范围包括梭嘎乡 12 个村寨，在陇嘎村建有资料中心，展示了当地的生活、生产习俗和民间艺术。生态博物馆的管理，主要以当地社区为主，管理委员会由区级文化及文物主管部门的代表、12 个苗寨的公认代表和具有相应资格的管理人员、财会人员组成。另外，还设有科学咨询小组，由相应的专家组成。1999 年 12 月 9 日，贵州省人民政府批准建立贵阳市花溪镇山布依族生态博物馆、锦屏县隆里古城生态博物馆、黎平县堂安侗族生态博物馆，分别用以保存苗族、布依族、侗族和在当地占人口少数的古老汉族的文化。

2004 年 11 月，广西南丹中国第一座瑶族生态博物馆——南丹里湖白裤瑶生态博物馆开馆。瑶族是世界古老民族之一，目前有数百万人分布于世界各地。白裤瑶是瑶族的一支，因男子都穿着及膝的白裤而得名，共有五万多人，聚居在广西、贵州交界地区。这座博物馆的保护范围覆盖了里湖乡怀里村的蛮降、化桥、化图三个自然屯，涉及 100 多户 500 多名白裤瑶群众。博物馆将对白裤瑶自然村寨的原状进行保护，并同时展示瑶族多姿多彩的民族文化。至 2006 年，我国已有各种形式的生态博物馆十余个，保护对象包括了苗、侗、瑶、布依、汉等民族村寨的传统文化。

生态博物馆作为一种新理念、新模式，与属于静态的特定建筑的传统博物馆相比，突出强调保护文化遗产的真实性、完整性和原生性。在生态博物馆理论的指导下，通过生态博物馆工程的实施，民族文化赖以生存的文化土壤得到了改善，民族文化在一个特定的区域内得到了整体保护，使这些地方的少数民族文化得以永续传承，当地人民对于本社区文化的重要性有了更高的认识，当地的经济、教育也得到了相应的发展。

---

① 胡朝相：《论生态博物馆社区的文化遗产保护》，《中国博物馆》2001 年第 4 期，第 19—22 页。

（二）非物质文化遗产保护从“民族文化生态村”到“国家级文化生态保护区”

为落实2000年文化部、国家民委印发的《关于进一步加强少数民族文化工作的意见》提出的“建立少数民族文化生态保护区”精神，2003年10月，文化部公布了第一批中国民族民间文化保护工程10个试点，其中综合试点有3个，为云南省、浙江省、湖北省宜昌市。2004年4月，中国民族民间文化保护工程试点工作交流会在云南省隆重召开。云南少数民族大分散、小聚居的分布态势，决定了这些民族聚居地以乡、村为基本单元。由于历史的、现实的若干因素，特别是云南省经济社会发展不平衡性，经济发展滞后、受外界影响较小的乡村，却较多地保存了民族文化传统、遗迹、风俗、礼仪以及建筑、民居等，成为当今社会十分珍贵的民族文化生态区。云南省从1998年开始确定以人文生态环境保护为重点的民族文化保护区工作，选择腾冲县和顺乡、景洪市基诺乡的巴卡小寨、石林县北大村乡的月湖村、罗平县多依河乡的腊者村、邱北县的仙人洞村等具有代表性的少数民族聚居的自然村寨作为文化生态村。2000年5月26日，云南省第九届人民代表大会常务委员会第十六次会议审议通过的《云南省民族民间传统文化保护条例》（自2000年9月1日起施行）规定选择有代表性的少数民族聚居自然村寨，设立云南民族传统文化保护区；并规定民族传统文化保护区必须符合下列条件：能够集中反映原生态少数民族文化；民居建筑民族特点突出并有一定规模；民族生产生活习俗较有特色。该条例颁布实施后，民族文化生态保护区（村）的建设把单纯的专家课题实验型“民族生态村”融入政府的文化事业发展规划中。民族文化生态村在政府支持和专家指导下，由当地民众自行管理，主要依靠自身力量运作发展。为探索对少数民族传统文化进行“活态保护”的有效途径，云南省在怒江、大理、丽江、迪庆4州市开展大规模调研后，提出了以社区为单位建立民族文化生态保护村（区）的构想，并在滇西北地区规划、实施了60个保护村（区）的建设，带动了各州市、县制订民族文化生态保护区规划并付诸实施。云南省民族文化生态保护区相继建立，一些民族地区正开始向民族文化生态保护州、县的目标迈进，确保了民族文化多样性的可持续保护与发展。普洱市西盟佤族自治县是佤族文化生态保护区，保护区内至今仍保留着原始、神秘的“勐梭龙潭”“永克落园”“司岗里部落”“龙摩爷圣地”“木依吉神谷”“佛殿山三佛祖遗址”等人文痕迹，成为佤族文化的活化石。文化生态村的建设取得了显著成效，民族文化生态村成为现实存在的活文化与孕育产生该文化的生态环境的结合体，实现了民族民间文化的原地保护，民族文化博物馆和民居博物馆等成为典型的展现鲜活民族民间文化的展示区，各类形态的原生态文化得到了较好的保存。民族文化生态村的建设重视文化、经济、生态环境的协调和全面发展，民族文化生态村经过建设后，村容、村貌及水、路、活动场所等基础设施均有大的改观，经济活动特别是旅游业均有较大发展①。

在 2004 年 4 月召开的中国民族民间文化保护工程试点工作交流会上还公布了中国民族民间文化保护工程第二批试点名单，其中综合性试点 3 个，即江苏省苏州市、福建省泉州市和湖南湘西土家族苗族自治州②。

通过对非物质文化遗产区域性整体保护的探索和实践，2006 年 9 月 14 日，中共中央办公厅、国务院办公厅印发《国家“十一五”时期文化发展规划纲要》，提出在“十一五”（2006—2010 年）期间“确定 10 个国家级民族民间文化生态保护区”。国家级文化生态保护区是指根据同一性质的区域文化特点，选定传统文化保存得相对完整，在生产、生活方式和观念形态等方面具有一定代表性，在价值观、民间信仰和诸多具体的文化表现形式方面具有突出特点的人群聚居空间作为文化生态保护区，按照“保护为主、抢救第一、合理利用、传承发展”的原则，以保护非物质文化遗产为核心，对历史文化积淀丰厚、存续状态良好，具有重要价值和鲜明特色的文化形态进行整体性保护，并经文化部批准设立

---

① 云南省文化厅：《全面普查，突出重点，推进云南非物质文化遗产保护试点工作》，张旭主编：《全国非物质文化遗产保护试点工作经验交流材料汇编》，北京：文化艺术出版社 2007 年版，第 8—10 页。

② 康宝成：《中国非物质文化遗产保护发展报告（2011）》，北京：社会科学文献出版社 2011 年版，第 34 页。

的特定区域。保护包括古建筑、历史街区、传统民居、当地居民及其民族传统生产生活方式、风俗习惯、艺术文化、传统手工艺等重要文化形式，充分突显出文化生态保护区的民族特色、地域特色和历史文化内涵。

2007 年 3 月 30 日至 31 日，闽南文化生态保护工作研讨会在厦门举行，拉开了我国国家级文化生态保护区建设的序幕。在我国第二个文化遗产日（2007 年 6 月 9 日），文化部宣布我国第一个国家级文化生态保护区——闽南文化生态保护实验区诞生。闽南地区保存着诸如泉州南音、北管、拍胸舞、梨园戏、木版年画、德化瓷烧制工艺、泉州花灯、提线木偶、莲花褒歌等众多原生态的非物质文化遗产和一大批国家重点文物保护单位等物质文化遗产。实验区以泉州为核心、厦门为平台、漳州为依托，采取有效保护措施，建设一个物质文化遗产（古建筑、历史街区、乡镇古民居、历史遗迹、文物等）和非物质文化遗产（传统口头传说、表演艺术、手工技艺、民俗活动、礼仪、节庆等）相依存，与人们的生产生活密切相关，与自然环境、经济环境、社会环境和谐共处协调发展的文化生态区域。为了加大对传承人的保护力度，在经过详细调研的基础上，该实验区对传承人的扶持工作提出了一系列相关建议。比如，在福建省文化厅的积极争取下，福建省政府决定从 2011 年开始，对 60 岁以上的省级非遗项目代表性传承人给予每人每年 3000 元的扶持津贴。同时，在实验区内也相继建立了一批传承基地和传习所，为传承人的传承工作提供必要的条件，如泉州市提出了“十百千工程”，在原有基础上，力争在“十二五”期间再建 10 个非遗博物馆、100 个非遗展示中心、1000 个非遗传承传习点。

其后，为加强对文化生态的保护，我国在闽南文化生态保护实验区的基础上，进一步总结经验，继续推动文化生态保护区建设工作，全国很多地区也根据当地的民族和地域特点，积极探索开展文化生态保护区的方式方法，加强对非物质文化遗产的整体性保护，走出了适合本地情况的文化生态保护区建设的路子。如安徽省黄山市立足于历史悠久的徽州文化，对徽州文化生态保护区建设非常重视，制订了保护规划和方案，设立了徽州文化生态保护专项资金。湖南省湘西土家族苗族自治州也制订了建设文化生态保护区的规划。云南省在文化遗产丰富、自然生态良好、拥有一定规模传统民居建筑、有一批非物质文化遗产传承人的27个村镇，设立了云南省民族传统文化保护区。广西设立了刘三姐歌谣文化生态保护区、京族文化生态保护区、三江侗族文化生态保护区、贺州瑶族服饰文化生态保护区。这些工作都对我国开展文化生态保护区建设提供了宝贵的经验。

迄今为止，全国共有14个国家级文化生态保护区：闽南文化生态保护实验区（福建省）、徽州文化生态保护实验区（安徽省、江西省）、热贡文化生态保护实验区（青海省）、羌族文化生态保护实验区（四川省、陕西省）、客家文化（梅州）生态保护实验区（广东省）、武陵山区（湘西）土家族苗族文化生态保护实验区（湖南省）、海洋渔文化（象山）生态保护实验区（浙江省）、晋中文化生态保护实验区（山西省）、潍水文化生态保护实验区（山东省）、迪庆民族文化生态保护实验区（云南省）、大理文化生态保护实验区（云南省）、陕北文化生态保护实验区（陕西省）、客家文化（赣南）生态保护实验区（江西省）和黔东南民族文化生态保护实验区（贵州省）。

从实施生态博物馆工程，到建设文化生态保护区的变化，使保护的范围更加广泛，保护的主体更加明确，群众真正成为非物质文化遗产保护的主体，其主动性和积极性更加凸显，自我保护的意识更加强烈。在保护过程中，既做到了尊重历史沿袭下来的群众生产生活方式和风俗习惯，也关注经济和社会发展给群众生产生活带来的新变化。这使各类形态的原生态民间文化艺术得到了较好的保存和延续，既保护了民族文化的多样性，同时也促进了当地教育和经济的发展，在全国范围内产生了一定的影响。

（三）文化生态保护实验区建设存在的主要问题

通过一系列带有实验性的文化生态环境保护措施的推动，如今许多非遗项目不但在这些区域逐渐恢复活力，绽放在其所依存的山水间，更活在了当下百姓的生活中。

到目前为止，在保护实验区建设思路中暴露出来的问题集中表现在以下四点：其一，没有把《中华人民共和国非物质文化遗产法》规定的对非遗实行区域整体保护放在保护区建设的核心地位；其二，完全以开发经营旅游产业为目的，把非遗项目作为文化旅游热点项目推进旅游开发市场；其三，没有按照《中华人民共和国非物质文化遗产法》第三十七条“在有效保护的基础上，合理利用非物质文化遗产代表性项目开发具有地方、民族特色和市场潜力的文化产品和文化服务”的规定进行，而是单纯以营利为目的，对非遗保护项目进行大规模的产业开发；其四，对扎实做好非遗整体保护缺乏热情和兴趣，热衷于打造保护区的文化品牌，追求品牌创意产业效应。

文化生态保护区建设思路跑偏的原因是多方面的，但其主要原因是当下市场经济的利益驱动。文化生态保护区建设以非遗整体保护为核心，具有极大的公益性，需要巨大的财力、物力和智力支撑。但是，有的保护实验区建设的地方领导层出于功利性，向非遗保护要 GDP 的增长，于是就出现了极力把非遗保护变成营利赚钱的产业，以建设保护区的名义办非遗开发区、非遗旅游区的现实。

六、进一步完善非物质文化遗产文化生态区建设的探讨

建立文化生态保护区是非物质文化遗产保护工作的新尝试，对全面提高保护水平具有很重要的意义。在建立非物质文化遗产原生态保护区方面，今后我们还必须努力做好以下工作。

1. 建立原生态文化保护新体系

保护原生态文化是保护文化多样性的必然选择，因此我们必须想方设法建立有效机制保护原生态文化。加强原生态文化保护，必须构建原生态文化保护的法规体系、行政体系、传承体系、专家咨询体系、公众体系以及监测体系，在社会学、人类学、美学和生态学等学科综合基础上，建立一套符合我国民族文化传统与民间艺术特征的审美导向与评价体系，建立系统的非物质文化遗产的保护与发展体系，以此对原生态文化进行立体的、全面的、综合的抢救和保护，逐步形成严格、严密与科学的中国非物质文化遗产保护体系和发展的科学模式。

2. 探索原生态文化保护新机制

建立政府主导、主体受益、社会参与、市场运作有机结合的新机制，加强对原生态文化的保护。各级政府在传承和发展原生态文化中起着关键性的作用，要制定有利于原生态文化保护、发展的政策措施，积极推动原生态文化的保护。要通过宣传教育增强当地群众对传统文化的珍惜和传承积极性，使普通民众成为民族文化保护的参与者、资源的开发者和受益者，而不只是旁观者，要使社会有关方面持久地关注、关心和支持原生态文化的挖掘、保护工作。另外，还要将原生态文化的保护切入市场经济发展的环节中，培植传统文化自身保存、发展的造血机能。

3. 明确政府保护原生态文化的责任

当前要依法明确政府在原生态文化抢救和保护中的义务，构建起以行政权为主导、以整个非物质文化遗产为对象的公权保障体系，保障文化生态的可持续发展；政府部门要采取措施，包括法律和行政措施，积极推动原生态文化的保护，如制定有利于原生态文化保护、发展的政策措施，设立原生态文化保护区，实施原生态文化抢救工程，建立原生态文化博物馆，开展对原生态文化的研究收集活动，加强原生态文化的展示和交流等；完善以知识产权为主导的私权体系，保护原生态文化中的无形智力成果。

4. 创新原生态文化保护新模式

按照“保护为主、抢救第一、合理利用、传承发展”的原则，创新非物质文化遗产保护模式。在非物质文化遗产原生态保持较完整、具有特殊价值、符合当地自然生态的文化空间，建立非物质文化遗产保护区。在保护区内试行灵活有效的政策和措施，培育有利于非物质文化遗产保护、尊重传统文化的社会环境，开展对原生态非物质文化遗产的研究收集活动，加强原生态非物质文化遗产的展示和交流等。

5. 坚持原真性和整体性保护原则

长期以来，原生态文化与当地人民群众的日常生活融为一体，即使是某一种艺术或技能，也总是与地方民俗活动密不可分，因此，要注重对非物质文化遗产的原生态、现时性、完整性的体系化保护。首先，要做到原样保护，不能走样，否则原生态文化的历史文化价值就会丧失，也就失去了保护的意义。其次，对文化生态相对完整并具有特殊价值的村落或特定区域，进行动态整体性保护。对当地世代相传、与群众生活密切相关的传统文化表现形式和资源，实施可持续保护。

6. 加大原生态文化的传承创新

对原生态文化产生的故地和创造、继承这些文化遗产的民族及地区加以重视，充分认识原生态文化的价值，探索性地增加对原生态文化的传播途径。在政府的支持下，恢复、发展各民族的礼仪活动、祭祀活动，促使原生态民族文化的挖掘、传承和发展。要特别重视年青一代传统文化保护继承意识的培养，在全国各地学校教育中开设有关我国各民族的文化成就与重要特征的课程，组织好此类教材的编写，使之具有科学性、文化性、可读性。特别是要在民族区域自治地区和少数民族较集中地区开展本民族或多民族文化知识、形式的学习与鉴赏，传承民族文化，培养民族情感，强化民族审美，使原生态文化成为动态的文化、活着的文化代代承传，提高少数民族传承自己文化的自觉，使原生态文化能够得到有效的保护和健康的传承。

7. 抢救和保护非遗重点项目

加强已经被认定为国家级、省级、市级名录的非物质文化遗产项目保护，并在今后的工作中不断发现、认定和申报各级非物质文化遗产名录项目。根据项目的具体情况，采取不同的保护措施。对于目前仅存活于个别地区（或家庭、个人）的、不可再生的，或面临人亡艺绝、濒危状态的项目，实施抢救性保护；对具有重大历史、文化、艺术、科学价值，能集中反映原生态民族民间文化特色的项目，实施重点保护；对目前已采取措施并且发展态势较为稳定的项目，实施扶持性保护；对已经基本消亡的非物质文化遗产项目，也要深入调查发掘，进行抢救性的记录和研究。

8. 重点保护非遗项目代表性传承人

保护非物质文化遗产重要的措施是要保护传承人和培养新的传承者，贯彻落实国家保护非物质文化遗产代表性传承人的相关政策、条例，认定和命名一批非物质文化遗产代表性传承人，从政治上、生活上关心和保护非物质文化遗产传承人，依靠他们对原生态文化进行有效的传承和抢救；给杰出的传承人创造适宜传承的社会条件，提高他们的知识技能和文化自觉，帮助他们有效开展师徒传承、群体传承等多种形式的传承活动，逐步培养新的传承人，使其技艺能够得到完好的传承。建立代表性传承人经济补贴（助）制度，维护他们在传承非物质文化遗产过程中的合法权益，从而保障相关非物质文化遗产项目得到传承和延续。

9. 开展原生态文化的生产性保护

在传承、保护与开发原生态文化问题上，应当坚持“保护—开发—保护”的可持续发展道路，坚持“适度”开发的原则。通过对原生态文化的适度开发与有效控制，体现其传承文化的经济价值和社会价值，提升群众对自我传承文化的认知度，增强自我传承文化的自豪感，提高对自我传承文化的自觉保护意识，增强自我传承文化保护的精神与经济的支撑，拓展原生态文化的发展空间，从而既能将原生态文化作为产业资源加以高效利用，同时又能成功地保护文化遗产。

10. 加大原生态文化保护资金投入力度

各级政府要加大对原生态文化抢救和保护的财政投入，将必需经费纳入财政预算，保障和监督保护资金的投入和使用；制定和完善有关社会捐赠和赞助的政策措施，调动社会团体、企业和个人参与民族文化保护的积极性，如建立原生态文化保护基金，争取更大范围、更多资金投入保护，对一些保护项目实行招商引资，吸引社会资本参与保护。

第二节　民俗文化发展理论与生态规律阐释及其实践运用*

民俗作为一种社会现象，包括各种民间的生产习惯、社会组织及制度、行为规范、精神事象等，它既是历史的，千百年传承下来；更是当

* 本节原题《民俗文化发展理论与生态规律阐释及其实践运用》，原载《民俗研究》2015 年第 2 期。本书略有修改。

下的，活跃在现实生活中。在历史文化的长河中，中国民俗是一个不断产生、演变、发展的活态文化，随着社会生活、观念意识以及传播媒介的发展，也与时俱进，不断产生新民俗。构建民俗文化发展理论，研究民俗文化发展生态及其变化规律，对促进新民俗文化的发展具有十分重要的理论和实践意义。

一、民俗文化发展理论的建构

传承基础上的创新发展，是民俗演进的一个必然趋势。笔者曾在《民俗学的当代性建构》一文中指出："民俗是群体的生活文化，有生活的地方就有民俗，有群体的地方就有民俗存在。民俗对人们生活和群体存在如此重要，是因为民俗包含着人们相处、互动以及相互理解的最基本的文化指令，包含着人生最基本的行为方式。一方面我们要注意民俗具有的传统性和传承性，另一方面我们更要注重它的演化和流变。作为民俗的'传统'，常常在变化的压力下，通过新发展以重建维持之。旧时代的民俗，有的已被淘汰，有的正在演化，新的民俗也在不断产生。……因此，民俗传统不仅是一种文化承继，更是一种文化建构。"① 基于这种认识，本书提出了民俗文化发展理论，即民俗是一种传统，一种文化传承现象，它们在继承传统的基础上，随着历史的发展而不断发展、创新和创造，从而形成具有时代特点的新民俗文化。

（一）民俗文化继承与发展的关系

一方面，民俗文化的传承性决定了民俗文化发展是在继承传统基础上的创新。民俗文化是在一代又一代的传承中不断发展起来的，它所积淀的历史个性及原始精神价值具有遗传性，作为一种社会遗产成为人们传统的价值心理和价值观念，存在于社区和社会群体之中。民俗文化大体具有三个特点。首先，在创造和传承主体上是社会性和集体性的统一。从社会性来讲，民俗是广大民众在长期实践中创造，并得到广泛认同和

① 黄永林、韩成艳：《民俗学的当代性建构》，《华中师范大学学报》（人文社会科学版）2011年第2期，第106—115页。

传播形成的。从集体性来讲，它们是具有共同性的群体，基于这种共同性所创造出来的生命表达方式，这种表达方式在群体内部表现出高度的认同。其次，在表达方式和方法上大多以类型化或模式化的形态存在。最后，在时间和空间上具有传承性和扩展性。民俗文化适应一定历史时期人们的物质生活和精神需要而产生、传播和继承，并在社会生活中发挥相应功能得以巩固和发展。如源自农耕社会的中国春节习俗，在当今随着现代社会经济文化发展的巨大冲击发生了很大变化，比如有些诞生于农耕时代的传统习俗因不适应现代社会生活或消失或减弱，如求神祭祖等仪式的作用在当今大大减弱，与此同时，新的习俗也随之产生，如大年除夕看春节联欢晚会已成为新的年俗。但不管怎样变化，春节抒发乡恋情结，提升亲情程度，祈盼社会祥和的主题和精髓却永远都不会过时，这些必将一代又一代地传承下去。

另一方面，民俗文化的活态性决定了民俗文化创新与发展的必然性。民俗文化的发展和变化是建立在民俗的活态特性基础上的创造，在民俗文化中存在着许多创造元素，这些活的创造元素不断发生变化，促使原来的民俗元素产生变异，产生种种新的或巨大或细微的变动。在那些变动的民俗现象里就有创造的成分存在其中，没有这种创造成分，就不可能有现在如此丰富多彩的民俗文化。同样一种民俗事象，在不同时代和地域却表现出不同的文化内涵，这本身就是民俗文化强烈的创造能力和创造欲望的反映。从某种意义上讲，这体现了民俗创造者民众的文化思想和观念的与时俱进。

现代文明与传统民俗文化之间的冲突的必然性，促使传统民俗文化所包含的诸多门类中的部分形式和内容呈现或新生或消亡的多种可能。但是，从整体上来说，作为一种“伴生文化”和“胎息现象”的民俗文化，只要它的参与者存在，就不会消亡，它将与民众同在。新民俗就是广大民众在传承其文化基因和文化精神基础上吸纳当代审美观念与进步意识，为适应新的生活和环境创造出的具有传统文化底蕴、又有时代特征的民间文化。

（二）新民俗文化特质与认定标准

钟敬文在《民俗学概论》中认为，民俗，即民间风俗，指一个国家或民族中广大民众所创造、享用和传承的文化生活。民俗起源于人类社会群体生活的需要，在特定的民族、时代和地域中不断形成、扩布和演变，为民众的日常生活服务。民俗一旦形成，就成为规范人们的行为、语言和心理的一种基本力量，同时也是民众习得、传承和积累文化创造成果的一种重要方式，并将民俗特征概括为集体性、传承性、扩布性、稳定性与变异性[①]。仲富兰的《中国民俗文化学导论》认为，民俗是沟通民众物质生活和精神生活，联系传统与现实、反映民间社区的和集体的人群意愿，并主要通过人作为载体进行世代相习和传承的生生不息的文化现象[②]。叶涛、吴存浩在《民俗学导论》中认真分析了各种“民俗”概念后，认为有三点共识：“第一，民俗存在于民众之中，民众既是民俗的承受者和创造者，又是民俗的载体”；“第二，民俗是被民众传承的一种文化事象”；“第三，民俗的核心在于传统”。与此同时，“民俗是在民众中传承的社会文化传统，是被民众所创造、享用和传承的生活文化。这种社会生活文化既是一种历史文化传统，也是民众现实社会生活的一个重要组成部分”[③]。根据上述论述，本书认为，民俗是指一个国家、民族或社区在历史发展过程中逐渐形成并代代相习的、体现着他们的生活习惯、行为方式、伦理观念以及心理结构方式的生活文化现象。

基于上述认识，本书认为判断一种新的民间文化事象是否属于新民俗，至少要符合以下标准：

第一，是否已被民众广泛传承，即群众基础。依靠集体行为创作并在民众中广泛享用和传承的才可算作民俗。民俗的形成也就意味着一个群体共同文化认同的形成，并表现为具有广泛的群众性和深刻的社会性。

第二，是否具有传统文化内涵，即价值基础。中国民俗文化是中华民族在生息繁衍中形成和创造的文化，是一种历史文化传统的记忆，判断中国新民俗文化必须要突出中国文化的传统性（即文化底蕴）和中国

---

① 钟敬文：《民俗学概论》（第二版），北京：高等教育出版社2010年版，第3、10—17页。

② 仲富兰：《中国民俗文化学导论》，杭州：浙江人民出版社1998年版，第30—31页。

③ 叶涛、吴存浩：《民俗学导论》，济南：山东教育出版社2002年版，第12—15页。

传统民俗文化的基本内涵。

第三，是否形成稳定文化事象，即文化基础。如果它只是一次即兴活动，其活动方式也不被民众广泛接受，这不能算作民俗；而只有这种活动方式成为一定群体同样多次实施的内容和行为，并形成一种相对稳定的文化现象，才可能算作民俗。

（三）一个新民俗的认定：春节联欢晚会

中华民族传统的除夕之夜，家家户户阖家团聚，围坐桌旁，共吃团圆饭，守岁祈福；祭祀祖先，点燃鞭炮，辞旧迎新，这些民俗事象历经千百年的传承和发展，已经形成一种传统的固定的文化模式。1983 年，中央电视台举办的春节联欢晚会借助电视媒体特有的渗透力，并以其丰富多彩的内容与形式改变了中国传统的守岁年俗模式，从那时开始，春节联欢晚会陪伴着中国人度过了一个又一个不眠的除夕之夜，“看春晚”已经和“年夜饭”“放鞭炮”一样约定俗成地成为华夏民族不可或缺的年俗仪式之一，已成为中国人的新民俗。我们判断春节联欢晚会是新民俗，主要是基于三个方面的考量①。

其一，广泛的群众基础。近些年的除夕之夜，家人围在一起看春节联欢晚会已经成为绝大多数中国家庭的第一选择，成为很多人挥之不去的一份“过年”情结。央视春节联欢晚会在除夕夜播出，这种以家庭为单元全民广泛统一地观看，使之由一种单纯的电视文艺晚会，成长为一种具有全民认同、全民遵从、全民沿袭的民俗文化。

其二，深厚的文化底蕴。中国年俗是全中国人的集体民俗事象，具有悠久的历史传统。春节联欢晚会虽然已经成为具有年俗性的精神文化大餐，成为除夕夜里不可或缺的文化生活，但它并不是以一种完全独立的文化样式成为一种新民俗，而是老民俗的文化变异、时代变迁中的一种表现形式，是在古老的春节民俗中注入时代元素、现代样式，而成为老民俗中的新民俗。春节联欢晚会现在已经和年夜饭、放鞭炮、贴春联一样，成为沟通家人情感、烘托节日气氛的重要组成部分。

---

① 向云驹：《央视春晚是新民俗吗?》，《光明日报》2014 年 1 月 4 日。

其三，固定的文化事象。央视春节联欢晚会是人们在特定时空中的文化活动。在时间上，这是除旧布新的除夕夜，是人们在大团圆、享受天伦之乐、喜迎新年到来之时。在空间上，是以每个家庭为单元的团圆、祝福，是在家庭团聚、吉祥幸福的文化空间之中。央视春晚顺应了中国人对春节除夕夜文化氛围的要求，以每年的生肖性突出其民俗性，以生肖轮回和生肖文化为岁时逻辑，强调年俗的祝福性、贺岁性、吉祥性、团圆性、欢乐性，突出年俗的仪式性、神圣性、引领性，彰显全民意义下的中华民族大团结、大团圆的节日精神。

二、民俗文化发展生态与规律的阐释

民俗文化演进是一个必然趋势，在民俗的形成、发展、演变过程中，自身的文化基因和自然地理环境以及不断变化的社会经济环境、日新月异的科技发展以及纷至沓来的外来文化冲击等多种因素所构成的文化生态，对于民俗文化的发展变化都产生重要的影响。这种影响可以表现在民俗形成与发展的不同历史阶段。根据上述有关论述，本书构建了以下民俗文化生态结构模式图：

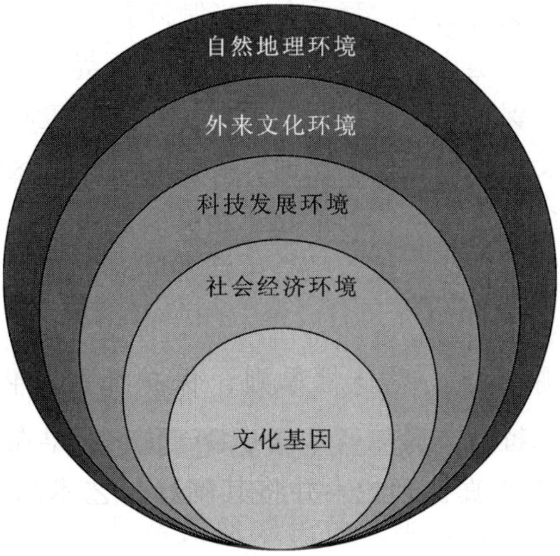

从这个文化生态结构图可以看出，民俗文化生态实际上是由一核与多圆同心构成的多层次发展生态场境。位于中心的核是民俗文化基因，

包括民俗文化中的元文化，即原始文化精神、文化价值、文化情感等内容，这是民俗文化中相对稳定的因素，也是区别不同民族、不同区域和不同民俗事象的核心标志。其外围的社会政治经济变革、科学技术发展、外来文化冲击以及自然环境变化等构成的文化生态是变量，它既是其特征形成的基础，更是推动其发展的力量。下面分别阐释其功能与作用。

（一）文化遗传基因：民俗文化传承的精神核

人类各民族文化的传承靠的是民族文化基因的传承，即各民族融合、演化与发展过程中逐渐形成的，被一代代本民族人所认同的、凝结着各民族传统文化精神的元文化的传承。从民族文化的整体来看，人的文化生命基因的构成是以民俗为内核的文化基因作基础的。民俗是一种生存方式，是一种文化模式，也是一个民族思想文化的源头。民俗文化体现着整个民族的哲学观念、文化意识、情感气质、心理素质和文化精神，其文化内涵体现着作为人类基本文化意识的生命意识与繁衍意识。民俗以传统方式一代代延续下来，是一种历史的延续，在发展的过程中起着承上启下的作用，在漫长的流传过程中，虽然经历了复杂的变化，但其核心元素却始终保留着，成为一种固定的形式和内容。西方著名人类学家鲁思·本尼迪克特认为："我们必须看到，风俗习惯对人的经验和信仰起了决定性作用，而它的表现形式又是如此千差万别。没有人会用不受任何影响的眼光看待这个世界，人们总是借助于一套确定的风俗习惯、各种制度和思维方式来观察这个世界的。即使在哲学探索中，人也不可能超越这些俗套；他的真假观念仍然与特定的传统习惯有关。"① 可见民俗是一个族群独特思想文化的起点和思考的原型。

文化基因主要包括原始文化价值精神、文化符号载体。原始价值精神是指不同部落、种族或民族及区域内人们的原始价值意识取向和主导观念。原始价值思维的逻辑起点是与原始文化积累联系在一起的价值精神。人类在不同的生态环境中创造了不同的文化及其文化价值，当这种

---

① ［美］鲁思·本尼迪克特：《文化模式》，张燕、傅铿译，杭州：浙江人民出版社1987年版，第2页。

独特的文化价值经过一代又一代人的传承，一旦形成稳定形态和某种特殊内在需要时，这种独特的文化将内化为不同部落、种族或民族的价值意识或原始精神①。从民俗学角度来看，民俗是依附人民的生活、习惯、情感与信仰而产生的文化，它作为民族文化的一种载体，体现了某个民族的理想追求、价值取向和精神风貌。民俗文化基因能增强民族认同，强化民族精神，塑造民族品格，是民俗得以形成的核心要素，也是民俗文化初始价值的体现。

中国民俗文化精神来自农业文化的精神观念，来自农业耕作方式。农业耕作方式的最大特点是地域的固定性。农民世世代代在相对固定的土地上耕种和封闭的家庭中生活，形成了对土地和家庭的极大依赖，产生了深厚的对故乡土地的眷恋和对家族亲情的重视之情，从而形成了极强的乡土观念和亲情观念。在中国，不管时代如何发展，社会如何变迁，政权怎样更迭，但植根于炎黄子孙骨髓之中的乡土观念和亲情观念早已内化成深深的情结，成为中国民俗文化的核心基因。千百年来，中华民族的祖先从生活的愿望出发，创造出一个又一个节日习俗，如春节、清明节、端午节、中秋节、重阳节等，这些节日在体现其计时功能的同时，还承载了许多深沉的特殊情感、内涵和需求。如，数以亿计远离家乡的中国人，每到春节，只要有可能，他们不管路途如何遥远、旅程如何艰辛，都会克服重重困难返回家乡与家人团聚，这所体现的就是乡情和亲情；几亿乃至十几亿中国人，除夕之夜，全家人幸福地围坐在一起共同收看春节联欢晚会，营造出了中华民族这个大家庭和谐欢乐的浓浓氛围，所表现的正是这种最大的亲情。清明也不例外，扫墓祭祀是清明永恒的主题，还有踏青、插柳、荡秋千、放风筝等十多种民俗活动，这些习俗传承所体现的是对美好生活不懈的追求，对大自然的感恩与敬畏，对先祖的追念，对家庭团圆与世间和谐永恒的企望。乡土情感和亲情情结是中华民族最宝贵的精神财富，在此基础上形成的

---

① 司马云杰：《文化价值论——关于文化建构价值意识的学说》，北京：人民出版社 1988 年版，第 73 页。

爱国主义和民族主义精神是中华民族的根本，是凝聚中华儿女的强大精神黏合剂。民俗活动是传承文化的最有效载体之一，人们在参与这些活动的过程中，可以更好地理解民俗文化，从而更好地将民族的优秀文化基因代代相传下去。

中华民俗文化中的精华，积淀着中华民族最深沉的精神追求，包含着中华民族最根本的精神基因，代表着中华民族独特的精神标识，是中华民族生生不息、发展壮大的精神滋养。这诚如陈勤建所指出的："民俗构成人类区别异类的根本标志，成为表现和鉴别民族或地域族群自身特征，成为展示和衡量人类多样性、复杂性的重要标尺，一种比人类生物生命基因更为深沉的文化生命基因。……以一种创造和再创造的文化密码，延续并制约人类文化生命的成长。"①

（二）社会经济发展：民俗文化变化的内驱力

摩尔根说，人类发展的"每一个阶段都包括一种不同的文化，并代表一种特定的生活方式"②。在民俗的形成、发展、演变过程中，社会历史、经济水平、政治体制、思想观念的变化等因素发挥着极为重要的作用。

生产力和经济的发展是民俗变化的根本原因。在人类社会发展史中，民俗经历了一个从无到有、由简到繁的发展过程。在人类社会之初，生产力发展十分低下，茹毛饮血、巢居穴处是当时原始人类的共同习俗。随着生产力的发展，各具特色的物质生活和与物质生活密切相关的人类社会生活民俗也日益形成。比如建立在农业社会基础上的中国传统春节习俗是农业文化的典型表现，其饮食文化是基于农业社会的农副产品，娱乐文化是基于农业耕作中的冬季闲暇，祭神文化是基于农民祈求风调雨顺。随着社会的发展，特别是随着现代化进程的加快，春节习俗也发生了重大变化，那些传统农业习俗有些已经或正在消逝，比如古人祭灶

① 陈勤建：《民俗是人类文化生命的基因》，《粤海风》2003 年第 6 期，第 42—44 页。

② ［美］路易斯·亨利·摩尔根：《古代社会》，杨东莼、马雍、马巨译，北京：商务印书馆 1977 年版，第 9 页。

神、贴桃符等形式逐渐淡化，代之的是贴对联、挂年历、挂彩灯；古人燃烛庆祝新年，今人则以鞭炮、烟花代之；古人当面磕头施礼贺岁，今人则以电话、短信、微博贺年代之。春节习俗的信仰成分逐渐减弱，娱乐成分逐渐加大，正朝着多元化、娱乐化发展。从春节习俗变化的个案分析中，恰可以看到经济生产因素对民俗文化产生的巨大影响。

政治体制和思想观念的变化是民俗变化的直接动力。民俗虽然是非官方的，但它要受政治的制约，政治可以起到禁止或鼓励民俗传承和发展的作用。如辛亥革命推翻清朝后，民国政府彻底否定了满族服饰，提倡“剪辫易服”，西式服饰一时间成为社会上较为流行的服饰。其后随着中华人民共和国的建立，中山装、人民装、列宁装迅速取代西装、旗袍，成为共和国初期的主要服装样式，这都与当时追求进步、保持革命激情的社会政治思潮有紧密联系。党的十一届三中全会后确立的解放思想、实事求是的指导方针，在民主和法制建设上取得了很大进步，特别是近十年来，中国社会进入现代化转型的关键期，文化精神和物质条件发生了巨大变化，百姓生活习俗和节日民俗也在悄悄转变，这些变化折射出改革开放以来中国社会政治和民众文化追求的变迁，彰显的是国家的进步和文化的发展。

（三）科学技术进步：民俗文化变革的助推器

科学技术的发展不仅能创造新的生产方式，并转化为强大的物质力量推动社会经济的发展，而且还能够形成新的生活方式，并转化为前所未有的精神力量，促进社会结构的变革，促进新文化的发展，当然也促进新民俗的产生。

随着现代信息技术的发展，人与人之间的通信方式发生了革命性的变化，这直接影响着民俗文化的变化。如中国过年拜年传统习俗，这是人们在迎新春佳节的时刻表达美好祝福的一种方式。过去拜年需要登门行礼，同时说一些“过年好”“恭喜发财”等吉祥话，这种仪式拉近了人与人之间的距离，协调了人与人之间的关系。进入21世纪后，现代通信技术的发展从时空上大大缩短了人们之间交流的距离，用贺卡、电话、短信、彩信、电子邮件、QQ、微博、微信等形式拜年日渐成为主流，这些信息化、数字化的拜年方式使远隔天涯变得近在咫尺。据艾媒咨询数据显示，2014 年春节期间各种拜年信息中，有 56.6% 的信息以短信的方式发送，19.3% 的信息通过微信的方式发送，后者同比增加 8.2% ①。

传统民俗一般是在相对封闭的环境里，靠口头和行为方式进行传播，其影响力相当小，现在新媒体的运用扩大了民俗的传播能力和影响力。比如，从南宋年代起中国就有在元宵节“观灯猜谜”的习俗，但活动范围都很小。2014 年元宵节前夕，中央电视台推出大型电视益智竞技节目《中国谜语大会》，为了让更多人关注并参与节目，在节目直播的同时还为场外的电视观众提供了三种同步参与猜谜的方式：下载手机客户端“央视悦动”参与活动；发送手机短信参与；扫描电视屏幕上的二维码，直接参与有奖同步猜谜活动。据中国网络电视台 2014 年 2 月 17 日发布的最新数据显示，仅 2 月 11 日节目直播期间，就有 57 万人通过二维码和“央视悦动”客户端参与在线猜谜②。在新媒体手段助力下，通过新颖而有趣味的节目设计，将猜谜这一渐渐被遗忘的民俗重新带入人们生活中，使传统猜谜民俗重获大众青睐并焕发新生。

（四）外来文化冲击：民俗文化融合的催化剂

文化既有纵向传承，更有横向借鉴与融合。在全球经济一体化进程不断加快和文化高速碰撞与融合的大背景下，随着西方文化大量涌进中国，中国传统民俗文化在巨大冲击下，也正在融入世界文化潮流之中。中国饮食文化源远流长，素有烹饪王国之称，形成了川、粤、鲁等各种菜系和地方风味菜肴及小吃，清代以前的中国饮食习惯变化不明显。但随着近现代国门洞开，西方饮食文化也逐渐传入中国，不仅带来了啤酒、香槟、奶茶、汽水、冰淇淋、蛋糕、面包等西式饮食，也带来了西方的一些饮食制作工艺和方法，乃至文化价值观，现在洋快餐和西餐正在被越来越多的中国人接受。节日文化是民族文化的重要组成部分，随着近

---

① 《数据显示春节假期拜年短信“减产”约 131 亿条》，《南方日报》2014 年 2 月 13 日。

② 齐湘辉：《新媒体助力传统民俗　中国 57 万人在线猜谜》，2014 年 2 月 17 日，http：//news.xinhuanet.com/newmedia/2014-02/17/c_119369851.htm。

现代中国的开放以及人们生活水平的提高，过洋节的人也越来越多，如中国年轻人以过西方的圣诞节、情人节为时尚。对此，我们应以科学理性的态度对待，认识到西方文化的冲击引起中国民俗文化的变化是时代与历史的必然，它不以人们的意志为转移。我们也应该看到，一个民族对异文化的接受从来都不会是盲目的，而是有选择的。如现在中国人过洋节，很多人选择母亲节、情人节、父亲节，而很少人选择万圣节、复活节，这是因为前者是人情味十足的节日，符合中国人重情感的传统，人们借此表达对亲人和朋友的情感；后者因代表独特的西方文化观念，不符合中国人信仰习惯而不被中国人所接受。从积极方面来说，有些西方民俗文化输入确实也为古老的中国民俗文化注入了新的活力，丰富了我国人民的日常生活。我们要认清中西民俗文化的差异，树立起对自己民俗文化的自信心和优越感，对内坚持传承和发扬我国传统优秀民俗文化，对外借鉴国外先进的民俗文化，这就是一种理性地、正确地对待外来文化的表现。

（五）自然环境差异：民俗文化变异的适配器

人类生存繁衍的过程实际上就是对自然地理环境不断适应和利用的过程，文化形态也同样是人类适应自然生态环境的结果，自然生态类型决定文化形态，文化形态又影响社会人的性格、行为、风俗和习惯，正如黑格尔所说："水性使人通，山性使人塞；水势使人合，山势使人离。"① 自然地理环境因素在民俗的形成、发展中同样发挥着重要作用，其作用表现出综合性和主导性的特点。综合性主要是指一个区域内的各种地理生态环境因素整体地、全面地、综合地对民俗的形成和发展发生作用，每一个地理自然生态因素都对众多的民俗事象发生作用，每一个民俗事象又会受到多种地理自然因素的影响。例如由于不同地区的地理自然气候条件不同形成了不同的居民建筑民俗。我国原始人类就有"南方人巢居，北方人穴处"的"古之遗俗"。即便是在现在，我国南方和

① ［德］黑格尔：《历史哲学》，王造时、谢诒征译，北京：商务印书馆 1936 年版，第 124 页。

北方地区居民住宅建筑习俗差异也很大。在南方，大多是一些屋顶陡斜、上下分层的干栏式竹楼和木楼，这是这里气温高、降水多、风力弱、湿度大的气候特点决定的。而在西北地区，大多是一些屋顶平、墙体厚的“平顶土房”，这是这里的光照强烈、降水稀少、温差大、风沙多的气候环境特点决定的。同样，地貌条件对居民住宅民俗形成也产生了一定影响，比如南方的一些“吊脚楼”就是建在向阳地形倾斜的坡地上，这样既省工、省料，又防风、防水。主导性是指各种自然地理因素对特定区域内民俗事象的影响程度虽然各不一样，但在一定条件下与其他因素相比，地理自然环境因素对民俗事象的形成有可能起着主导和决定性作用。比如不同区域的地理自然环境条件在一定程度上决定了不同区域的经济特点和生产方式，从而形成了各自不同文化特点的民俗文化。由于民俗文化与自然地理环境关系极为复杂，加强其研究，无论是对弄清民俗事象的起源、发展、演变和地域差异规律，还是寻找人类社会与地理环境的关系的发展演变规律都将具有重要的价值。

三、民俗文化发展理论在当下的运用

在新形势下，新民俗的产生是时代发展的必然。但无论是新民俗还是旧民俗，关键是看哪些能在今天更有效地传承优秀传统文化内涵，哪些更适应当代人生活和感情需要。因此，在对新旧民俗文化关系的处理中，我们主张推陈出新，强调在继承传统基础上的创新发展。

（一）发挥传统民俗文化内在精神力量，构建核心价值，增强文化凝聚力

我国正处在一个风云激荡的大变革时代，现代社会激荡变化越巨大，人们就越需要心灵的安慰、精神的支撑和情感的慰藉，社会就越需要复兴有着丰富精神资源累积的历史文化传统。民俗者，化育成习，习染为俗也，它是民族民间不可或缺的文化事象、文化行为、文化仪式，它具有共同的价值和行为准则，具有全民性的认同感。中国民俗文化是中国传统文化中最有活力的部分，它包含着中华民族深刻的伦理道德追求和丰富的审美理想，如宗教意义的安身立命、审美意义的情感陶冶、伦理

道德意义的慎终追远等等，就大量存在于民俗文化所包含的精神理想中，成为民族宝贵的精神财富，能够起到强大的滋养心灵和凝聚人心的作用。正如有学者论述的那样，民俗文化是植根于民众生活中最为内核的文化体系，在这些文化中，我们能够感受到普通民众所思所想所行。民俗文化是民众辈辈传承又在实践中得以创新的文化，在这些文化中，我们能够看到民众的精神追求与生活行动逻辑。作为民众奉行与认可的民俗文化，应该在完善社会主义核心价值体系中发挥更大的作用[①]。因此，民俗文化教育对于公民社会有着其他学科教育不可替代的作用，用民俗文化教育国民重新树起民族文化的旗帜，可以培养和激发他们的民族自尊心、自信心和自豪感，从而肩负起传承和发扬中华民族五千年灿烂文化的历史使命。

（二）发挥当下民俗文化独特娱乐功能，丰富大众生活，增强文化亲和力

当代中国，随着商业化、市场化、世俗化程度的加深，如何尽快满足有着充裕闲暇时间和较富裕物质生活的大众对精神生活的渴求，已成为人们广为关注的问题之一。法国社会学家罗歇·苏在阐释消闲功能时指出，休闲和消遣意味着寻找乐趣、惬意。感到舒服，给自己的生活提供方便，自我协调，这就是享乐主义的道德。在现代休闲和与之有关的一切消闲形式中，人们重新发现了这种伦理[②]。随着现代大众生活水平的提高，闲暇时间的增多，人们在满足生存、安全、归属的基本需要之后，消遣娱乐成为他们必不可少的精神需要。广大民众在生产实践和日常生活中创造了许许多多娱乐性很强的民俗活动，这些民俗活动呈现出极为鲜明的世俗性和消闲性特征，其中尤其以节日民俗和竞技民俗最为突出，起到了调剂生活、增加情趣、娱乐休闲的作用。目前，我国已经以立法形式对传统的春节、清明、端午、中秋、重阳等进行保护，从过

① 刘铁梁、李向振：《2011 年度国家主导的民俗文化保护与发展事业》，张士闪主编：《中国民俗文化发展报告 2012》，北京：北京大学出版社 2013 年版，第 81 页。

② ［法］罗歇·苏：《休闲》，姜依群译．北京：商务印书馆 1996 年版，第 53—54 页。

去单纯的民间节日上升为有假期的国家节日，从而使民众能有时间在参与各种节日仪式的同时，也能有时间享受节日活动所带来的休闲和心灵愉悦。但值得注意的是，现在有些新民俗过度强调娱乐功能，忽视教育作用，其活动的娱乐成分偏浓，文化内涵不足，难以支撑起民俗文化满足人们文化娱乐和教育的双重重任。因此，新民俗需要进一步在加强文化内涵上下功夫。

（三）发挥现代民俗文化强大科技优势，扩展传播时空，增强文化延展力

"媒体预言家"德克霍夫在《文化的肌肤：真实社会的电子克隆》一书中详细讨论了通信技术和电子媒体对现代社会的影响作用。他认为，电子媒体和网络空间将会改变我们的心理状态；虚拟现实技术将会填补观念与现实之间的鸿沟；人类正创造一种超越任何个人智慧的集体心智。现代科技促进了新媒体的发展，新的传播工具加速了各种民俗现象对非民俗现象的同化，促进了民俗现象之间的相互传导，促进了民俗的复归。长尾理论的发明者，美国《连线》杂志主编克里斯·安德森认为，在网络空间无限扩大的情况下，一度流行的热门事物不会因时间推移而消失，搜索引擎等信息过滤机制使得它们并不完全被遗忘，点滴的关注随时间累积起来，总量甚至还要超过它们在热门的时候受关注的总和①。建立在网络技术上的新媒体，扩大了环境信息传播的长尾性效果。通过崭新的网络媒体对不同民族的民俗文化进行记录和传播，不仅能够有效地保护民俗文化遗产，也有利于民俗文化的传承，能够向更广大的空间和更多的领域宣传优秀的民俗文化，扩大民俗文化的影响。比如，随着现代科技的进步和人际交往范围的变化，传统节日的时间和空间不断延展，如以家庭和家族内部活动为表征的中国传统节日民俗，现在在形式和载体都发生了很大变化，其公共性大大加强了，社交味也越来越浓了。

---

① 何威：《网众传播》，北京：清华大学出版社 2011 年版，第 179 页。

（四）发挥外来民俗文化多元互渗作用，加大融合力度，增强文化影响力

目前，我国正处于改革开放的新的历史时期，国内外环境正发生着深刻变化，社会生活多样、多元、多变的特征日趋明显，表现在民俗文化上的变化就是新旧民俗、中外民俗互相渗透、相互交融。面对如此丰富多彩、复杂速变的民俗文化，我们民俗学界应高度关注这种变化，加强对新民俗的研究，积极探讨如何在发扬中华优秀民俗文化传统，借鉴西方进步民俗文化精华基础上，建立一套既适合中国国情又符合世界规范的新民俗文化体系问题。面对外来文化的巨大冲击，建立中国新民俗文化体系，需要我们有着对自身文化的高度认同、深刻觉悟和充分自信。我们应该以开阔的胸襟、自信的文化心理拥抱世界文化，相信中国民俗文化强大的生命力，并将它们推向世界，在与异国文化的交流和碰撞中，吐故纳新汲取新的养分，寻求中国民俗文化的立足点，并以此丰富世界文化。随着我国在世界地位的提高和影响力的扩大，现在我国的民俗文化也走出了国门，走向了世界，如现在很多国家在中国春节期间也放假和庆祝，就是最好的证明。因此，中国新民俗文化体系必然是融合了中西民俗文化精华的体系，这一体系的建立必将大大增强中国民俗文化的影响力和生命力。

第三节　文化生态视角下的湖南地区民间信仰的传承与保护*

从文化生态理论来说，一种文化既是一定区域文化生态环境下的成长物，受这一文化生态的熏陶和侵染，带着这一文化生态的历史和时代印记；这种文化又反过来构成这一文化生态的有机组成部分，在这一文化生态中发挥作用，影响这一文化生态的发展。然而文化生态的形成与

---

* 本节原题《文化生态视角下湖南地区民间信仰的传承与保护》（与李琳合作），原载《长江大学学报》（社会科学版）2019 年第 3 期。本书略有修改。

发展是一个动态的过程，它随着社会经济的发展变化而变化，其变化也促逼着其中的文化传统发生变化，对传统文化的保护就是要让其在变化着的文化生态中不断调适，进行创新性转化和创造性发展，以适应新文化生态变化的要求，在新的文化生态中进一步发挥作用。湖南民间信仰的形成、传承与发展同样遵循这样的文化传承和发展的一般规律。湖南有着丰富多彩、独具特色的民间信仰，它既是历史悠久、得天独厚的湖南自然历史文化生态孕育的结果，更是博大精深、异彩纷呈的湖南文化生态共同体的重要组成部分。保护湖南民间信仰文化，不仅要保护信仰文化的合理内涵，更要维护其存在的外在文化生态。

一、湖南民间信仰在特定多元历史文化生态环境中形成和发展

历史上的湖南地区一直是一个蛮荒之地，远离中国的政治和文化中心，在经济文化发展上也不能与黄河流域及长江下游地区相比，正是湖南地区封闭落后的自然生态环境、复杂多变的社会生态环境、发展迟缓的经济环境、相对宽松的政治环境，形成了相对自由的文化生态环境，这使得湖南民间信仰保留了多类原始文化，融合了多元民族文化，融入了多种宗教文化，从而丰富多彩和独具特色。

其一，多原始文化渊薮。远古湖南地区有着鬼神崇拜的信仰，“信鬼而事神”“尚鬼巫”在湖南许多地方志资料中均有记载。春秋战国时期湖南地区属南楚之地，有所谓“南楚江湘”之称，楚人原本来自中原，南下后楚文化又与当地苗蛮文化紧密结合，从典章制度到风土人情，都受到了周边各族的影响，蒙昧与文明，自由与专制，乃至神与人都糅合在一起，社会色彩丰富，生活节奏明快，思想自由奔放，形成了独特的地域文化。文献或文学作品中关于楚国信巫重祀的记载有很多。如《汉书·地理志（下）》：“楚人信巫鬼，重淫祀。”王逸《楚辞章句》亦云：“昔楚国南郢之邑，沅、湘之间，其俗信鬼而好祠。”楚文化有着与众不同的巫风色彩，古老而荒诞，浪漫而神秘，巫文化源远流长，对其民间信仰有巨大的影响，形成了具有浓郁楚文化特征的民间信仰。一直到近代社会，湖南民间鬼神崇拜的风气依然很是流行，其中最有代表

性的是湘西的巫蛊和喊魂。在这种浓重的好鬼崇神氛围之下，湖南崇奉神灵的民间信仰人口占较大比例："湘省无论贫富，迷信神权者十居八九。""湘人笃信神道，故各城乡市镇无不庙宇如林。"除崇拜宗教之神外，湖南城乡居民，多"畏鬼信巫"且"风水之说深入于人心"①。由此可见，湖南远古鬼神崇拜信仰、楚文化信巫重祀的文化传统，是湖南民间鬼神崇拜信仰的文化土壤与渊薮。

其二，多民族文化交融。湖南地区古称"湘"或"潇湘"，地处长江中游地区。受历史变迁的影响，民族杂居，民族文化十分丰富。新石器时代晚期，长江中游地区的土著是苗瑶语族的先民。所谓三苗，是以苗瑶语族的先民为主体。夏朝创立伊始，三苗挺进中原南部，侵扰夏朝南土。汉语族的先民夏人大举反击，迫使三苗南撤。禹征三苗虽是传说，但有考古发展的线索足资印证。商代，壮侗语族的先民从东部进入楚地，迫使三苗的逸裔西撤。殷周时代，湖南为南蛮和百越所居，周人称长江中游地区壮侗语族的先民为扬越（扬粤）。殷人和周人也是汉语族的先民，对于中原华夏族群来说湖南地区乃是落后的蛮夷地区，他们曾南征长江中游地区，留下了大量文化遗存。湖南是一个多民族省份，全国56个民族，都有居民在境内生活。现少数民族总人口达658万（名列全国第6位，次于广西、云南、贵州、新疆和辽宁），约占总人口的10.21%。少数民族中人口较多的是土家族（4%）、苗族（3%）、侗族（约1%）、瑶族（约1%）。少数民族地区土地面积约占全省总面积的28%，主要分布在湘西、湘南一带，呈小聚居、大分散态势。湖南地区各民族的交错杂居，使各族人民必然在特定空间内进行文化交流，各族文化既相互独立又相互融通，形成一种多元文化共存的生态环境，多种信仰文化在这里产生了交会：湖南地区自古巫风盛行，南方祖先神（如蚩尤、祝融等）、自然山神水神和民间圣贤信仰备受尊崇，少数民族民众信仰民间巫术，一些原始宗教遗俗（如巫蛊、招魂、洞神信仰等）还

① 民国湖南法制院：《湖南民情风俗报告书》，长沙：湖南教育出版社2010年版，第22—30页。

继续存在。南方民族如苗、瑶、侗、畲、土家族主要信仰本民族的始祖神、英雄神和儒释道三教，他们信仰的对象多样化，因此信仰场所中的神像和信仰活动都是丰富多彩的。以回族和维吾尔族为主体的少数民族，则大多信仰伊斯兰教；还有信仰基督教的民众，他们其实也有遵循湖南传统民间信仰的情况；汉族主要受儒释道三教及民间信仰影响较深，也崇尚多神信仰。总之，湖南地区各族民族民间信仰和佛教、道教、伊斯兰教、基督教和睦相处，形成了多种民族文化“和而不同”和多种信仰“和谐共存”的状况。

其三，多宗教文化影响。中国从古至今是一个多民族共存、民族文化高度融合的国家，多元文化共生状态中的宗教文化更是璀璨多姿，五大制度化宗教和内容庞杂的民间信仰，给中国人的信仰自由相当大的选择空间与实践的可能。民间信仰是人类历史上长期存在并将继续长期存在的一种宗教现象，它在组织模式上具有不同于制度化宗教的特点，它没有制度化宗教所有的固定专门的神职人员，没有严格的教阶制度和正式的入教仪式。民间信仰来去自由，没有什么人身依附或约束，一般是多神崇拜。历史上湖南地区民间信仰中，有的是本土的原始宗教遗风，有的属道教体系的神仙崇拜，有的属佛教体系的菩萨崇拜，还有的属儒家体系的民间圣贤信仰，民众对这些神灵都一律顶礼膜拜，道观庙宇祠堂比比皆是。历史上湖南地区儒、释、道、巫等多种宗教交融汇集于一体，相互融合，相互渗透，在融合中得到了发展，在发展中又彼此融合。如湘中梅山地区自古巫风甚浓，但后来随着儒教、道教、佛教的传入，民众的信仰体系更加复杂多元，“和娘娘”法事就体现了这种多元包容的信仰文化。如湖南瑶族的宗教信仰主要是自然崇拜、图腾崇拜、祖先崇拜和鬼神崇拜。瑶族信仰梅山教，这是道教与巫教相融合形成的一种宗教。在衡山，佛、道两大教派相安无事一千多年，博采众家，经世务实，共同创造了影响深远的南岳佛道文化，千百年来受到湖南地区广大民众的虔诚礼拜，影响还扩大到广东、江西、湖北和广西等地，为湖湘地域文化增添了瑰丽璀璨的一笔。这种互动并不是抹杀各信仰文化的多样性，而是通过不断的碰撞与磨合，在保留多样性特色的前提下寻求多元信仰文化和谐发展的新契合点。

由于地理环境、历史文化等差异，湖南地区形成了各种不同的文化形态，这些文化形态共同形成了湖南地区复合的文化生态系统。在这复合的文化系统中，形成了极为多元的信仰文化，它们在同一地区和谐共存互动，建立一种良性互动关系，从而增进相互的尊重与理解。各族人民相互尊重，包容不同的信仰文化，甚至能够学习、借鉴其他文化的可取之处，这是只有在理解其他不同民族信仰文化的基础上才能做到的。

二、湖南民间信仰是特定社会历史文化生态系统中的重要部分

牟钟鉴在《宗教文化生态的中国模式》中说："中国宗教生态文化的多元通和模式得以成型并经久不衰的深层因素，在于它有一个稳定的'和而不同'的文化认知传统，并深入人心。""多种宗教长期共存，不仅能够和平共处，还可以互相学习与合作，形成多样性共生的文化生态。"[①] 湖南自古以来就是一个多民族融合、多宗教并存、多元文化共生的地区，湖南地区民间信仰是湖湘文化的重要组成部分，各种少数民族巫术或原始自然神信仰、祖先神信仰、民间圣贤信仰和民间生活信仰相融互通，丰富多彩，同样成为湖湘文化生态的有机组成部分，成为凝聚湖湘民众的精神力量。

其一，自然崇拜信仰。费尔巴哈指出："自然是宗教最初的、原始的对象，这一点是一切宗教，一切民族的历史充分证明了的。"[②] 自然崇拜是人类社会早期产生的一种原始信仰，当时生产力水平极端低下，人们的认知水平非常有限，因而产生了最初的信仰。自然崇拜昭示着人对自然及生命的无限遐思，它实际上是将支配早期人类生活的自然力和自然物人格化，变成超自然的神灵，作为崇拜对象。"自然崇拜伴随着早期人类最初的自觉而产生，无论是山河湖海、日月星辰、雷电雨风，还

---

① 牟钟鉴：《宗教文化生态的中国模式》，《中国民族报》2006 年 5 月 16 日。

② ［德］费尔巴哈：《费尔巴哈哲学著作选集》下卷，荣震华译，北京：生活·读书·新知三联书店 1962 年版，第 436—437 页。

是草木禽兽，都可能会成为人们的崇拜物，这是典型的泛神崇拜。”[①] 属于原始自然崇拜的天、地、日、月、山川和风、云、雨、雾等在古代湖湘地区都受到顶礼膜拜。如湖南侗族信仰多神，盛行祖先崇拜和自然崇拜，以祖先和历史英雄人物为神，认为“万物有灵”，凡天、地、日、月、大树、巨石、水井、桥梁等都是崇拜对象。湖南由于多山多湖泊河流，因此山神、水神的信仰更为普遍。民众认为每一座山、每一条河流都有主管的神灵，甚至每一个山洞都有洞神，每一块土地都有土地神掌管。如湖南潭州（今长沙市）湘江之滨的龙王庙，宋建，后废。真德秀撰有《新建龙王庙记》，据其记载：嘉定十七年（1224）“夏六月，不雨”。特祭湘江龙神，“果大雨”。“泽膏田畴，活我黍稷。”于是建庙湘江之滨，以奉祀“龙君之神”褚遂良庙。据记载，在湘乡县治北，唐褚遂良“左迁潭州都督，多惠政，邑人立庙祀之”，宋魏了翁作记。此外，火神崇拜在湖南也很普遍，如长沙最出名的火宫殿以前就是祭祀火神的火神庙。这些信仰作为一种民俗文化现象，它们的产生除了自然环境的因素之外，还与湖南地区长期的政治、经济、文化等诸因素的共同作用密不可分，经过世世代代的传承与变迁，至今仍保存在湖南民众的日常生活之中，并已成了湖南民众生活本身的一部分。

其二，祖先崇拜信仰。祖先崇拜的最初来源是后代人对逝去的先辈人的敬畏和期望，在我国传统民间信仰中占有重要地位，被诸多国外研究者认为是中华民族独有的信仰特色。J. L. 斯图尔特在《中国的文化与宗教》一书中说：“祖先崇拜是中国人民的真正宗教。”[②] 而德·格鲁特在《中国人的宗教》中认为，中国人都把自己的祖先当成一个家族的保护神，因而祖先具有神圣的权威，对双亲和祖宗的崇拜是中国人宗教和社会生活的核心的核心。中国人以敬奉先祖的宗教形式来表达他们对先祖的怀念与感恩之心，并祈求先祖保佑一家老小健康平安，祈求血脉绵

---

① 马新：《原始崇拜体系与中国文化精神的起点》，《东岳论丛》2005 年第 2 期，第 68—74 页。

② ［美］J. L. 斯图尔特：《中国的文化与宗教》，闵甲等译，长春：吉林文史出版社 1991 年版，第 77 页。

延、家族兴旺。“祖先崇拜是人们在对自身由来的认知中形成的崇拜体系，它既是人类对自身生命现象的神秘化理解，又是对先祖亡灵的崇拜。”[①] 祖先崇拜是在图腾信仰和灵魂观念上产生的，湖湘民众相信祖先灵魂不灭，庇佑家人，信奉香火传递，湖湘祖先崇拜最基本的活动是以家庭为单位的祖先祭祀，特别讲究祖坟的修建和保护。现在的湖湘地区民间的一系列家祭、扫墓、七月半接老客、丧葬等祖先崇拜行为依然存在。逢年过节及特定日子，即使最穷的家庭，也要买点好酒好菜举行祭祖仪式，它是人们对已故祖先的怀念和祭献。如湖南湘西土家族人认为祖先是人神合一的统一体，土家族对本姓、本宗族的祖先都十分崇拜，土家族聚居区设有本民族祖先的土王祠、摆手堂。农历正月举行大摆手舞或小摆手舞、祭祀本民族祖先的活动。

其三，民间圣贤信仰。民间圣贤信仰属于多神信仰，既有从远古时代延续下来的，也有各朝各代不断创新的。“民间信仰中的造神运动，延续了中国传统文化中‘祖有功，崇有德’（敬天法祖）的精神，通过将现实生活中‘立德、立言、立功’的文化英雄神化为超自然、超人间的神明并加以崇拜，在某种程度上使一时一地的文化英雄（如关羽、妈祖、吴真人等），及其所代表的精神和人格超越了时空的界限而变得永恒。这种神圣化的精神与人格对普通信众会产生较强的引导和教化作用。”[②] 湖南地区民间圣贤信仰众多，有先秦流放湖湘沉江汨罗的屈原、追寻夫君舜帝殉身洞庭湖的二妃，汉时被贬长沙任长沙王太傅的贾谊，征讨武陵蛮的名将马援、少数民族竹王三郎，三国时的名将关羽、张飞，唐时贬谪湖南永州的柳宗元，五代时少数民族起义领袖杨再思，宋时民族英雄岳飞、农民起义领袖杨么等，文臣武将，不一而足。湖南像这样有一定影响的地方神庙比比皆是，如浏阳市的杨孝子庙（又称麻衣庙）、江大仙人庙、包公老爷庙等，长沙县的华佗庙、上华山丛公上圣庙、杨泗将军庙等，长沙城区的龙王宫、岳王庙等，湘潭的关帝庙、先锋宫，

① 陈晓丹：《中国文化博览（3）》，北京：中国戏剧出版社2009年版，第46页。

② 金泽：《能否和谐发展：民间信仰面临的挑战与选择》，《福建省社会主义学院学报》2006年第1期，第38—42页。

耒阳市的五娘庙、奉天观，安仁县的三母殿、凤凰仙，会同县的南岳宫，溆浦县的景星观、童姑殿、善士殿，醴陵市的麻衣庙、石神庙，桃江县的子良岩会仙观、白鹤山庙等，数不胜数。如酃县（炎陵县）建有炎帝庙。据记载："在县西炎陵旁。庙在陵侧。"翌年，以祝融"配食"。开宝九年（976），"诏移庙就县。去县五里"。南宋淳熙十三年（1186），"乃即陵侧复建庙"。又有记载：淳熙中，"遣官致祀，舟覆。奏立殿县南，以承大祀"。湖南衡阳建有先贤祠，在衡阳旧府学宫内，祀周子（敦颐）、二程（颢、颐）与胡安国父子、张栻。宋真德秀撰有《先贤祠祝文》，其文曰："圣学不明，千有余载。数先生相继而出，遂续孔孟不传之统，可谓盛矣。惟时湖湘渊源最正。……天之生数公，所以幸天下与来世，而湖湘之幸抑又多焉。"故"敬谒于祠下，缅怀遗风"。如果没有对炎帝、舜帝、蚩尤、祝融、盘王、廪君、南岳圣帝、湘妃、屈原的虔诚信仰，没有对湖湘祖先英雄人物的执着追求，湖湘文化就会缺失其安身立命的基础。

其四，民间生活信仰。湖湘民间生活信仰主要表现在各种民间节庆活动、生活禁忌、人生仪礼等民俗活动中，这些民众信仰活动在乡村能起到促进人际交往，发挥乡村社会组织功能的作用。如湘北洞庭湖边的百姓，一年中最重视四个节日，一是春节，二是端午节，三是中秋节，四是腊月节。而端午节应算是最热闹的节日，在这一天，人们在门上插菖蒲和艾叶、吃粽、喝雄黄酒、赛龙舟。湘西土家人的节日有赶年、社日、四月八、六月六、七月半等。土家族过大年比汉族提前一天，所以叫"赶年"。"社日"，有二月社和三月社之分，二月社日，祭伏波将军之弟，曰祭花鬼；三月社日，杀白羊，击鼓吹笙，曰祭鬼。苗族节日有调年、三月三、四月八、六月六、七月七、赶秋节、芦笙节、戊日歌会、庆鼓堂等。侗族有许多祭祀性和农事性节日，在祭祀和欢庆中，家家户户酬神灵、拜祖先、庆丰收，青年男女唱歌、对歌。各村寨之间举行各种社交活动、联络感情，还有赛芦笙、偷月亮菜、演傩戏等习俗。如湖南还有着许多禁忌习俗，如有病人忌说"不高、不长、死、亡、完了"等语；有人去世，忌直说"死亡"，而改用"作古""归天""走了"等替代，对生意人忌说“折、亏、损、耗”等字。忌男女同坐一条板凳或相对坐视，忌男人触及女人腰部，忌遇见别人时或总当别人面吐口水，忌留胡子。婚嫁喜庆之际，不准说“分开、分离”之类的话，更不能谈丧葬之事，否则，认为会带来灾祸。湖湘民间生活习俗信仰是当地人民经过几千年的劳动生产生活积淀下来的一种精神文化财富，已深深根植于湖湘普通民众的内心深处，乃至“百姓日用而不知，如水之于鱼”。

湖湘湖南地区自古以来就是南方土著民族与中原移民汇聚之地，在长期的发展、演化过程中，不同民族之间彼此尊重与包容，互相学习与合作，形成了“和而不同”“多样共生”的湖湘文化传统，本土文化与域外文化、精英文化与民俗文化之间的相互交流、相互渗透，使湖湘民间信仰呈现出瑰丽多姿、独具特色的风貌。湖南地区民间信仰对象丰富，种类复杂，包含了自然、祖先、英雄、鬼神等多方面的崇拜内容，与生产生活环境关系密切，这些民间信仰和其他宗教形态一起构建了这一区域异彩纷呈的宗教文化生态系统，构成了独特的民间信仰文化生态结构，为湖湘文化的丰富多元书写了瑰丽璀璨的一笔。湖南地区民间信仰所囊括的精神文化和意识形态的体系，支持和调整着湖湘民众生活与社会结构的关系，成为塑造湖湘文化的重要思想源泉，对社会经济以及人们的社会行为产生了巨大影响。

三、湖南民间信仰在现代社会经济文化生态背景下的传承保护

中国民间信仰不仅与生成塑造它的地方社会和地方民众有着密切的关联，而且与社会变革、经济发展和文化潮流等紧密相关。当今，湖南民间信仰的保护必须将其置于具体的社会文化历史条件下去做出符合其传承与发展规律的现代性建构，在快速现代化的背景下保护和传承民间信仰文化更显得任重而道远。

（一）湖南地区民间信仰面临的现代文化生态困境

湖南作为中部多民族省份，随着时代发展和社会转型，近几年，在社会经济发展方面取得了令世人瞩目的成就，但同时也在经济、社会、文化、自然生态、民族身份认同等方面产生了新的矛盾，从而引起湖南

地区民间信仰的外部系统环境更加复杂化，湖南地区民间信仰面临着内部和外部的种种文化生态困境。

其一，现代化语境下民间信仰的危机。中国现代化过程既是民众物质文化生活水平显著提高的过程，也是传统文化方式发生重大转型的过程，而后者主要体现在三个方面：一是文化信仰的多元性从根本上动摇了民间信仰的根基，由精神崇拜形式转化为普遍的物质崇拜和礼仪追求；二是道德信仰陷落传达出现道德体制的动摇，信仰主体对信仰内容的积极与否缺乏必要的区分；三是封建思想和邪教伦理的趁虚而入。现代社会信仰危机的出现从根本上改变了民间信仰的文化生态，对民间信仰的生存产生了巨大冲击。

其二，城市化背景下民间信仰的断裂。现代化在中国本身即是一个后发的、迟到的、迅猛的过程，在这一过程中一个最基本的现象便是城市化。一方面，随着中国城市化进程加快，在湖南很多村落被城镇化，这些村落的传统文化则在城镇化进程中面临被抛弃的命运。另一方面，在湖南的多数农村，青壮年大多进城务工，他们和乡村传统文化的接触越来越少，留下的主要是老年人和孩子，民间信仰活动主要以中老年人为主，难以延续到年青一代，从而面临失传的危机。

其三，宗教西化时代下民间信仰的式微。转型期西方宗教文化对湖南民间信仰文化形成了强烈的冲击，如基督教在湖南乡村迅速传播，排斥民间信仰的信仰体系和思想文化，彰显了西方文化的强势与霸权，严重损坏了湖南地区多元和谐的宗教文化生态，使湖湘民间信仰文化的传承和延续受到巨大影响，年轻人对民间信仰热情锐减，当前以自然崇拜为特点的民间信仰正在逐渐削弱，村民的信仰空间被外来的制度化宗教进一步占领。

其四，娱乐化思潮下民间信仰的异化。在当代世俗化背景下，文化消费的娱乐化倾向也使湖南传统民间信仰的神圣性被消解，现代性语境下湖南民间信仰日趋娱乐化、功利化，如湖南某些地区民间信仰活动的高端化、商业化，采取“双名制”的生存策略，搞宗教文化搭台、旅游经济唱戏，与普通民众产生了隔阂，势必导致广大民众与民间信仰活动的疏离，这些对民间信仰的未来发展都是不利的。

（二）湖南地区民间信仰现代文化生态保护原则

中央民族大学哲学与宗教学系教授牟钟鉴先生在2006年提出“恢复和发展中国模式的宗教生态”的构想，“要恢复和发展中国模式的宗教生态，必须在新的历史条件下全面复兴中华民族的优秀文化……在信仰文化上一定是多元的、丰富多彩的。……各种健康的民间信仰，都应有各自的合理的存在空间，不可能互相取代，而要彼此尊重”①。湖南地区民间信仰是湖南众多信仰资源中重要的组成部分，它丰富了湖湘民众的精神文化生活，保护它也就是保护文化生态平衡。保护湖南民间信仰文化生态的平衡必须坚持以下原则。

其一，坚持“和而不同”的文化认知传统。《论语》记载了孔子“和而不同”的思想，它最早仅仅是君子用来修身养性的一种道德操守，这种道德能指导各种不同的异质文化在相处的过程中妥善处理彼此之间的关系。湖南地区由于幅员辽阔、地形复杂多样，民众的生活环境有很大的差异，因而产生了多样的生活方式，形成了多样的传统和风俗。历史上湖南地区民间信仰文化能够平衡发展，得益于湖湘地区千百年形成的“和而不同”“多元包容”的文化认知传统。历代人口迁徙、南北文化交流所产生的历史变迁，使湖湘民间信仰文化与北方文化，还有其他少数民族文化的交流互动越来越频繁，多元文化相碰撞，产生文化认同，从而形成了湖湘民间信仰文化的广纳博收、兼容并蓄。“文化宽容”就是在对我们自己的传统文化有信心的基础上，以“和而不同”的文化自信与宽容精神去对待异质文化，并相信在未来世界文化的发展中，各个国家各个地区各个民族的文化绝对不会完全被西方文化所同化掉，而是会在保持自己特色的基础上相互学习，彼此沟通，求同存异，从而获得共同的发展与进步。湖南地区民间信仰具有浓厚的湖湘文化内涵，湖湘文化的和谐与包容使传统民间信仰与外来信仰文化互动交融，得到不断发展。只有在这种宽松和谐多元的文化环境下，坚持稳定的“和而不

① 牟钟鉴：《宗教文化生态的中国模式》，《中国民族报》2006年5月16日。

同”的文化认知传统，积极开展宗教间的交流与对话，通过政策与法律保障，我们才能构建平衡的湖南地区民间信仰文化生态。湖南地区民间信仰正是以这种兼容并包、和谐共进的方式，在保持自身特点的同时，对外来宗教的优点加以吸收，与其他宗教和平共处。今后文化观念应更加宽容，文化的多元共存将成为常态。

其二，坚持“交流与对话”的文化包容精神。随着全球化的发展、网络的普及，对话、沟通与交流在不同信仰之间是不可缺少的，没有各宗教之间的相互了解，国与国之间则很难相互了解；没有各宗教之间的对话与沟通，诸教之间则很难达到和平与友好；而诸教之间若不能和平相处，诸国之间亦不可能和平相处或安全共存。不同宗教信仰之间经常开展交流沟通，不仅能够消除误解，化解对抗，增进理解而且还能够升华自身信仰，实现自我超越。中国传统文化的宽容精神促成了各种制度性宗教与民间信仰不断地融合与会通，宗教与民间信仰正是在频繁的互动之中形成了各自的自身认同，获得自身认同，乃是有自我意识的宗教传统，民族和文化建构起自身认同的共同途径。李亦园先生认为，（中国民间信仰是）一种综合阴阳宇宙、祖先崇拜、泛神、泛录、符录咒法而成的复合体，其成分包括了儒家、佛家和道家的部分思想教义在内①。民间信仰和其他宗教信仰一样，要想获得长期发展，就需要不断自我更新，进行宗教间的对话与交流。通过对话，不同宗教既能发现彼此信仰之间的相异之处，同时又能深入地了解彼此之间的共同之处，从而在这共同性和差异性之间寻求一种“和而不同”的立场。宗教之间相互平等、相互尊重、理性交流与和平对话准则，是目前学术界公认的宗教对话诸多共同准则中最重要的准则之一。不同宗教的沟通与交流应该本着真实真诚的态度，真正理解，而不仅仅是单纯的表明立场、简单地回答提问。此外，沟通除了“官方”的沟通，还应有“民间”的沟通，才能营造一种全民的沟通氛围。正是因为湖南地区的宗教政策本着相互平等、相互尊重、理性交流与和平对话的准则，才能包容各种宗教形态，促成

---

① 李亦园：《文化的图像》（下），台北：允晨文化公司 1992 年版，第 180 页。

湖南地区经济繁荣、社会稳定，为文化繁荣和社会安定提供条件。在湖南地区民间信仰和其他宗教对话交流过程中，地方政府不但要维护不同宗教各自的话语权和本土性，而且要竭力使不同宗教深入做到知己知彼，使它们在不同文化的参照中重新解读对方，搭建文化交流的平台。

其三，坚持“宗教信仰自由”的法律保护制度。美国学者哈罗德·J. 伯尔曼指出，没有法律的宗教将失去其社会性和历史性，变成为纯属于个人的神秘体验。法律（解决纷争和通过权利、义务的分配创造合作纽带的程序）和宗教（对于生活的终极意义和目的的集体关切和献身）乃是人类经验两个不同的方面；但它们各自又都是对方的一个方面。它们一荣俱荣，一损俱损①。尊重和保护宗教信仰自由是中国共产党和中国政府对待宗教的基本政策，是对宗教自身规律的尊重，是中国共产党维护人民利益、保护公民权利、尊重保障人权的重要体现。除宪法和相关基本法律外，中国还制定了一批行政法规、地方性法规和政府规章，推动宗教立法取得重要进展。特别是国务院于 2004 年制定并于 2017 年修订的《宗教事务条例》，依法保护宗教教职人员的正常教务活动，保护信教公民正常宗教活动，保障宗教界的合法权益，将宗教界可以享有的诸多权利以法律形式确定下来，防止遭到侵犯，为公民充分享有宗教信仰自由权利提供了重要法制保障。民间信仰作为非制度化宗教，从立法的角度来看，至今还没有一部较为系统详细的律法，尽管《宗教事务条例》已经得到新的修订，但由于它是一部宏观性的国家法规，注重纲领性，在实际的实施过程中还缺乏一些配套法规，也缺乏与其他法律法规的对接。而民间信仰活动要想更加合法更加有生命力，只有依靠法律，才能从内在和外在层面上做到有章可循、有组织可管、有法可依。因此建议中央尽快出台宗教法，保障各种宗教，包括民间信仰等非制度化宗教的各种宗教活动的合法性、长期性，确定各寺院宫观、财产的归属，明确各神职人员的权利与义务，同时还需要对宗教教育、医疗、税收、

① ［美］哈罗德·J. 伯尔曼：《法律与宗教》，梁治平译，北京：中国政法大学出版社 2003 年版，第 124—125 页。

慈善，宗教与其他部门的关系，宗教与境外的交流协调等进行明确规定，使民间信仰和其他制度化宗教一样有章可循、有组织可管、有法可依。

湖南地区民间信仰是湖湘本土化的信仰资源和文化资本，它丰富了湖湘民众的精神文化生活，在普通民众中间有极强的生命力和广泛的认同度。我们对湖南地区民间信仰的合理内容进行正当保护，也要适当摒弃其不合理的思想与内容。保护它也就是保护一种文化生态平衡，只有在这种宽松和谐多元的文化环境下，才能保持民间信仰的生命力和活力，从而使民间社会中的文化资源真正鲜活地存在于人民群众的日常生活中。

第四节　文化生态视域下非遗社会传承与发展路径——以电影《百鸟朝凤》为例*

西方文化生态理论强调，人和人类社会是自然生态系统自组织进化的产物，人和人类社会产生以后又作为相对独立的主体，以自身适应和改造自然环境的活动，参与自然生态系统的自组织演化过程①。从生态视野考察文化，将生物和环境的密切关联与生物多样性作类比，强调文化与周围环境的密切关联。面对西方文化侵入，各国的文化自觉意识不断增强，中国提出“文化自信”，建设文化强国，对传统文化进行创造性转化，促进优秀传统文化传承与发展。在此背景下，西方语境下的文化生态理论实现了中国化的过程，以生物多样性类比文化多样性，尊重和保护每个民族的独特文化。非物质文化遗产作为中华优秀传统文化中的一朵奇葩，从非物质层面而言，是中华民族重要的精神文化财富；从遗产角度而言，展现了中华文化的多彩风貌。文化生态的中西语境，揭示了非遗的社会传承与发展路径。近年来，文化生态理论与非遗相关研

---

* 本节原题《文化生态视域下非遗社会传承与发展路径——以电影〈百鸟朝凤〉为例》（与刘岳桓合作），《长江大学学报》（社会科学版）2020 年第 2 期。本书略有修改。

① 韩德信：《生态文化视野中的科学发展观》，北京：中国文联出版社 2008 年版，第 38 页。

究成果丰硕[①]，但缺乏非遗电影角度的切入点，笔者试图从非遗电影《百鸟朝凤》（该片艺术地再现了当下的非遗困境）出发，分析困境产生的缘由，探讨非遗的社会传承和发展路径。

一、《百鸟朝凤》非遗现状透视

《百鸟朝凤》将镜头对准非遗项目唢呐，影片前半部分展现了唢呐艺人游天鸣刻苦学习唢呐技艺的过程，呈现了非遗传承人的文化生态环境；后半部分则展示了现代化、信息化浪潮席卷之下的社会转型和以西洋乐器为代表的外国文化的侵入，传统习俗日渐被忽视和遗忘，唢呐技艺走向式微。唢呐老艺人焦三爷带着绝望离去，新艺人不知走向何处。“因此，从影片的叙事和画面中突出的‘非遗’资源和相关事象，有涉及中国民间风俗文化、民间技艺，有传承人的故事，可以被认定为一部典型的‘非遗’题材电影。”[②]

拜师过程中，游天鸣和父亲穿过飘着袅袅炊烟的村庄，踏过崎岖不平的黄泥山路。在焦三爷带领徒弟学艺的一幕中，师徒置身于蓝天白云和一片郁郁葱葱的小树林，听到的是各种鸟叫声，这种自然和谐的画面，体现了中国传统文化天人合一的境界。影片后半段则聚焦外来文化和现代文化侵袭下的非遗现状，与影片前部分形成鲜明对比：地点从乡村走向都市，建筑从砖瓦房变为高楼大厦……以游天鸣为首的游家班第一次“出活”就遭遇了传统唢呐艺术在民间礼俗中的尴尬境遇，没人给唢呐师傅行“接师礼”，以表示对唢呐队伍的尊敬。在婚礼中，举办方既请

---

① 目前文化生态与非物质文化遗产相关研究，有万李莉《文化生态失衡问题的提出》、刘魁立《文化生态保护区问题刍议》、黄永林《“文化生态”视野下的非物质文化遗产保护》等。万李莉在《文化生态失衡问题的提出》中指出，在工业文明影响下，各地原生态遭到破坏，地域文化走向消解，生物多样性减少造成生态失衡，文化失衡将会是人类文化的一次灾难。刘魁立《文化生态保护区问题刍议》简要梳理了文化生态理论和实践及其从西方到中国的传播路径，肯定了文化生态保护区，指出了对民众主体性的忽略等问题，提出了开放性等四条原则。黄永林《“文化生态”视野下的非物质文化遗产保护》辨析了“文化生态”和“原生态”的概念，梳理了中西文化生态理论和实践，指出非物质文化遗产文化生态区对原生态文化保护不到位，探讨了相关完善措施。

② 刘国政：《“互联网+”推进电影与非遗保护发展的新思路——由非遗题材电影〈百鸟朝凤〉谈起》，《电影评介》2017 年第 12 期，第 19—24 页。

游天鸣的游家班来奏唱唢呐，又请西洋乐队和身着豹纹的女郎来同台表演。婚宴上，男女老少全都围坐在西洋乐队周围，游天鸣的唢呐队即使吹破嗓子也无人问津。唢呐队伍企图通过大声演奏来挽回局面，却惹得不爱听的年轻小混混过来叫停，双方因此起了冲突，最后镜头定格在那散落一地、被踩坏的唢呐上。非物质文化遗产在外来文化的冲击下显得如此不堪一击，时代变幻的潮流似乎向游天鸣开了一个玩笑，对父亲的梦想以及唢呐技艺的坚守，仿佛在一瞬间都失去了理由。当初怀抱唢呐梦想的父亲，意识到游天鸣无法在当今社会依靠唢呐养活自己时，建议他另谋职业。在时代的发展浪潮中，唢呐几乎已经失去了赖以生存的环境，唢呐艺人依靠吹唢呐甚至不能养活自己。“传统文化的‘生存环境’越来越恶化，对传统文化的‘遗忘’，或者说对传统文化的‘记忆丧失’越来越疾速，越来越强烈。”①

《百鸟朝凤》展现了唢呐艺人的传承困境。艺术总是来源于生活，导演吴天明说：“电影是传输给观众的心灵讯息……是创作者的社会人生体验，是创作者的世界观、文化知识、艺术修养、性格特征的表述。对我而言，电影就是生命的一部分。这就是我的电影观。”② 从中可以看出，吴天明拍这部电影的目的就是试图从时代变迁出发，通过电影的形式，表达自己对当下文化生态环境变化中非遗现状的观察和思考。随着工业化和城市化的发展，现代化进程加快，非遗赖以生存的环境遭到破坏。以戏曲为例，我国历史上戏曲种类曾多达 394 种，1949 年有 360 种，1982 年有 317 种，2004 年有 260 种。在传统舞蹈方面，“20 年前进行舞蹈普查时列入山西、云南等 19 个省市《舞蹈集成》卷中的 2211 个舞蹈类遗产，目前仅保留下来 1389 个，短短 20 多年间舞蹈类遗产就消失了近 37%，其中河北、山西两省已有近 2/3 的传统舞蹈已经失传”③。

---

① 刘魁立：《非物质文化遗产及其保护的整体性原则》，《广西师范学院学报》（哲学社会科学版）2004 年第 4 期，第 1—8，19 页。

② 吴天明：《传输心灵讯息》，《当代电影》2003 年第 1 期，第 38—39 页。

③ 周和平：《中国非物质文化遗产保护的实践与探索》，《求是》2010 年第 4 期，第 44—46 页。

二、文化生态视域下非遗困境原因探析

《百鸟朝凤》诸多自然风光镜头的运用，展示了中国的乡土风貌，突出强调了乡土环境对非遗传承的重要影响。美国人类学者朱利安·斯图尔德在运用人类文化学的方法考察多线文化形成的不同文化特征时，提出人类文化的形成在很大程度上取决于其所处的自然环境，并将文化与环境和生态结合起来，创立了文化生态学。从文化人类学的视角出发，认为文化生态是各民族、各地区自然而然的，原生态的，祖先传下来的文化的存在状况，是植根于各地不同的自然生态环境之上，具有鲜明地域特征和民族特征的文化的存在状况。它揭示了文化产生、发展、变迁的规律与其所处自然环境之间的关系①。其实早在20世纪初，面临西方文化的冲击，中国学人如钱穆、梁漱溟、李大钊等，在中华文化走向何方的“三千年未有之变局”思索中，为树立时人的“文化自信”，就不同环境造成不同文化有所阐述。钱穆认为中西地理环境差异造就了中西两种不同类型的文化。中国是农耕文化，西方是游牧、商业文化。中西文化精神的差异，穷其根源，最先还是由于自然环境有分别而影响其生活方式，再由生活方式影响到文化精神。农耕文化是凭借在土地上农民不懈的努力获得自给自足。中国文化特性多展现为“天人相应”“物我一体”，与先民在草原与滨海地带的游牧、商业文化有别②。这和西方语境下的文化生态学理论不谋而合，强调文化变迁中的生态环境影响。在近代工业化之前，中国乡村百姓固着于土地，非遗也正是在田垄地沟里产生和发展起来的。以戏曲为例，民间的采茶戏，源于每年春种秋收之际，农民们歌唱山歌，歌颂劳动丰收。黄梅戏在湖北和安徽等地有不同的腔调，如“怀宁调”和“黄梅调”等，展现了不同地域环境对发音的影响。非遗与自然共生共存的关系则更为直接和密切，如民间图腾崇拜中的各种动物图腾、植物图腾，直接取材于遗产所在地的自然环境；再

① 王晓真：《当代中国文化生态问题研究》，山东大学博士学位论文，2016年。
② 钱穆：《中国文化史导论》，北京：九州出版社2011年版，第25页。

如民歌、传说、信仰、民俗、艺术等，也都与自然生态密切相关，都以自然环境为基础，并反映了自然环境的特点[①]，形成了“十里不同风，百里不同俗”的非遗风貌特征。一旦生存环境失去，其自身的生存也面临挑战。

正如影片所展示的，焦三爷的焦家班在20世纪80年代初唢呐表演门庭若市，而到了21世纪，游天鸣的游家班却无人问津。现实生活的压力，迫使游家班成员纷纷外出务工。游家班成员有的因工厂环境恶劣得了肺癌，有的因工作操作不当削断了手指。游家班成员吹唢呐的基本条件已经丧失，无法再从事唢呐表演。方李莉在《文化生态失衡问题的提出》中对“文化生态”重新进行了定义：“以一种类似自然生态的概念，把人类文化的各个部分看成是一个相互作用的整体，而正是这样互相作用的方式才使得人类的文化历久不衰，导向平衡。”[②] 基于机械化工业对生态环境重构的认识，她指出，西方工业文明消解了世界各地的民族文化，从而导致文化生态失衡问题。将西方和外国模式纳入传统技术的合法地位中将导致传统技术的崩溃，使许多地方性的原生态文化失去了其赖以生存的根基，并因此遭到了破坏甚至消亡。“更为严重的是，在这种情况下，许多民族文化不仅失去了其自信心，同时也失去了其原有的创造力。”[③] 这表明，在经济全球化过程中，面对西方外来文化的侵入，中国学者开始自我反思，文化生态的内涵也因此实现了“中国化”。在中国语境下，人类所创造的每一种文化都是一个动态的生命体，各种文化聚集在一起，形成各种不同的文化群落、文化圈，甚至类似食物链的文化链。它们互相关联成一张动态的生命之网，其作为人类文化整体的有机组成部分，都具有自身的价值，为维护整个人类文化的完整性而发

---

① 宋俊华、王开桃：《非物质文化遗产保护研究》，广州：中山大学出版社2013年版，第112页。

② 方李莉：《文化生态失衡问题的提出》，《北京大学学报》（哲学社会科学版）2001年第3期，第105页。

③ 方李莉：《文化生态失衡问题的提出》，《北京大学学报》（哲学社会科学版）2001年第3期，第108页。

挥着自己的作用[①]，西方工业文化带来各国民族文化多样性的消解，以西方为代表的现代工业文化的侵入，导致非遗的生态环境发生了巨变。民笛、双簧管、木管号、民号、鼓和羽管键琴等集合演奏的管弦乐队进入中国市场，凭借新奇和现代曲风，吸引了年轻人，挤压了唢呐、琴、筝、箫、笛等传统民间乐器的表演空间。当下，无数个游家班正在消失，唢呐表演日趋走向消亡。保护与抢救非遗，势在必行。

三、非遗社会传承和保护路径

（一）创新求变，非遗的活态传承

在非遗传承和保护中，一些学者坚守原生态文化，宣称对非遗进行“原汁原味”的保护。时代的经济浪潮已经摧毁了唢呐的文化生态环境，即使焦三爷、游天鸣仍然坚守唢呐艺术，“要把唢呐吹下去”，也无法改变当下无人听唢呐的尴尬境地。影片末尾，一名唢呐艺人在西安城墙上吹唢呐乞讨的镜头引人深思。文化生态环境遭到破坏，非遗演出在当下缺少受众，非遗从业者的基本生存难以得到保障。“原汁原味”的非遗已经无法适应时代的发展，非遗自身需要做出调整和适应。关于这一点，宋俊华称之为“衍生态”，是传承人对非物质文化遗产丰富和创造的结果，是非物质文化遗产生态的有机组成部分，也是非物质文化遗产中最活泼的、最容易变化的部分，它使非物质文化遗产呈现出活态性和多样性的特点。以戏曲为例，学界已形成一种共识：没有任何一种戏曲保持了原始的唱腔和唱调，都是不断适应时代的发展。目前影响最大的京剧，其前身实际是徽剧，清代四大徽班进京后，当时的艺人广泛吸收昆曲和秦腔的众多曲目和演唱风格，在不断继承、融合和创新中形成了现在的京剧。京剧表演艺术家程砚秋借鉴了其他艺术门类中的音乐因素，甚至融合了外国歌曲的腔调，比如，《锁麟囊》中的“哭头”，源于西方影片中一段著名的女声独唱的旋律。他还融合欧洲的颤音装饰法，以丰富自己的唱腔旋律，促使京剧适应晚清的文化生态，推动了京剧发展。因此，

---

① 王晓真：《当代中国文化生态问题研究》，山东大学博士学位论文，2016 年。

应根据群众的现实需要，对唢呐腔调进行大胆革新，实行生产性转化，不断走向市场，发挥唢呐在丧葬仪式、婚礼节庆、庙会祭祖等民俗活动中独特的仪式感作用。

（二）坚守底线，非遗的本真传承

在非遗传承和保护中，有一部分学者认为非遗需要实现产业化，将文化价值转化为商业价值。但是，过度开发导致许多景点、民众的日常生活被当作旅游资源贩卖，古老庄重的祭祀礼仪成为表演秀，“寄寓其中的民众情感自然就会逐渐淡化，使这些非物质文化遗产的功能发生了根本的转变，虽然在形式上仍然保持着原来的面貌，但被抽掉了情感和灵魂，被空洞化、异化了”[①]。随着市场经济的冲击，人们在经济利益的刺激下，将非遗项目和仪式变为可以赚钱的工具。由于缺乏对非遗本质的正确理解，这些变动往往流于形式，从而让非遗的本真性丧失。本真性正如宋俊华所提的“本生态”，体现了文化本质与其属性、环境的内在的历史联系状态，是促使非遗文化稳定发展的核心要素。刘魁立为此呼吁，要正确对待非遗中存续的价值观等非遗的内在动因，要重视、理解和挖掘传统文化中的核心内涵，探讨其对于当下的文化意义，而不是舍本逐末追求形式的相似性。“忽视修本，没有在培育文化遗产的正确价值观方面下大力气，舍本而逐末，这样的道路是不可能走远的。”[②] 因此，要在各地学校教育中开设有关非遗的文化展示与欣赏课程，增进年青一代对非遗的学习与了解；在文化遗产日等重大节日，开展非遗文化知识、形式的学习与鉴赏，传承非遗文化，培养非遗情感，强化非遗审美。组织非遗教材的编写，使之具有科学性、文化性、可读性，大力开展“非遗进校园”等活动。让社会对非遗不再陌生，而是形成欣赏非遗的能力，感受非遗所蕴含的美，从而自觉保护非遗，实现“文化自觉”，即“生活在一定文化中的人对其文化有‘自知之明’，明白它的来历、

---

① 刘魁立：《文化生态保护区问题刍议》，《浙江师范大学学报》（社会科学版）2007 年第 3 期，第 11—12 页。

② 刘魁立：《文化生态保护区问题刍议》，《浙江师范大学学报》（社会科学版）2007 年第 3 期，第 11 页。

形成的过程、所具有的特色和它的发展的趋向，自知之明是为了加强对文化转型的自主能力，取得决定适应新环境、新时代文化选择的自主地位”①。

（三）运用传播媒介宣传，构造非遗的社会环境

第十届全国人民代表大会常务委员会第十一次会议于2004年8月28日通过了联合国教科文组织的《保护非物质文化遗产公约》。2005年3月国务院办公厅印发了《关于加强我国非物质文化遗产保护工作的意见》，明确规定非物质文化遗产保护的指导方针是“保护为主、抢救第一、合理利用、传承发展”，并做出“坚持非物质文化遗产保护的真实性和整体性”的规定。第十一届全国人民代表大会常务委员会于2011年2月25日通过了《中华人民共和国非物质文化遗产法》，并在第4条明确规定保护非物质文化遗产，应当注重其真实性、整体性和传承性。在保护以民俗为代表的非物质文化遗产的过程中，我国始终强调要保持“真实性”与“原真性”。电影具备高度纪实性，不仅能够保持被摄取对象的原貌，还能够把拍摄对象所处的空间和时间形态完整记录下来②。电影作为一种传播媒介，能够将非遗中的仪式、表演等完整拍摄下来，在塑造故事的同时，运用镜头捕捉乡土风貌以及当地语言特色，为非遗构筑其文化生态背景，让人们更好地理解非遗事象。《百鸟朝凤》上映后获得9000万元票房，目前在腾讯视频播放量高达4366万次，爱奇艺热度指数30875③，年轻人喜爱的哔哩哔哩平台也有将近88万次播放量，主流评分网站豆瓣电影上有将近18万人给出了8.1的高分，可见电影《百鸟朝凤》对年轻人的巨大影响。京剧老生演员王佩瑜通过抖音等新兴平台，让很多年轻人开始接触和了解京剧，甚至爱上了京剧。在传承和发展非遗中，年轻人重新回到田间地垄去切身感受非遗，不太现实。当下，非遗传播者需要借助哔哩哔哩、抖音等平台，让年轻人去了解、

① 费孝通：《关于“文化自觉”的一些自白》，《学术研究》2003年第7期，第7页。

② 贾磊磊：《电影语言学导论》，上海：复旦大学出版社2011年版，第27页。

③ 爱奇艺热度指数由内容质量、吸粉能力和平台活跃3个维度的得分综合得出，影响指标包括播放量、播放完成度、粉丝数、视频发布量等。

感受、欣赏非遗。

（四）建设文化生态保护区，推动非遗的整体性保护

文化生态理论强调文化与环境是同一个生态整体，文化是在一定的环境中生存和发展的，发展过程中又与区域性的环境密切相连。文化在不断适应环境的同时，又反过来对环境产生一定影响，文化与环境是彼此关联、相互作用的。在非遗保护中，要创造能够让非遗存在和发展的生态空间。“文化的‘生命力’存在于它的文化生态中，当我们对它们进行保护时，需要对它们的本体，以及文化空间、与之相应的自然环境予以整体性保护。……非物质文化遗产生长在一个丰富的人文和自然土壤里，所以保护要从整体性入手，任何‘碎片化’的保护都会损害它的价值和破坏其生命力。”① 政府必须发挥主导性作用。1998 年 10 月，在贵州六枝特区梭嘎乡建立了中国第一座生态博物馆。“生态博物馆是一个文化机构，这个机构以一种永久的方式，在一块特定的土地上……展现其有代表性的某个领域及继承下来的生活方式。”② 这是将传统意义上的博物馆进行革新，脱离了将固有物品陈列于一个展馆之中的模式，而是将涉及非遗社会环境和自然环境的文化生态整体保存，从而形成生态博物馆。随后，在非遗保护层面上，生态博物馆的范围不断扩大。2000 年，文化部、国家民族事务委员会印发了《关于进一步加强少数民族文化工作的意见》，提出了“建立少数民族文化生态保护区”。2010 年，国家颁布了《文化部关于加强国家级文化生态保护区建设的指导意见》，指出要建立“国家级文化生态保护区”，以保护非物质文化遗产为核心，对历史文化积淀深厚，存续状态良好，具有重要价值和鲜明特色的文化形态进行整体性保护。中共中央办公厅、国务院办公厅于 2017 年 5 月 7 日印发并实施的《国家“十三五”时期文化改革发展规划纲要》要求，健全非物质文化遗产保护制度。加强国家级文化生态保护实验区建

---

① 黄永林：《“文化生态”视野下的非物质文化遗产保护》，《文化遗产》2013 年第 5 期，第 6—7 页。

② 周真刚：《试论生态博物馆的社会功能及其在中国梭嘎的实践》，《贵州民族研究》2002 年第 4 期，第 43 页。

设，支持非物质文化遗产展览、展示、传习场所建设。文化生态已经引起了国家层面的高度重视，但是从理念落实到具体实践仍有一段距离。我们要在闽南、徽州、热贡等21个国家级文化生态保护实验区基础上，积累已有的成功经验，对当前存在的问题进行反思，对历史文化积淀深厚、存续状态良好、具有重要价值和鲜明特色的文化形态进行区域性整体保护，不能只顾及非遗事象本身，必须连同与它的生命休戚与共的生态环境、文化环境一起加以保护。政府应有条件地建立起生态博物馆、民族文化生态村和国家级文化生态保护区，从而推动非遗发展。

四、结语

文化生态理论为非遗社会传承与发展提供了新思路，非遗的传承与发展离不开非遗的文化生态保护，这是非遗传承和发展必须把握的条件；非遗创造性保护要紧紧把握非遗的核心文化，这是非遗传承和发展必须坚持的原则和方向。“天下皆知美之为美，斯恶已；皆知善之为善，斯不善已。”当前，非遗保护话题在生活中不断被强调，说明非遗当下处境堪忧，利用文化生态理论来推动非遗的社会传承与发展，任重道远。

第三章　非物质文化遗产的文化空间阐释

人类总是生活在一定的自然位置空间和社会场所空间中，作为人的创造物的文化在一定的时空中生成、积累、发展和传播，从而形成了独特的时间和空间系统。非物质文化遗产是在特定的公共文化空间中创造、传承和发展，从而形成了自身独特的文化空间体系。本书将在公共文化空间视域下研究非物质文化遗产文化空间的主要属性和重要特征。

第一节　公共空间与非物质文化遗产文化空间*

一、公共空间与私人空间

空间是与时间相对的一种客观存在的物质形式，它由长度、宽度、高度、大小表现出来，是具体可度量的相对固定的范围和场所。人类生活空间包括自然空间和社会空间，社会空间包括公共空间和私人空间。

1. 公共空间

20 世纪 60 年代，哈贝马斯对西方公共领域的转型作了开创性的探

---

* 本章第一、二节原题《非物质文化遗产文化空间的特性》（与刘文颖合作），原载：《华中师范大学学报》（人文社会科学版）2021 年第 4 期；《人大报刊复印资料 · 文化研究》2022 年第 2 期全文转载。本书略有修改。

讨，他在《公共领域的结构性转变》一书中以社会学和历史学为切入点，探讨了自由主义模式资产阶级公共领域的产生、发展、瓦解的历史及其社会结构、政治功能、观念与意识形态①。他认为，在私人领域，人的角色是父母、夫妻、兄弟姐妹和朋友，按伦理和情感行事；在公共领域，人的角色是公民，按公民的权利行事。他将公共领域划分为古希腊、古罗马以自由民为基础的古典公共领域，欧洲中世纪的表现式或代表式的公共领域和近现代资产阶级的公共领域。他认为，在高度发达的希腊城邦里，自由民所共有的公共领域和每个人所特有的私人领域之间泾渭分明。公共生活（政治生活）在广场上进行，但并不固定；公共领域既建立在对谈之上——对谈可以分别采取讨论和诉讼的形式，又建立在共同活动（实践）之上——这种实践可能是战争，也可能是竞技活动②。哈贝马斯所谓的公共领域，指的是一个国家和社会之间的公共空间，市民们假定可以在这个空间中自由言论，不受国家的干涉，意指的是一种介于市民社会中日常生活的私人利益与国家权力领域之间的机构空间和时间，其中个体公民聚集在一起，共同讨论他们所关注的公共事务，形成某种接近于公众舆论的一致意见，并组织对抗武断的、压迫性的国家与公共权力形式，从而维护总体利益和公共福祉③。

2. 私人空间

私人空间是一个与公共空间相对的概念，是一个私密性与隐蔽性极强的生活领域，通常涉及家庭的亲属关系。私人空间具有三个特性：其一，封闭性。私人空间是一个近乎被保护的、阻挡外来视线的封闭性空间，一个除了本人以及获得本人允许的人之外的其他人不得随意出入的空间。其二，私密性。私人空间保护个人信息，以及与个人自身相关的所有隐私。除个人有权利决定在何时、何地、向何人、以何种方式去公

---

① 高海青、史云峰：《对公共领域结构转型批判的批判》，《华侨大学学报》（哲学社会科学版）2011 年第 1 期，第 8 页。

② 哈贝马斯：《公共领域的结构转型》，曹卫东译，上海：学林出版社 1999 年版；转引自梁锋：《转型期民意表达的合法性与可行性——兼论新闻传播学视野下的公民社会理论重构》，《新闻前哨》2012 年第 4 期，第 13—21 页。

③ 焦文峰：《哈贝马斯的公共领域理论述评》，《江苏社会科学》2000 年第 4 期，第 79—84 页。

布自己的信息外，其他任何人不得侵犯个人隐私权。其三，亲密性。在私人空间里，个人只和与自己有着极其亲密的关系，或者有着深厚感情基础的人互动。其四，内在性。深层次的私人空间还包括人深邃的内在心思、情感、思维、幻想、冲动、反省与意欲等活动。

3. 公共空间与私人空间的关系

人是群居动物，离不开公共生活。在公共生活的“公领域”，一方面，“私”是无所作为的，必须遵规守矩、按公约常理行事；另一方面，公共空间又是一个将各种各样的私人意见、看法、观点等汇集为公意的地方。没有这样一个“公共空间”，就不会形成真正的“公共意见”。关于一个人如何正确处理“私人空间”和“公共空间”的关系，美国政治哲学家聂格尔指出：

> 人是既复杂又个别且彼此分歧的。一个人若要求他的感情、心思与要求悉数为公共空间所接纳，那么，势必带来人彼此相互侵犯与冲突。公共空间乃是复杂且彼此分歧的个体彼此交会互动的地方，它是单一的，而且有其限度。人们进入这个空间也必须有所节制。每一个人言行的表达必须是公共空间里的人们可面对处理的，若非如此，个人言行的表达必会带来人际的混乱与纷扰。……我们在公共交往的过程中，如果毫无节制地表现欲望、贪念、蛮横霸道、焦虑不安与妄自尊大，那么，我们就不可能有公共生活可言。同样地，如果我们毫无顾忌地表达个人的心思、情感与隐私于公共空间，而成为公共舆论的焦点，以为如此才能造成坦荡荡的人格，那么，我们就毫无私人生活可言。①

事实上人必须过群居生活，但并不一定就能让人在意识上也必须以“公共存在”为单位，于是也就有了以“个人存在”为单位的所谓西方

① 转引自曹永国：《提高觉悟抑或转变身份：公民教育何为?》，《教育学术月刊》2013 年第 12 期，第 20 页。

文化中的“个人主义”。以个人为单位，并不是说个人就可以离开公共生活，比如家庭、国家，而是想在己与群之间更加凸显个人的自由意志、所有权、隐私权等[①]。

“公民”，按其本意，指的是一个人意识到了他对这个国家所承担的义务及所享有的权利。作为“公民”具有政治权利和自由、人身与人格权、社会生活权利等。一方面，公民可以也应该在公共场合表达出个人的不同见解，因为只有在这样的场合，个人的想法才能形成公共意见，获得别人的承认[②]；另一方面，为保障个人隐私的尊严，从道德层面来说，任何人都有必要学习自制，学习“恪守分际”的美德。因此，“公共空间”中“公民”的行为举止的公共规范性和个体节制性与话语言论的自由性和理性是有机统一的。

二、公共文化空间与非物质文化遗产文化空间

1. 公共文化空间

按照哈贝马斯的说法，公共空间是指“政治权力之外，作为民主政治基本条件的公民自由讨论公共事务、参与政治的活动空间”[③]。一般而言，公共空间是公共性的社会领域，包括公共舆论、话语及其空间场所、相应的制度设置等，其活动主体是公共舆论、话语的载体即公众及其群体。广义的公共空间是指公众自由平等交流与互动的地理场所，包括广场、会堂等公共场所。公共空间具有以下特性。第一，公共性。它对公众敞开，便于公共参与，没有任何附加条件、任何人都可以自发自愿进入的空间。第二，平等性。在这里人与人之间保持着平等的关系，享受无差别化的对待。被展示的个人信息，是可以被公开并分享的信息。第三，文化性。它专用于文化活动，或便于文化活动的使用，而不是商业性的，或商业性过强的活动场所。第四，组织性。通过相应制度设计保证这些场所能经常性地开展文化活动，而不至于经常性地处于空置状态。

---

① 陈家琪：《公共空间与公共意识中的公德问题》，《传承》2012 年第 3 期，第 88—90 页。
② 陈家琪：《公共空间与公共意识中的公德问题》，《传承》2012 年第 3 期，第 88—90 页。
③ 石义彬：《批判视野下的西方传播思想》，北京：商务印书馆 2014 年版，第 58 页。

由此可以看出，公共空间实质上就是公共文化空间，它是人类的生计舞台、公共记忆、地方秩序和精神家园，是民众日常生活世界的常态化社会样态。

2. 非物质文化遗产文化空间

任何一种文化，都有其产生、存活与发展的文化空间。非物质文化遗产是各族人民世代相传并视为其文化遗产组成部分的各种传统文化表现形式，以及与传统文化表现形式相关的实物和场所。非物质文化遗产文化空间是一种特殊的文化空间。

从国际层面看，非物质文化遗产的文化空间有着一脉相承的学理基础。联合国教科文组织 1998 年发布的《人类口头和非物质遗产代表作申报书编写指南》指出：

> 宣布人类口头和非物质遗产代表作针对的是非物质文化遗产的两种表现形式：一种表现于有规可循的文化表现形式，如音乐或戏剧表演，传统习俗或各类节庆仪式；另一种表现于一种文化空间，这种空间可确定为民间和传统文化活动的集中地域，但也可确定为具有周期性或事件性的特定时间；这种具有时间和实体的空间之所以能存在，是因为它是文化表现活动的传统表现场所。①

联合国教科文组织发布的《保护非物质文化遗产公约（2003）》指出，"非物质文化遗产"，指被各社区、群体，有时是个人，视为其文化遗产组成部分的各种社会实践、观念表述、表现形式、知识、技能以及相关的工具、实物、手工艺品和文化场所②。据此可见，国际上通用的"文化空间"概念是指建立在"时间/空间"双重维度上的，用以呈现"民间/传统"文化活动（或事件）的一类实体性场所。

从我国层面看，国务院于 2005 年出台的《国家级非物质文化遗产代

---

① 联合国教科文组织：《人类口头和非物质遗产代表作申报书编写指南》（1998 年），转引自黄龙光：《试论少数民族传统歌场的文化空间性》，《民族音乐》2010 年第 6 期，第 18 页。

② 联合国教科文组织：《保护非物质文化遗产公约（2003）》，2020 年 3 月 2 日，http：//www. ihchina. cn/zhengce_ details/11668。

表作申报评定暂行办法》指出，文化空间是定期举行传统文化活动或集中展现传统文化表现形式的场所，兼具空间性和时间性①。2011 年颁布的《中华人民共和国非物质文化遗产法》指出，非物质文化遗产，是指各族人民世代相传并视为其文化遗产组成部分的各种传统文化表现形式，以及与传统文化表现形式相关的实物和场所。违反本法规定，破坏属于非物质文化遗产组成部分的实物和场所的，依法承担民事责任；构成违反治安管理行为的，依法给予治安管理处罚②。据此，乌丙安认为："凡是按照民间约定俗成的古老习惯确定的时间和固定的场所举行传统的大型综合性的民族、民间文化活动，就是非物质文化遗产的文化空间形式。"③ 由此可以看出，我国政学两界对非物质文化遗产"文化空间"的理解，从未脱离国际话语而单独存在，其核心指向并未发生变化，只是在概念用语上与国际社会稍有差异。非物质文化遗产文化空间有区别于其他公共领域的独特性——传统性、地方性、结构层次等，这其中蕴含了再造过程可以依循的现实依据和基本内容。非物质文化遗产文化空间特指社区内的居民可以自由进入并按照民间约定俗成的传统习惯、开展各种非物质文化遗产文化活动的公共场所，是依托于独特的器物、技艺和传承人群及社区在特定的时间、空间中通过特殊的文化事件和实践对非物质文化遗产进行传承，其间包括特殊的文化生活和生产、实物制造、技艺传承，更少不了人的精神创造，是一种特殊的"有人有物有生活"的文化空间。

三、非物质文化遗产文化空间保护实践

1. 联合国教科文组织人类非物质文化遗产文化空间的保护

自 2001 年开始，联合国教科文组织多次公布"联合国教科文组织人

---

① 《国务院办公厅关于加强我国非物质文化遗产保护工作的意见》附件 1，《国家级非物质文化遗产代表作申报评定暂行办法》（国办发〔2005〕18 号），2005 年 3 月 26 日。

② 《中华人民共和国非物质文化遗产法》（中华人民共和国主席令第四十二号），2020 年 3 月 1 日，http：//www. ihchina. cn/zhengce_ details/11569。

③ 乌丙安：《民俗文化空间：中国非物质文化遗产保护的重中之重》，《民间文化论坛》2007 年第 1 期，第 100 页。

类非物质文化遗产代表作名录”，文化空间在其中被作为一个专有名词来指称人类口头和非物质文化遗产代表作的形态与样式以来，有俄罗斯联邦的塞梅斯基的文化空间与口头文化等13项进入联合国教科文组织公布的人类非物质文化遗产代表作名录的“代表性文化空间”名录（具体情况见表1）。

表1 “代表性文化空间”名录

序号	项目名称	列入年度	类型	申报方式	申报国家
1	塞梅斯基的文化空间与口头文化	2008	人类非物质文化遗产代表作名录	单独申报	俄罗斯联邦
2	博逊地区的文化空间	2008	人类非物质文化遗产代表作名录	单独申报	乌兹别克斯坦共和国
3	埃尔弗纳广场的文化空间	2008	人类非物质文化遗产代表作名录	单独申报	摩洛哥王国
4	帕兰克-德-圣巴西里奥的文化空间	2008	人类非物质文化遗产代表作名录	单独申报	哥伦比亚共和国
5	巴拉文化空间	2008	人类非物质文化遗产代表作名录	单独申报	几内亚共和国
6	佩特拉和维地拉姆的贝都人文化空间	2008	人类非物质文化遗产代表作名录	单独申报	约旦哈希姆王国
7	梅拉镇孔果圣灵兄弟会文化空间	2008	人类非物质文化遗产代表作名录	单独申报	多米尼加共和国
8	亚饶-戴高文化空间	2008	人类非物质文化遗产代表作名录	单独申报	马里共和国
9	塔格巴纳的横吹喇叭音乐及文化空间	2008	人类非物质文化遗产代表作名录	单独申报	科特迪瓦共和国
10	基努文化空间	2008	人类非物质文化遗产代表作名录	单独申报	爱沙尼亚共和国

续表1

序号	项目名称	列入年度	类　型	申报方式	申报国家
11	铜锣文化空间	2008	人类非物质文化遗产代表作名录	单独申报	越南社会主义共和国
12	冈东贝及其社会文化空间：一种社会活动	2009	人类非物质文化遗产代表作名录	单独申报	乌拉圭东岸共和国
13	马吉里斯，文化和社会空间	2015	人类非物质文化遗产代表作名录	联合申报	阿拉伯联合酋长国，阿曼苏丹国，卡塔尔国，沙特阿拉伯王国

资料来源：中国非物质文化遗产网·中国非物质文化遗产数字博物馆，http://www.ihchina.cn/minglu_search/sel_way/0/sel_year/0/sel_country/%E7%94%B3%E6%8A%A5%E5%9B%BD%E5%AE%B6/keyword/%E6%96%87%E5%8C%96%E7%A9%BA%E9%97%B4/sel_type/0#target。

2. 中国非物质文化遗产文化空间的保护

值得注意的是，在中国非物质文化遗产“文化空间”保护实践中，“文化空间”并没有被纳入“非物质文化遗产代表作名录”进行保护评审，而是另外采取建立文化生态保护区保护的方式进行申报、评审和保护。2011年文化部发布的《关于加强国家级文化生态保护区建设的指导意见（文非遗发〔2010〕7号）》指出：

> 国家级文化生态保护区是指以保护非物质文化遗产为核心，对历史文化积淀丰厚、存续状态良好，具有重要价值和鲜明特色的文化形态进行整体性保护，并经文化部批准设立的特定区域。……设立国家级文化生态保护区，以非物质文化遗产为核心加强文化生态保护，对于推动非物质文化遗产的整体性保护和传承发展，维护文

化生态系统的平衡和完整；对于提高文化自觉，建设中华民族共有精神家园，增进民族团结，增强民族自信心和凝聚力；对于促进经济社会全面协调和可持续发展，具有重要的意义。[①]

2011年6月1日起实施的《中华人民共和国非物质文化遗产法》规定，对非物质文化遗产代表性项目集中、特色鲜明、形式和内涵保持完整的特定区域，当地文化主管部门可以制订专项保护规划，报经本级人民政府批准后，实行区域性整体保护[②]。2018年12月10日文化和旅游部部务会议审议通过，自2019年3月1日起施行的《国家级文化生态保护区管理办法》指出，国家级文化生态保护区建设应坚持保护优先、整体保护、见人见物见生活的理念，既保护非物质文化遗产，也保护孕育发展非物质文化遗产的人文环境和自然环境，实现遗产丰富、氛围浓厚、特色鲜明、民众受益的目标。国家级文化生态保护区依托相关行政区域设立，区域范围为县、地市或若干县域。具备下列条件的，可以申报国家级文化生态保护区：（1）传统文化历史积淀丰厚，具有鲜明地域或民族特色，文化生态保持良好；（2）非物质文化遗产资源丰富，是当地生产生活的重要组成部分；（3）非物质文化遗产传承有序，传承实践富有活力、氛围浓厚，当地民众广泛参与，认同感强；（4）与非物质文化遗产密切相关的实物、场所保存利用良好，其周边的自然生态环境能为非物质文化遗产提供良性的发展空间；（5）所在地人民政府重视文化生态保护，对非物质文化遗产项目集中、自然生态环境基本良好、传统文化生态保持较为完整的乡镇、村落、街区等重点区域以及开展非物质文化遗产传承所依存的重要场所开列清单，并已经制定实施保护办法和措施；（6）有文化生态保护区建设管理机构和工作人员；（7）在省（区、市）

① 中华人民共和国文化部：《文化部关于加强国家级文化生态保护区建设的指导意见》（文非遗发〔2010〕7号），2020年3月1日，http://www.ihchina.cn/Article/Index/detail?id=11580。

② 《中华人民共和国非物质文化遗产法》（中华人民共和国主席令第四十二号），2020年3月1日，http://www.ihchina.cn/zhengce_details/11569。

内已实行文化生态区域性整体保护两年以上，成效明显[①]。设立国家级文化生态保护区，以非物质文化遗产为核心加强文化生态保护，对于推动非物质文化遗产的整体性保护和传承发展，维护文化生态系统的平衡和完整；对于提高文化自觉，建设中华民族共有精神家园，增进民族团结，增强民族自信心和凝聚力；对于促进经济社会全面协调和可持续发展，具有重要的意义[②]。设立国家级文化生态保护区，是我国非物质文化遗产保护进程中保护理念和方式的重要探索与实践，也是中国在非物质文化遗产保护领域的一大创举。2007 年，文化部设立了我国首个国家级文化生态保护实验区——闽南文化生态保护实验区。截至 2018 年 12 月，我国共设立国家级文化生态保护实验区 21 个，涉及省份 17 个[③]。

这里的"文化生态保护区"保护范围是以"行政区域设立，区域范围为县、地市或若干县域"，申报的重点条件是传统文化历史积淀丰厚，具有鲜明地域或民族特色，文化生态保持良好，非物质文化遗产资源丰富，是当地生产生活的重要组成部分，非物质文化遗产传承有序，传承实践富有活力、氛围浓厚，当地民众广泛参与，认同感强[④]。这些重点条件与联合国教科文组织"人类非物质文化遗产代表作名录""文化空间"保护条件相比，既有相同之处，也有不同之处。相同的是保护对象都是以非物质文化遗产为主体，保护范围是"文化空间（场所）"；不同的是中国"文化生态保护区"保护特别强调文化生态，重点是对那些非物质文化遗产类型、数量异常丰富，地域特色和民族特色鲜明，文化生态良好地区的保护，而联合国教科文组织"人类非物质文化遗产代表

① 中华人民共和国文化和旅游部：《国家级文化生态保护区管理办法》（中华人民共和国文化和旅游部令第 1 号），2020 年 3 月 1 日，http：//www. ihchina. cn/zhengce_ details/16006；另载《中国文化报》2018 年 12 月 25 日。

② 中华人民共和国文化和旅游部：《国家级文化生态保护区管理办法》（中华人民共和国文化和旅游部令第 1 号），2020 年 3 月 1 日，http：//www. ihchina. cn/zhengce_ details/16006；另载《中国文化报》2018 年 12 月 25 日。

③ 中华人民共和国文化部：《国家级文化生态保护区》，2020 年 3 月 1 日，http：//www. ihchina. cn/shiyanshi#target1。

④ 中华人民共和国文化和旅游部：《国家级文化生态保护区管理办法》（中华人民共和国文化和旅游部令第 1 号），2020 年 3 月 1 日，http：//www. ihchina. cn/zhengce_ details/16006；另载《中国文化报》2018 年 12 月 25 日。

作名录”所列项目主要是对濒临危机“文化空间”的重点保护。

第二节 非物质文化遗产文化空间的基本特性

空间是一种独立于人而客观存在的物质形态，是一切物质存在的前提和必要条件，是人类一切活动的载体。人的存在赋予了自然空间存在的社会意义和价值，从而使之形成文化空间。文化空间具有自然与社会的双重属性。就其自然属性而言，是一个物理空间或场所，其表现形式，从大处来说，可以是一个国家、一个民族、一个行政区域、一个自然村落；从小处来看，可以是一个家庭空间、一个活动场所、一个项目场景，比如文化广场、议事中心、宗教场所、家庭祭祀堂等空间。就其社会属性来说，它们是以人与人的经验、社会关系、社会活动等为基础的使相关活动得以进行的物理场所，文化内容的注入是其作为文化空间存在和发展的核心，比如文化广场中的文化活动、议事中心中的事务内容、宗教场所中的宗教活动、家庭祭祀堂中的祭祀活动等文化内容。文化内容使人类行动不再仅仅是自然事实，而且也是社会事实；不再仅仅是被自然决定的，而且也是由个人和社会建构的。文化空间就是自然空间加文化的空间。非物质文化遗产文化空间同样体现了自然时空与人文社会的双重属性，就自然时空属性而言，包括建立在自然地理空间基础上的具有社会意义的地域性和民族性，建立在自然时间基础上的具有文化意义的日常性与周期性；就人文社会属性而言，包括由文化意义和价值构成的制度性与精神性，由文化内容和形式形成的综合性与活态性等特性。

一、自然特性：地域性与民族性

1. 独特的地域性

文化空间的自然属性主要是指文化生存的自然地理位置、空间条件及其生态环境。人是环境的动物，为适应各种不同的自然环境，人们在不同的文化空间创造了许多与之相适应的文化。一方面，受到一定地域自然环境、生产生活条件的制约，一定文化空间的文化体现出独特的地方色彩；另一方面，生活在不同自然环境中的民族，在进行文化创造与积累的过程中，创造了属于自己的文化空间，体现了鲜明的民族特征，从而形成了不同地域民族文化多样性与互补性并存格局。

自然环境是影响文化产生、发展的第一重要变量，离开了人类生存、繁衍的自然生态环境，一切文化创造活动将不会有客观存在的基础。不同的自然环境形成不同的生产方式，不同的生产方式造就不同的地域文化。身处高山和高原的居民，与身居平原和湖区、沿海的居民，由于自然环境不一样形成了山地文化、高原文化、森林文化、稻作文化、草原文化、海洋文化等；由于地域不同，又形成了中原文化、黄土高原文化、东北文化、西北文化等①。

地域性是非物质文化遗产文化空间所呈现的最基本特征，在这里地域可以是一个自然村、一个乡乃至一个县，一个地区……但无论地域大小，它们都是一个独立的文化空间单元，在其中形成独特的地方文化。自然环境是决定非物质文化遗产地域性特征的重要因素。以民俗为例，民俗即民间风俗，指一个国家、一个民族或一个区域中广大民众所创造、享用和传承的生活文化，也是最能体现地方性特色的非物质文化遗产。比如，春节北方吃饺子，南方包汤圆；大理白族有本主，福建地区有家祠；藏族敬老要敬献哈达，壮族敬老要献米等，都是文化空间地域性的最好显现。即便是同一类非物质文化遗产项目，但由于地理环境不同，其活动形式也存在许多差异。比如同样是端午节划龙舟，在水资源比较充沛的湖北和湖南一带，一般是水上“赛龙舟”，而在重庆市和江西有些缺水地区则举行“旱龙舟”。即便是在同一地区，由于自然条件的变化也会发生变化，如湖北鄂州泽林镇以前依水而居，随着地理环境的变迁，渐渐远离水域，也就没有了水上赛龙舟的条件。于是，泽林人因地制宜，因时而变，采用了扎制旱龙舟巡游的方式取代了水舟纪念屈原的传统。2014 年“泽林旱龙舟”被列入第四批国家级非物质文化遗产代表

① 朱运海：《汉江流域非物质文化遗产保护性旅游开发研究》，武汉：华中科技大学出版社 2017 年版，第 5 页。

性项目名录①。总之，由于自然环境条件造成的地域空间的不同，形成了非物质文化遗产文化内容和形式的种种差异，这既构成了非物质文化遗产文化空间的多样性，又构成了中华民族丰富多彩的地域文化世界。

2. 鲜明的民族性

民族是指经长期历史发展而形成的稳定共同体，一群基于历史、文化、语言与其他人群有所区别的群体。各民族一般都会有其固定的自然生活地域，在不同“地方情结”的影响下形成了各民族极具差异化和极富魅力的民族文化空间。由于民族区域生活环境不同、社会和经济生活不同、文化积累和传播不同等等，从而形成了各民族所特有的共同记忆，这种集体记忆特征成为凝聚这一集体的纽带，这一集体性的表现形态之一就是民族性。

中国是一个有着56个民族的国家，受不同民族传统的影响，形成了不同的民族非物质文化遗产文化空间，并体现出鲜明的“民族性”特点。首先，不同民族社会群体性的生活和生产需要，形成了不同民族的文化空间特征。如西南“壮族住田边，侗族住水边，苗族住山尖”这首民谣就反映了不同民族居住空间的民族特征。其次，由于不同民族文化传统不同，在相同非物质文化遗产项目上有着不同的内涵和形式。比如圣诞节是西方的传统节日，西方12月24日的圣诞夜和25日的圣诞日，主要以家庭活动为主，即使在户外活动，大多也是非公共性的活动，商家几乎都早早歇业，整个城市安逸静谧。西方一直保持着这种传统的风俗习惯②。圣诞节传入中国后，中国人将它改造成为一个公共性的节日，各大城市商家抓住圣诞节时机积极促销，使之成为一个购物狂欢节。

由此可见，非物质文化遗产文化空间是不同地域和民族主体在不同地方自然环境与社会环境背景下的文化建构，因此，它具有千差万别的地方性和民族特征，成为各民族灵魂安放之处和地方文化栖息之所。

---

① 《端午将至，手工制作“旱龙舟”》，2020年3月1日，http：//mini. eastday. com/a/170529153321026. html。

② 刘恩芳：《习俗文化与公共空间——英国卡迪夫城市公共生活空间与节日习俗场景的分析》，《建筑学报》2009年第S1期，第89—92页。

二、时间特性：日常性与周期性

非物质文化遗产的时间特性包括非物质文化遗产在历史发展过程中在时间上的纵向延续性，具体文化事象内在的时间秩序性，以及普通日常生活事项在一定时空中被赋予文化内涵之后的价值增值性。因此，从时间性角度审视非物质文化遗产文化空间，它具有日常生活的节奏性和周而复始的循环性特征。

1. 日常生活的节奏性

非物质文化遗产的文化空间是非物质文化遗产发生和发展的重要场所，是民众具体直观的、初始的、生活性文化的载体。不同历史时期民众的全部生活是非物质文化遗产文化空间形成、维系和发展的现实基础、重要主体和关键因素，它既是民众日常实践的领域，也是蕴含着普通人共同的本源性文化意义和价值的领域。任何文化、任何社会都必须为生活创造出某种节奏感，而通过赋予时间以不同价值或重要性，也就可以容易地产生出类似于“平常”时间和“非常”时间相互交替那样的节奏①。非物质文化遗产为普通的日常生活时空在不同时间段赋予了不同文化价值，使其价值高于其他时间段。比如，日常生活中所知的各种禁忌常常与特殊的时间或特殊的空间相联系。如民俗禁忌中的“破五”习俗，农历正月初五，俗称“破五”。这一天，许多地方时兴一种叫作“赶五穷”的风俗。人们黎明即燃放鞭炮，打扫卫生。鞭炮从每间房屋里往外头放，边放边往门外走。说是将一切不吉利的东西、一切妖魔鬼怪都轰出去，让它们离我们远远的，越远越好。由于腊月三十到正月初五以前，一般是不允许搞卫生的，只扫扫地，但只能在屋里扫，垃圾只能先放在屋里的拐角处，如果动了就将好运气弄掉了。可到“破五”这一天，却非彻底地搞一回大扫除不可了。这就是民俗禁忌与时间节点的紧密联系。尽管禁忌的设置还离不开其他一些原因，但从深层次看，禁忌与时空有着一定的关系，适者生存，为了这个道理，人类在走向文明

---

① 周星：《关于“时间”的民俗与文化》，《西北民族研究》2005 年第 2 期，第 124 页。

的进程中给自己设置了重重藩篱，约束偶尔可能迈错的步子，并将其理所当然地世世代代延续下去——这就是我们今天知其然不知其所以然的禁忌①。

2. 周而复始的循环性

“文化空间（场所）”是一个地点、场所或空间，但不是静态的，是有时间因素、有周期文化活动反复演示的时空，是有人类活动、有文化表演、有文化行为的地点。

比如岁时性的民间节日、神圣性的宗教仪式和民间庙会、季节性的情爱交流场所、娱乐性的歌会舞节以及盛大的祭祖祭祀场所，都是以在一个固定时间内反复表现的活动为特征②。以节日文化为例，节日文化一般都有周期性。一年四季交替，确实是自然节律，但它被文化化之后成为不断循环的岁时节庆，却又是文化节律了，同时这种文化节律，大大提高了普通时间的意义和价值。例如，中国人过春节，每年三十除夕和正月初一，这段时间在中国人（主要是汉族人）心目中，游子归家“团聚”，团圆的意蕴赋予了这个时间点很高的文化价值。再比如，汉族的每年正月十五元宵节庆典，有各种花会、歌舞、灯彩、灯谜等等；每年端午节有赛龙舟、吃粽子、插艾蒿等等。这些民俗时间节点上的文化内容，使节日具有非同寻常的意义和价值，它连接着生与死、天与地、神圣与世俗……时间节点之内，是自己所处的熟悉的环境，临界点之外却是一个陌生的不可捉摸的领域③。

值得注意的是，不同非物质文化遗产文化空间的时间性是不一样的，有些可能具有常年性，比如黄帝陵就是一年四季祭拜黄帝的空间，显然具有明显的长时段特点，但其中的黄帝祭祀大典只是一年一次，具有明显的短时段特征；而有些特定文化场所只有在举办文化活动时才是特定的文化空间，活动一结束，便不再是文化空间，如一年一度的马街书会的活动地址。这类文化空间在时间的延展性上，显然具有明显的短时段

① 何华湘：《民俗时空观研究》，温州大学硕士学位论文，2007 年。

② 宋超：《西安鼓乐文化空间保护》，《音乐天地》2011 年第 3 期，第 47 页。

③ 何华湘：《民俗时空观研究》，温州大学硕士学位论文 2007 年。

特征。仅从时间角度来说，这里的文化空间在时间的延展性上，无论是其中的哪一种，它们的循环性和神圣性在时间延展的过程中或多或少地体现出来[①]。

三、社会特性：制度性与精神性

人作为一个活生生的个体，在这个世上存在，一方面，作为社会的存在物有想要满足自己本能欲望的渴求；另一方面，人的本性又是道德的存在物，于是在许多方面，如社会的、制度的、习俗的力量就会生出多方面的规矩来制约人的本能欲望，力求在个人、家庭、社会和国家之间取得协调。非物质文化遗产文化空间是既能满足人的娱悦身心欲望又能制约人的越规行为，具有制度性与精神性的空间。

1. 深层的制度性

按照制度学派的观点，人们日常生活中占有重要地位的规则多数是在社会中通过一种渐进式反馈和调整的演化过程而发展起来的，并且多数制度的特有内容都渐进地循着一条稳定的路径演变[②]。非物质文化遗产文化空间的深层结构表现在民间中既有现代社会的理性规制，也有传统风习的自然积淀。其一，非物质文化遗产文化空间具有制度化组织形态。如农村公共空间组织的传统性，诸如民间自愿组织和志趣群体是这些“社”（地方神信仰组织春社和秋社，地方文人的诗社、书社、琴社）、“会”（庙会、香会、青苗会、水利会、同乡会、兄弟会、老人会）、“族”（家族、宗族、民族）的展开或延伸。更多的农村公共空间组织结构的地方性表现在血缘关系、亲属关系，这仍是社会关系网络的基础，因而农村公共空间是典型的熟人社会——互识、直接交往、情感交流、信息透明。其二，非物质文化遗产文化空间具有制度化活动形式。不同非物质文化遗产文化空间制度造就出各自的地方色彩，每一个地方

① 苑利、顾军：《文化空间类遗产的普查申报以及开发活用》，《原生态民族文化学刊》2009年第4期，第64页。

② 杨敏：《“活着的过去”和“未来的过去”——民俗制度变迁与新农村建设的社会学视野》，《学习与实践》2007年第11期，第11—22页。

的“民间”都具有自己的特殊色泽、样态和形式，如节日、庆典、仪式、禁忌、戒律等，公共物品的不同，如家庙、宗庙、村庙及家族公共产业、建筑、文物、家谱、族谱、地方志、吃户、钱会等，民间艺术的不同，如地方戏、绘画、书法、雕塑、剪纸、剪花等①。其三，非物质文化遗产文化空间具有制度化文化传统。在农村公共空间的再造中，传统与现代、自发伦理原则与人为理性规制、非物质文化遗产制度与市场制度的对接，贯穿在方方面面。如民间信仰中，鬼神崇拜、祖先崇拜、自然崇拜、图腾崇拜等神灵崇拜观，以及民众自发的行为习惯和仪式活动等，都充分体现了不同非物质文化遗产的文化传统。

2. 内在的精神性

人从诞生之日起，就生活在两个空间，一个是客观存在的物理空间，这是我们赖以生存的基础，这是一个可以感知与触摸的空间；一个是主观创造的精神空间，这是我们体现生存价值与意义的场所，这是一个虽然不可触摸但却可以感知的精神世界。非物质文化遗产除了物理空间之外，还有一个超越人类时空的精神空间。人们在物质世界不能满足的东西，通过展开想象在精神世界中追寻，沉浸在精神的享受之中，给予情感慰藉。对未知世界的敬畏是无论哪个时代的人都无法排除的情感体验，这种情感集中体现在时间节点在人们头脑中引起的种种神秘联想上②。弗雷泽说，这两种思维的基本规律就是空间或时间中的“相似联想”和“接触联想”③。比如，中国民间求雨习俗有些就是试图通过娱神（雨神）方式让掌管雨的天神降雨，即通过一种特殊的信息系统方式沟通人的时空和神的时空，从而达到改变另一个时空的目的。阿尔多·罗西致力于思索建筑与人类集体记忆之间的联系，在他的研究中，“城市是集体记忆的场所，城市首先是思维的记忆之城，其次才是三维的物质之城，一

① 杨敏：《“活着的过去”和“未来的过去”——民俗制度变迁与新农村建设的社会学视野》，《学习与实践》2007年第11期，第11—22页。

② 何华湘：《民俗时空观研究》，温州大学硕士学位论文，2007年。

③ ［英］詹·乔·弗雷泽：《金枝》，徐育新等译，北京：中国民间文艺出版社1987年版，第76页。

座城市正是由这样的记忆密码而与过去的时空和血脉相连”①。包括非物质文化遗产在内的各种文化要素在情感空间形态中的表现也正是这诸多的集体记忆的一种形式，成为城市内在凝聚力的重要的一部分，这种表象背后蕴含了这一群体的集体意识的部分。

四、文化特性：综合性与活态性

文化空间作为文化的载体，既是固定的又是变动的。在传统封闭的社会中，大多数人长期生活在一个相对固定的区域，经过一代又一代人的文化创造与传承，从而形成了相对固定的适应不同文化形式的各种文化空间；在现代开放的社会中，大多数人处于流动状态，从一个区域到达另一个区域，他们既传播自己携带的本土文化，又在新的环境中接受新的文化，从而在新的文化空间中建构和适应新的文化。因此，非物质文化遗产文化空间呈现出场域的固定性、内容的综合性和传承的活态性相结合的特点。

1. 场域的固定性

在传统社会环境中，乡村里的农民生活在村落，都市里的居民生活在社区，民众生活流动性不大，人们一般被限制在一个相对固定的群体或者某个区域，生活空间总的说来，没有大的变化。非物质文化遗产文化空间就是在这样一个特定的自然环境和人文生态中长期形成的相对固定的文化活动场所，如中国乡村聚落中的庙会、祠堂和广场等就是固定性民间文化场所。黄帝陵就是一个典型的固定民俗文化空间，许多与黄帝祭祀有关的活动都在这里举行；汉族的龙王庙也是一个典型的固定民俗文化空间，许多有关祀龙祈雨的仪式活动多在这里举行；侗族大歌唱歌的场所——鼓楼也是一个固定的民俗文化空间。对于划龙舟习俗而言，特定的地段、特定的时间内的江河也是一个特定的文化空间。进入这样一个特定的文化空间的人有着特别的文化要求和选择性。比如祈雨时，龙王庙不但女人不能进入，就是属虎的男人也同样不能进入。特定的文

① 刘恩芳：《习俗文化与公共空间——英国卡迪夫城市公共生活空间与节日习俗场景的分析》，《建筑学报》年第S1期，第89—92页。

化空间一般都会有特定标志性符号，如黄帝陵前的下马石、龙王庙的大门、村落的寨门以及拦门用的禁绳等，其目的是强调文化空间的神圣性和严肃性①。

2. 内容的综合性

文化空间是一个包含着一个社区的环境、经济、文化的社会生活整体。非物质文化遗产文化空间往往呈现的是口头文化、民俗文化、宗教文化等综合文化事象，这些文化既与自然时序、地理环境相关，也与民族民间信仰、民众日常生活紧密联系，其中往往包含了多样化的民族民间文化类型，如民间技艺、民间美术、民间音乐、民间曲艺与戏剧、杂耍与竞技往往较为集中地在这一文化空间中进行展示。非物质文化遗产文化空间显示了民间文化的综合特性，口头文学、音乐、舞蹈、祭祀、信仰、礼仪、风俗、游艺、工艺、建筑等，几乎是完全有机地联结在一起，很难分化或单独地割裂开来。比如我国侗族的鼓楼及其广场，就是集侗族大歌、祭祀、舞蹈、节庆活动于一体的“文化空间”；土家族的摆手堂，是每年或几年一次大型祭祖的场所，届时有祭仪、祭歌、摆手舞、戏剧表演等。文化空间是口头和非物质遗产最集中、最综合、最典型、最生动的展示，这也是非物质文化遗产文化空间的魅力和意义所在。

3. 传承的活态性

人类在文化传递的过程中，一方面，上一代把经验、知识、技术、思想、理论、方法等传递给下一代；另一方面，下一代又通过自己的实践，不断补充、发展、丰富原有的经验、知识、技术、思想、理论和方法等，进行新特质文化的创造和积累。非物质文化遗产同样是不同时代的传承人在自己独特的文化空间中对非物质文化进行传承、创新、融合、发展的结果。比如许多传统民间文化活动，历经长时间的代代传承和发展，在现代仍在发挥重要作用。现代社会经济的发展以及文化的传播交流，不断打破传统文化区域封闭性体系，而正在形成和造就与传统文化

---

① 苑利、顾军：《文化空间类遗产的普查申报以及开发活用》，《原生态民族文化学刊》2009年第4期，第64页。

区域性质和面貌完全不同的新的文化区域。随着生产方式的改变，传统的生活方式正在让位于新的生活方式，随之而来的则必然是人们的风俗、习惯、情趣等文化心理的深刻变化。因此，非物质文化遗产是流动的、向前的，其不断创新发展的活态性正是其强烈生命力的保障。

乌丙安先生曾指出："中国人正经历着一场新的文化认同与文化整合，并以此来适应快速发展的崭新生存环境。……一方面从物质上和精神上撷取现代西方文化中形形色色的生活方式；另一方面又选择种种方法和手段保留或恢复多彩多姿的传统风俗习惯。他们既接受了外来西方文化的许多影响，又不愿放弃固有的传统民俗文化生活。他们力求做到新旧文化的配合相容和嫁接组合，无须进行文化心理的再造重建，使文化心理与世界观的整合不必发生激烈的你死我活的大转变。这大约就是当代我国经济文化转型期中民俗文化生活的基本情态。"[①] 现代社会，社会转型、经济发展、交通发达，拓展了人们的生活空间，让人们能迅速地在不同空间流动，更多的民众从封闭的社会中挣脱出来，走向更广阔的世界，人口的流动性带来了文化的交融，增加了文化交往的宽度和广度，使得新的历史时期的文化变得异常复杂，文化的属性也变得极为多样，从而也使非物质文化遗产的文化空间得到大大拓展。

第三节 非物质文化遗产保护视域下的城市社区博物馆研究[*]

当前，我国正处于告别传统农耕社会、进入工业化时代的转型时期，城市化成为不可逆转的潮流，城市建设的速度和规模前所未有。在如火如荼的城市改造与扩张中，"无地方性"的公共场所和城市空间大量出现，城市面貌逐渐趋同，瓦解着传统地域文化，改变着城市的生活环境、生活方式和市民心态。同时，大量古建筑被拆毁，历史遗迹被占压，历

① 乌丙安：《论当代中国民俗文化的剧变》，《民俗研究》1996 年第 2 期，第 3 页。

* 本节原题：《非物质文化遗产保护视域下的城市社区博物馆研究》（与孙佳合作），原载《文化遗产》2017 年第 4 期。本书略有修改。

史城区、街区等城市非物质文化遗产赖以生存的文化空间被破坏。加之现有的非物质文化遗产保护体制和机制在面临城市化所引发的问题时显得应对能力不足，导致大量城市非物质文化遗产濒临消亡。社区文化是城市文化的缩影，与城市文化一脉相连。在城市中历史文化资源富集之地，以社区博物馆的形式对城市非物质文化遗产进行整体性、活态性的保护，对于延续城市文脉、提高城市文化品位、促进城市和谐发展极有裨益。

一、社区博物馆理论与实践的渊薮及发展

（一）西方国家对社区博物馆的理论及实践探索

社区一词源于英文"community"，有社会、团体、公众、共同体等多种词义，20 世纪 30 年代被引入中国社会学界。综合中西方学者对社区的定义，社区不仅是行政区域，更是一个聚集其中的人们的生活共同体，居民们共同分享着特定的自然环境和不曾断裂的文化传统，以共同的语言、风俗、文化为联系纽带，并由此产生归属感和认同感[①]。

社区博物馆的实践探索开始于 20 世纪 60 年代的西方。经历了三次工业革命的西方在享受着生产力高度发达所带来的优势的同时，也面临着工业文明带来的一系列生态和社会危机。人们对标准化、机械化、商品化、城市化、一体化的所谓"现代主义"带来的负面影响进行不断的反思，掀起了后现代主义思潮。后现代主义以反传统为特征[②]，矛头直指现代工业文明和西方传统价值观念。在这一思潮的影响下，人们更加关注对生态环境、弱势群体、多元文化的保护，催生了环境保护运动、妇女运动、反战运动等一系列社会运动。同时，人们也对作为重要城市文化空间的博物馆产生了更多的期待，包括对社会的责任感、对社会问题的敏感度以及更广泛的开放性。在这一背景下，对传统文化或弱势文化进行原地的、整体性保护的社区博物馆应运而生。1967 年，美国史密森学会在华盛顿特区的安娜考斯提亚黑人聚居区建立起第一座以社区冠

---

① 黄春雨：《社区博物馆理论与实践的思考》，《中国博物馆》2011 年第 Z1 期，第 39—45 页。
② 王岳川：《后现代主义文化研究》，北京：北京大学出版社 1992 年版，第 151 页。

名的博物馆，社区居民作为主要参与者策划了一系列紧扣当代社会问题及社区实际问题的展览，在美国社会引发了巨大反响，引发了整个社会对弱势群体和亚文化的关注。这一现象在博物馆学界也引发了热烈的讨论，并被认为是新博物馆学运动的肇始。

1971 年，法国博物馆学者乔治·亨利·里维埃（George Henri Riviere）和雨果·戴瓦兰（Hugues de Varine）提出“生态博物馆”的概念，提倡在有特殊历史意义或有独特文化生态的地区建立博物馆，以展示记录该地区历史并服务于社区。生态博物馆的概念一经提出，便在加拿大、澳大利亚、拉丁美洲、日本等地盛极一时，各国先后建立起一批生态博物馆。1972 年，联合国教科文组织与国际博物馆协会在智利举行了以“博物馆与当代社会”为主题的圆桌会议，学者们提出，博物馆应随社会的发展而不断变革，传统博物馆应适当社会化，服务于社会、社区发展，并提倡建立为社区居民服务的新型博物馆①。这种理念扭转了经验博物馆学的“非人性”倾向②，使得博物馆学的关注点从历史事实和“物”的收藏、陈列转向以人为中心，直面社会问题，关注当下人类的生存环境，直接服务于社区，为博物馆回归大众开辟了新的路径。这次会议也被认为是新博物馆学诞生的标志。

1984 年，加拿大魁北克省举办了以“生态博物馆和新博物馆学”为主题的国际研讨会，会议发表的《魁北克宣言》提倡扩大博物馆功能，协调人类与自然环境的关系，为社区居民和特定群体服务，并强调社区居民是博物馆的主人。这份宣言被学术界视为“新博物馆学运动”的纲领性文件，成为新博物馆学理论和实践走向成熟的标志。1989 年，英国新博物馆学代表学者彼得·弗格（Peter Vergo）出版《新博物馆学》一书，使得新博物馆学理论正式进入学术领域③。

---

① 甄朔南：《什么是新博物馆学》，《中国博物馆》2001 年第 1 期，第 25—28 页。

② 宋向光：《物与识：当代中国博物馆理论与实践辨析》，北京：科学出版社 2009 年版，第 69 页。

③ ［美］珍妮特·马斯汀：《新博物馆理论与实践导论》，钱春霞等译，南京：江苏美术出版社 2008 年版，第 7 页。

目前，学术界对社区博物馆尚无确切定义，对社区博物馆和生态博物馆之间的比较研究成果极少，因此在大部分语境下两者被认为是同一概念。从本质上来说，生态博物馆属于社区博物馆的范畴，二者同样以社区为单位，在强调文化遗产保护的整体性、原真性和活态性上颇有相通相同之处。但二者也存在些微差异：生态博物馆强调对馆区自然生态和人文社会生态的整体性保护，有两层内涵；社区博物馆则较少关注自然遗产，而更关注人文社会环境，致力于解决社区现实问题。概括来说，社区博物馆是一种将历史文化与空间结合起来，对社会主流文化和亚文化进行整体性保护的新型博物馆，其特征在于强调公众参与，突出文化的差异性、多元性，关注日常生活。不同于传统博物馆与参观者之间橱窗式的单向联系，社区博物馆更像是一面双向镜，参观者可以从中看到不同的文化，社区中的人则可以反观自我，从而实现双方的交互影响。在镜子理论的关照下，社区博物馆成了不同的群体、信息、观念等实现交流和对话的场所，这使得博物馆的外延与内涵得到了空前的拓展，成为一种活态的文化空间。

（二）我国对社区博物馆的实践探索

西方国家对新博物馆学进行的理论和实践探索对中国产生了巨大影响。早在20世纪80年代，中国博物馆学界就开始密切关注国际博物馆学界的新动态，意识到世界博物馆界正在发生巨大变化，并开始探寻使博物馆适应现代社会，为人类进步和社会发展服务的新途径①，生态博物馆、社区博物馆等新型博物馆的相关理论随之被介绍到中国。1995年，中国首座生态博物馆——梭嘎苗族生态博物馆于贵州省六枝特区梭嘎乡成立。之后，广西、云南等地在少数民族聚集区先后建立起一批批生态博物馆，在非物质文化遗产的整体性、社区化保护方面做出了有益的探索。而后，越来越多的学者开始致力于研究新型博物馆，从最初的理论介绍、翻译国外研究成果到独立研究、进行田野调查、总结反思等，

---

① 孙葆芬：《密切注意国际博物馆学界的新动态》，《中国博物馆》1986年第3期，第32—33页。

在理论与实践上取得了一些成果。

随着我国城市化进程的加快，城市文化遗产的整体性保护也日益受到重视。1999 年 6 月，国际建筑协会第 20 届世界建筑师大会通过的《北京宪章》强调，“文化是城市和建筑的灵魂”[①]，作为传统文化的活态延续的非物质文化遗产受到更多的关注，人们开始积极地探讨在城市中对物质文化遗产与非物质文化遗产进行整体保护的对策。2005 年 10 月，国际古迹遗址理事会第 15 届大会在西安召开，主题为“背景环境中的古迹遗址——不断变化的城乡景观中的文化遗产保护”，会议通过的《西安宣言》提出，文化遗产是历史信息的载体，离开了环境，就将成为孤零零的标本。人们逐渐认识到，环境是体现文化遗产完整性、真实性的一部分，必须加以整体性保护。

近年来，我国城市中的社区博物馆建设已经起步，2008 年，天津市和平区崇仁里社区建起的社区社会组织博物馆是国内首家以社区冠名的博物馆，展品多为民间工艺品，大多是社区居民亲自创作、自愿展览的。博物馆的日常管理由社区居委会组织，居民可自愿参加。此外北京市花市社区博物馆、南京石头城社区历史文化博物馆等也较早开始进行社区博物馆建设的探索。2011 年，全国生态（社区）博物馆研讨会召开，国家文物局宣布在全国开展生态（社区）博物馆示范点建设，将生态（社区）博物馆定义为一种通过对村落、街区的建筑格局、整体风貌、生产生活等传统文化和生态环境综合保护与展示，整体再现人类文明发展轨迹的新型博物馆，并将浙江省安吉生态博物馆、安徽省屯溪老街社区博物馆、福建省福州三坊七巷社区博物馆、广西龙胜龙脊壮族生态博物馆、贵州黎平堂安侗族生态博物馆列为首批生态（社区）博物馆示范点[②]。

目前，我国尚未对生态博物馆与社区博物馆进行官方的严格区分，在大部分情况下，二者被视为同一种新型博物馆。实际上，在筹建过程

---

① 单霁翔：《文化遗产保护与城市文化建设》，北京：中国建筑工业出版社 2009 年版，第 5 页。

② 国家文物局：《关于促进生态（社区）博物馆发展的通知》，2011 年 9 月 9 日，http://www.ncha.gov.cn/art/2011/9/9/art_2237_25055.html。

中，我国新型博物馆的建设基本形成了约定俗成的原则，即城市历史街区筹建的多为社区博物馆，村落地区筹建的则多为生态博物馆，详见表2。

表2　我国生态博物馆、社区博物馆比较

	生态博物馆	社区博物馆
典型代表	梭嘎苗族生态博物馆	福州三坊七巷社区博物馆
所处区域	少数民族村寨	城市中心区域
经济发展水平	落后	较发达
居民文化自觉度	较低	较高
保护对象	自然环境、人文环境	人文环境

二、社区博物馆在城市更新与非物质文化遗产保护中的功能

（一）保护城市非物质文化遗产，优化城市更新模式

在城市中，非物质文化遗产的存续空间多为历史社区或街区，这些社区和街区都有一定的生命周期，在历史上也是根据城市发展而不断更新改造的。随着城市化的推进，一旦它们的区位、功能无法适应城市发展，就不可避免地面临更新改造。在经历了20世纪90年代大规模推倒重建式的旧城拆建改造以后，我国大批古城的建筑特色、街巷肌理、传统风貌已荡然无存。直至今日，这种阵痛仍时有发生，不少历史文化名城已经没有较为完整的历史街区了。而在西方国家，文化政策导向下的城市更新已越来越普遍①，通过保护和利用历史文化遗存、建设历史文化名城来振兴古城已经成为世界各地城市更新的共同模式。在西方城市更新理念的影响下，同时在吸取了大拆大建导致历史文化遗产被严重破坏的教训之后，国人已经充分认识到城市更新不应该只是经济发展的策略，也远不只是危旧房的改造、基础设施的完善等对物质环境的改造，更应该是对城市历史文化的传承、对群体记忆和认同等无形文化遗产的

① 谢涤湘、朱雪梅：《社会冲突、利益博弈与历史街区更新改造——以广州市恩宁路为例》，《城市发展研究》2014年第3期，第86—92页。

保护，从而使得整个城市更富于生命力，真正实现和谐的、可持续的发展。社区博物馆正适应了这种以社会文化功能为导向的城市更新趋势，为城市更新中的非物质文化遗产提供了活态的生存空间。

传统博物馆常常把藏品从原生地抽离，切断了两者之间丰富的历史、文化联系，并以静态、分离、个别的方式来展示藏品。这种孤立的、线性的展示方式往往传递出历史感和消亡感，给公众造成一种只有已经退出历史舞台的东西才会在博物馆展出的刻板印象，从而使得公众从心理上与藏品产生疏离，对非物质文化遗产的传承极为不利。而社区博物馆则弥补了这一缺陷，它可以将非物质文化遗产原地保护起来，在原生的、活态的社会文化环境中实现对非物质文化遗产的保护与传承，强调非物质文化遗产的动态性、整体性、开放性和可持续性保护，这是社区博物馆区别于传统博物馆的独特理念。社区博物馆可以说是传统博物馆的世俗化，它旨在服务社区，致力于激发社区居民对社区文化的自豪感，重建社区居民的文化自信心，让民众更加了解和珍视“己文化”，从而提升人们保护非物质文化遗产的自觉性。从受众感知的角度来说，社区博物馆动态、细致地展现非遗事象的方式更容易激发参观者对非遗的兴趣和热情，并使参观者在感情上产生共鸣，这也适应了当下体验经济大行其道的潮流。

（二）传承社区群体记忆，增强城市凝聚力

现代意义的博物馆勃兴于近代欧洲资产阶级革命时期，在法国大革命的影响下，欧洲爆发了“记忆危机”，由于“记忆传统形式的大规模瓦解”而导致“表达危机”，即如何表达过去的危机①。法国社会历史学家皮埃尔·诺拉（Pierre Nora）认为，与过去割裂的现实和人们对记忆撕裂的感知相互作用，使得人们需要将具象化的记忆置于有历史延续感的特定场所，即“记忆立场”②，博物馆便是“记忆立场”的范例。从某

① Richard Terdiman, *Present Past: Modernity and the Memory Crisis*. Ithaca, N. Y.: Cornell University Press, 1993: 5-20。

② Pierre Nora, *The Realms of Memory: The Construction of the French Past*. New York: Columbia University Press, 1989: 4-7。

种意义上来说，当前的城市化进程也引发了城市居民的“记忆危机”。当日渐多元并不断变化的城市被越来越多具有不同文化背景与生活经验的个体充塞，个体经验之间存在大量的盲点，如果没有足够的共同记忆来填充这些盲点，必然会引发向心力的缺失。正如法国学者哈布瓦赫所说，“过去不是被保留下来的，而是在现在的基础上被重新建构的”[①]。人们脑海中那些遥远而模糊的历史记忆是需要激发才能得以重现的，从这个意义上来说，社区博物馆打开了城市历史的记忆通道，将人们聚合在以社区文化为核心的同一时空体内，勾起人们对历史的回忆，为历史的重现和重建创造了契机。人们出于精神与情感的需要，自觉形成文化认同，凝聚成集体。集体活动越能体现城市文化特色，人们对这种文化的心理依附性就越强，越有可能产生自豪感甚至优越感，文化认同感就越高，最终形成一种城市精神的向心力。

社区博物馆源于社区，又回归于社区，对展示社区历史，构建、传承社区集体记忆有着重要作用，通过对社区的文化遗产尤其是非物质文化遗产进行展览与传播，一定程度上可以还原社区的历史面貌，这对于原住居民是一种唤醒和重温，对于新居民是一种“补课”，使得新居民更加了解社区。同时，对于社区中的青少年来说又是一种教育和传承，这一过程无形中使社区的文化特色和价值观念得到传播与传承。作为社区文化遗产的收藏和传承空间，社区博物馆是建构社区文化认同、传承社区集体记忆的重要手段，其建设与发展的过程就是唤醒人们对社区和城市历史的记忆、重建人们对社区和城市的归属感、增进人们和社区之间内在联系的过程，也是强化人们身份认同、地方认同的过程，对于增强社区和城市的凝聚力有着莫大的裨益。

（三）提升城市文化形象，促进城市经济发展

社区博物馆的运营就是社区本身生活的延续，它关注社区自然与人文整体环境，将有形遗产与无形遗产的保护相结合，使真正的文化拥有

---

① ［法］莫里斯·哈布瓦赫：《论集体记忆》，毕然等译，上海：上海人民出版社 2002 年版，第 44 页。

者成为主体，既展示社区的历史，又兼顾社区的现在与未来，作为社区群体记忆的载体、社区内外交流对话的平台，将成为文化导向城市更新的重要元素。社区博物馆往往在文化资源富集的历史城区、街区基础上建立，这些地区长期以来处于城市的中心地带，在知名度和客流量上有着天然的优势。社区博物馆建成以后，往往成为城市中的文化地标，进而带动文化旅游业、文化创意产业的发展，产生巨大的文化附加值，为社区带来可观的经济效益。

以目前唯一建于省会城市的福州市三坊七巷社区博物馆为例，博物馆保留了风貌较为完整的古建筑街区，是福州市文化资源富集之地，承载着福州悠久的历史人文底蕴。政府采取渐进改造方式，逐步改善社区基础设施建设，降低人口密度，优化人居环境，在社区建起了福建省非物质文化遗产博览苑，以实物、图片展览和传承人现场展演的方式，展示福建省的非物质文化遗产。如今的三坊七巷被誉为“明清古建筑博物馆”“里坊制度的活化石”，成为福州市最具知名度的文化名片。此外，北京、上海、杭州、苏州、南京、武汉等历史文化资源富集的城市也越来越重视历史文化街区非物质文化遗产保护工作，在保留原有的街巷肌理和独特风貌的基础上，开展社区文化记忆工程，在社区非物质文化遗产保护与开发方面进行了实践探索。这些举措有效地保护或恢复了古城传统的街巷肌理，强化了社区居民对社区文化的认同感和归属感，丰富了城市文化的内涵，塑造了独特的城市文化风格，提升了城市的知名度和吸引力，有些街区甚至发展成为闻名遐迩的城市文化品牌，为城市经济发展提供了强大动力。

三、我国社区博物馆建设中的误区

由于我国博物馆学界更多关注新博物馆学的观点和结论，而对其得以产生并发生作用的社会历史土壤关注不够，也缺乏批判性反思，导致最早的一批生态博物馆在筹建、发展过程中问题层出不穷。学者潘年英在对贵州省第一批生态博物馆的反复考察中发现，早期的生态博物馆或多或少地打上了脱贫致富的烙印，表面上看是保护，实际上多是简单粗暴的曝光和展示，不仅没有真正起到保护和传承原生文化的作用，反而对原生文化造成巨大的冲击，使其内涵、创造力和生命力不断萎缩。同样的问题在其他少数民族地区的生态博物馆中也并不鲜见。社区博物馆的实践探索较之生态博物馆晚了十多年，一定程度上规避了生态博物馆的固有问题，但也存在一些误区。

（一）“自上而下”的建设和管理模式

社区博物馆的理念产生于西方，它根植于生产力高度发展的经济土壤，是人们对现代化进行反思，自觉形成传统文化保护意识的结果。社区博物馆并不是单纯地将传统博物馆引入社区，也不是简单的露天博物馆，而是要适应社区需要，发动社区群众直接参与社区各方面的文化管理，最终实现“文化自治”，使文化遗产及其原生环境得到整体保护，并起到联系社区的现实和过去的作用。

社区博物馆应该具备的首要条件是社区居民高度的文化自觉。这种高度的文化自觉源于人们对生活在其中的文化的“自知之明”[①]，社区居民既要熟知社区传统文化的源头，也要明白其所具有的特色和发展趋向。这种“自知之明”建立在较高的受教育水平、成熟的文化空间、丰厚的文化资源等基础上，同时，社区所在地经济发展水平也对居民的文化自觉有着巨大的影响作用。从全世界已有的社区博物馆发展状况来看，位于经济发展水平较高、文化资源丰厚、文化空间发展成熟、居民文化自觉度较高地区的社区博物馆往往能够较好地起到保护传统文化、加强文化交流的效果。

雨果·戴瓦兰（Hugues de Varine）将社区博物馆定义为产生于底层，而不是上层强加的，其成立要满足生活和劳作在其地的民众的需要和愿望，它在规划、创办、开放和运作的各个阶段都要积极参与到民众之中[②]。乔治·亨利·里维埃（George Henri Riviere）在提出生态博物馆

---

① 费孝通：《文化自觉的思想来源与现实意义》，《文史哲》2003 年第 3 期，第 15 页。

② ［法］雨果·戴瓦兰：《未来的社区博物馆》，宋向光译，《中国博物馆》2011 年第 Z1 期，第 54 页。

的概念时强调，生态博物馆是由公共权力机构和社区居民“共同设想、共同修筑、共同经营管理的一种工具”①。因此，社区博物馆的管理应当由公共权力机构、博物馆专家和社区居民三方共同参与。西方社区博物馆较好地践行了这种自下而上的建设管理理念，且由于资金来源较为多元，并以社会团体、民间自筹或募捐等为主，因此博物馆的管理、运营受政府行政干预较少，社区居民掌握文化自主权，参与社区文化遗产保护和传承的积极性很高。

与西方以社区居民为主体的社区博物馆相比较，我国社区博物馆的筹建与管理是一种自上而下的、缺乏民众意识的政府行为。已有的两座社区博物馆均以历史文化街区为单位，设立政府直属事业单位的管理委员会，并以景区模式管理运营。如福州市三坊七巷由市政府直属的行政单位三坊七巷管理委员会管理，由市级国有企业三坊七巷开发有限公司负责运营，社区博物馆的资金来源主要是公共财政预算和政府性基金，博物馆的一切管理运营事宜皆由政府掌握。作为行政人员的管理人员往往既不具备博物馆管理、文化遗产保护等相关专业技能，又缺乏对社区文化的认同，难以起到推动社区文化遗产保护和传承的积极作用。

（二）过度的商业开发破坏了社区文化的原真性

商业开发与社区文化的原真性保护之间存在一种既相互依存又互相排斥的关系。原真性保护为社区商业开发提供可持续发展的空间，商业开发则为社区文化原真性保护提供经济上的支撑。适当的商业开发可以改善社区人居环境，为社区居民提供就业机会，提高社区居民对文化保护与传承的自觉性，促进文化的传播与交流，激发社区发展活力。而过度的、不合理的商业开发则会破坏社区生态与人文环境，冲击社区原生的文化形态和文化氛围，破坏社区的日常生活状态和节奏，使得社区文化逐渐失去传统的内涵与精神。

在我国，由于社区博物馆的休闲娱乐、文化创意等体验功能与当前

---

① ［法］乔治·亨利·里维埃：《生态博物馆——一个进化的定义》，《中国博物馆》1986年第4期，第75页。

大行其道的体验经济相契合，社区博物馆被追捧成为一种景区发展的新模式，工作重心往往倾向于旅游开发。以三坊七巷社区博物馆为例，目前街区有中式食品小吃店三十余家，工艺品店四十余家，西式餐厅、咖啡厅十余家，另有裱褙店、字画店、国医馆、纪念邮局、现代服装店、珠宝店等等。而在一百余家商店中，能够代表社区原生文化的仅有几家脱胎漆器店，曾经熙熙攘攘的民间手工艺老店铺，如南后街的花灯店、纸伞店等早已不见踪影。究其原因，是三坊七巷街区管理委员会将街区内店铺以高价对外招租，除裱褙老店、同利肉燕店等少数几家百年老店借助政府优惠重回街区，大部分传统民间手工艺店铺难以入驻。屯溪老街也存在同样的问题，在近300家商户中，只有寥寥数家代表社区特色非物质文化遗产的店铺，而与社区传统文化氛围相去甚远的经营项目则层出不穷，店铺经营内容雷同，特色文化附着物的消失导致社区逐渐失去原有的文化特色，社区博物馆出现“文化空心化”倾向，违背了社区博物馆服务于社区，对社区文化进行原真性保护的原则。

（三）社区非物质文化遗产的保护与传承工作长期被忽视

从前期规划、法规制定、日常运营中可以看出，目前我国社区博物馆的建设与运营管理明显偏重物质文化遗产，主管部门将绝大部分精力和资金投放在园林景观、名人故居、古民居、纪念性建筑物、宗教建筑物等物质文化遗产的保护与更新上，而对非物质文化遗产关注不够，且存在重开发利用、轻保护传承的问题。

从前期规划上来看，2003年开始施行的《屯溪老街保护整治更新规划》对屯溪老街整体环境、街巷格局、民居的保护与改善、附属设施等的保护和整治作出了详尽的规划，而在非物质文化遗产保护方面，仅在功能区设置上笼统地划出七个非物质文化遗产展示区，且未提出具体的非物质文化遗产保护与传承规划。直到2016年12月发布的新版《屯溪老街历史文化街区保护规划》，才提出了六种非物质文化遗产保护与传承的主要方式，包括传统手工技艺的活态传承和展示、主题博物馆展陈、民俗文化活动表演、承办主题展览和比赛、特色产品销售、特色主题民宿，且显然重点在于对非物质文化遗产的展示和利用上。三坊七巷也存在同样的问题，在 2013 年发布的《三坊七巷历史文化街区保护规划（修编）》中，节庆习俗、民间市场和生产商业习俗、民间曲艺等非物质文化遗产虽被列入保护框架，但未提出具体的保护措施。

从两个社区博物馆的现行法规来看，《屯溪老街历史文化保护区保护管理办法》共 7 章 45 条，只有第 12 条和第 32 条涉及了非物质文化遗产，在保护区保护的主要内容中提到了非物质文化遗产，即保护屯溪老街的社会网络、徽州文化、民俗民风、百年老店、地方特产。而《福州市三坊七巷、朱紫坊历史文化街区保护管理办法》共 20 条，则没有列入与非物质文化遗产保护相关的内容。

从两个社区博物馆官方网站发布的社区活动统计来看，从 2015 年至 2016 年，屯溪老街社区博物馆仅在 2015 年 3 月和 4 月分别举办了春节民俗特展、杨文笔庄非物质文化遗产活态宣传活动。从 2016 年初至年末，三坊七巷社区博物馆举办了 12 场非物质文化遗产展演交流活动，而其中只有 6 项与社区原生非物质文化遗产相关。目前，无论是屯溪老街还是三坊七巷，一部分较有名气、商业开发价值较高、利润较大的非物质文化产品看似存续状态较好，但由于开发设计者文化素养的欠缺及受经济利益驱动，产品存在粗制滥造、缺乏内涵、品位较低的问题。此外，大部分非物质文化遗产项目的存续状况令人担忧，屯溪老街的徽州竹编、徽州根雕等民间技艺已濒临失传；三坊七巷的福州伬艺、福州十番音乐、立春剪纸，中秋“排塔”民间社火、家族宗祠文化、多元宗教文化传统、糕饼、泥偶、建筑及建筑构件等民俗活动和民间技艺处于濒危状态，端午节贴午时书、除夕供“公婆”、烧火炮、刻书等民俗活动则已经消失。随着民间技艺、民俗活动的式微，社区居民的群体记忆、社区文化的生命力也逐渐消逝。

四、非物质文化遗产保护视角下社区博物馆建设和运营的原则

（一）以人为本，突出社区居民的文化主体地位

非物质文化遗产是以人为中心的活的文化遗产，它存在于人们的口头传说、艺术表演、民俗节庆礼仪、工艺技能的操作与实践中，其创造、

传承、实践的主体和载体都是人，因此作为文化主体的人是文化遗产保护与传承的最直接的参与者。文化主体的自发、自觉参与是非物质文化遗产保护与传承中最具决定性的因素，有赖于此，非物质文化遗产才不会失去其文化根基。这就决定了社区博物馆的核心任务就是发动社区居民自发、主动地参与到非物质文化遗产的保护、诠释和再现的过程中去。

在社区博物馆的规划建设中，首先要采取有效措施尽可能留住社区原住居民，保持社区原有的社会脉络。同时，应设定社区居民准入条件，新迁入居民最好能够熟练掌握本地方言、熟知本地传统文化并乐意参与传统文化的展示、传承与传播活动。在此基础上，建立有效的社区居民参与机制，鼓励社区居民主动参与到社区博物馆建设与运营中。这种参与并不仅仅表现在展示社区文化上，更要营造出博物馆与社区融为一体的氛围，实现社区“文化自治”。为此，应成立社区博物馆事务管理委员会，负责社区博物馆日常事务，成员以熟知社区传统文化的社区居民为主，并聘请博物馆学、人类学、民俗学等相关学科专家学者作为咨询委员会成员。

社区博物馆应当是一种“低压力”的文化设施，为社区居民和参观者提供愉快的学习交流场地。管委会应当制订和实施社区居民培训计划，通过开设非物质文化遗产讲座、兴趣班、传习所等，使得社区居民在提升非物质文化遗产保护和传承意识的同时，一定程度上掌握社区非物质文化遗产文化相关知识和技能。同时，要定期组织社区居民去其他博物馆互访学习，从而促进社区内的文化更新和知识传播，并充当社区与外界进行交流的媒介，在适应现代社会生活的同时，维护社区传统文化与价值观。

（二）坚持原真性、整体性原则，保护社区文化特色

德国学者瓦尔特·本雅明（Walter Benjamin）早在20世纪30年代就在其著作中提出原真性理论，并将其阐释为艺术品的即时即地性①。

① ［德］瓦尔特·本雅明：《机械复制时代的艺术作品》，王才勇译，北京：中国城市出版社2002年版，第7页。

到20世纪60年代，这一原则被纳入文化遗产保护中，并在1964年被写入第二届历史古迹建筑师和技师国际会议上通过的《国际古迹保护与修复宪章》（又称《威尼斯宪章》），成为国际公认的世界文化遗产保护的重要原则之一。2011年2月，我国第十一届全国人民代表大会常务委员会通过的《非物质文化遗产法》，明确规定了在非物质文化遗产保护中应注重其真实性、整体性。

社区文化应该是具有鲜明地域特色的文化，在文化认同危机不断加剧的情况下，只有保护社区内非物质文化遗产的原真性，保护社区自然、人文环境的原真性，保持本土特色，才能使人们真正理解、认同社区文化，这也是保护文化多样性的关键所在。在社区博物馆的建设中，坚持原真性原则，一方面，要尊重社区文化的历史事实，从社区内的人、民风民俗、传统建筑、文化景观、自然风貌等方面综合体现历史真实，尽量避免现代化、商业化、庸俗化的附会，实现“外显性”文化与“内隐性”文化的协调统一；另一方面，也要尊重社区文化的衍变特性。文化是不断发展创新的，单纯注重历史真实性，而忽略文化的创新性，就成了对历史遗存的机械复制，也会很快失去受众基础。

社区博物馆的建设与运行要秉持立体式、整体性的遗产保护理念，不仅要对社区的自然与人文环境进行整体性保护，同时还要关注社区的过去、现在和未来。社会环境永远处于不断变化中，由此产生和积累的文化传统也必然随之不断变化，因此社区博物馆的管理者必须具备兼容、开放的心态，维护社区可持续发展的人文生态。同时，整体性原则还体现在对社区非物质文化遗产事象所具有的历史内涵、科学内涵、美学内涵、情感内涵及遗产相关要素的整体性保护上。非物质文化遗产是人类杰出的文化创造，是创造者对客观环境改造的表现，也是创造者主观情感的表达，具有独特的历史文化价值，因此对非物质文化遗产各方面内涵的整体性保护，也是为了保护其独特性，从而避免异化发展。

（三）坚持活态性原则，在传承中保护社区非物质文化遗产

非物质文化遗产承载着社区文化“活”的灵魂，因此非物质文化遗产的活态传承是关乎社区博物馆存亡的关键问题。非物质文化遗产与人

类的生存、发展密切相关，是一种“活态文化”，处于不断的发展变化之中。因此在保护中要遵从活态性原则，在从遗产角度对非物质文化遗产进行保护的同时，还要重点关注其在当今文化生态系统和社会生活中的发展与传续。基于非物质文化遗产的活态性特征，社区博物馆要从“保存”和“传承”两个层面开展对非物质文化遗产保护的工作。就社区非物质文化遗产的保存而言，要在分门别类搜集、整理社区非物质文化遗产清单的基础上，定期排查社区内非物质文化遗产的存续情况，根据社区居民对非物质文化遗产项目的了解程度、传承人的身体状况、培养下一代传承人的积极程度等，将传承现状大致分为良好、濒危、消失三类，对于已消失项目，要及时收集相关历史文献资料、多媒体资料等整理存档；对于濒危项目，应根据不同的濒危原因，有针对性地采取措施加以抢救性保护。

在社区非物质文化遗产的传承方面，对于社区内的非物质文化遗产传承人，除享有政府规定的经济补贴、福利待遇之外，社区博物馆还应设立专门的保护经费、传习场所，充分保证传承人的生活水准和社会地位，让非物质文化遗产的传承满足负载者的成就感，激发其传承技艺的热情。此外，要结合社区非物质文化遗产的实际情况，对社区非物质文化遗产保护与传承工作进行详细规划，并写入社区博物馆管理条例或管理办法，从法律上保障社区非物质文化遗产的保护与传承。

（四）坚持公共、开放性原则，促进社区文化良性发展

博物馆本身就具有公共性、开放性、服务性等特征，社区博物馆的建设与运营也应该坚持这些原则。在运营中，可以面向社区公开招募、培训志愿者，这样既可以节省人力成本，同时也可以培养居民的主人翁意识，唤醒社区居民的公共服务意识，促进整个社区形成良性发展态势。由于大部分社区博物馆很难有大型博物馆的知名度和客流量，为了维持正常运营，社区博物馆应当更加注重服务意识，增强展览活动的互动性和体验性，使得展览内容更具趣味性和亲和力，从而吸引参观者。

此外，我国目前的社区博物馆建设多为政府行为，作为事业单位，收入主要靠政府拨款。而在当今世界，非政府主办的博物馆数量众多且

颇具规模，收入来源除了政府拨款和门票收入，还有基金、慈善组织捐款等。随着我国市场经济的发展和文化体制改革的不断推进，在社区博物馆建设上，也应当采取措施鼓励社会各方积极参与，充分调动社区居民的积极性，让社区博物馆真正活起来。此外，还可以采取众筹等方式，除了筹集社区博物馆建设运营所必需的资金，还可以向社区居民筹集反映社区历史文化及现实生活的展品，如手工艺品、有特定年代特色的生活用品、视听材料、文件档案等，此外，场所、仪式、口述史资料、社会关系等也应该列入社区博物馆的展示范畴中，将社区博物馆与社区现实生活有效关联起来，成为社区居民认知历史、重塑文化认同并与外部世界沟通交流的媒介。

中编

非遗保护与利用实践

ZHONGBIAN

FEIYI BAOHU YU LIYONG SHIJIAN

第四章 建立非遗代表性传承团体（群体）认定制度*

2021 年 8 月，中共中央办公厅、国务院办公厅印发的《关于进一步加强非物质文化遗产保护工作的意见》指出："完善代表性传承人制度。健全国家、省、市、县代表性传承人认定与管理制度，以传承为中心审慎开展推荐认定工作。对集体传承、大众实践的项目，探索认定代表性传承团体（群体）。"① 非物质文化遗产的创造与传承依赖于人的实践活动，以传承人为载体和核心，建立和完善代表性传承人认定制度，直接关系到非物质文化遗产能否永续传承和发展。本书在回顾总结我国非物质文化遗产传承人认定制度的发展历史与经验、分析存在不足的基础上，探讨了建立非物质文化遗产代表性传承团体（群体）认定制度的相关理论与实践问题。

第一节 我国非遗代表性传承人认定制度的发展历程

中国政府和学界历来十分重视文化传承人的作用，特别是 20 世纪

---

* 本节原题《建立非遗代表性传承团体（群体）认定制度》，原载《文化遗产》2022 年第 2 期。

① 中共中央办公厅、国务院办公厅：《关于进一步加强非物质文化遗产保护工作的意见》，2021 年 8 月 12 日，http://zwgk.mct.gov.cn/zfxxgkml/fwzwhyc/202108/t20210812_927120.html。

80年代至20世纪末《中国民族民间文艺集成志书》编纂工作的开展，大批民族民间文艺传承人被发现，引起学界的重视和研究。进入21世纪，民间文艺被纳入非物质文化遗产保护体系。2003年，联合国教科文组织颁布《保护非物质文化遗产公约》，2004年，中国成为联合国教科文组织《保护非物质文化遗产公约》缔约国。随着非物质文化遗产保护工作的深入开展，我国逐步建立起非物质文化遗产代表性传承人保护体系，包括建立代表性传承人认定制度，并随着保护工作的深入而不断完善。

一、非物质文化遗产代表性传承人保护理念的初步确立

“民间文化传承人”概念在中国学术界早已有之，而官方正式文件使用“非物质文化遗产传承人”这一概念，始于2005年3月26日国务院办公厅发布的《关于加强我国非物质文化遗产保护工作的意见》（国办发〔2005〕18号）[①]。该文件提出“建立科学有效的非物质文化遗产传承机制。对列入各级名录的非物质文化遗产代表作，可采取命名、授予称号、表彰奖励、资助扶持等方式，鼓励代表作传承人（团体）进行传习活动”。同时发布的《国家级非物质文化遗产代表作申报评定暂行办法》首次提出要保护传承人享有的权益，“采取切实可行的具体措施，以保证该项非物质文化遗产及其智力成果得到保存、传承和发展，保护该项遗产的传承人（团体）对其世代相传的文化表现形式和文化空间所享有的权益，尤其要防止对非物质文化遗产的误解、歪曲或滥用”。2005年12月22日国务院发布的《关于加强文化遗产保护的通知》（国发〔2005〕42号）强调“积极推动非物质文化遗产保护”，提出“对列入非物质文化遗产名录的代表性传承人，要有计划地提供资助，鼓励和支持其开展传习活动，确保优秀非物质文化遗产的传承”。很显然，2005年国家的文件使用了“代表作传承人（团体）”和“非物质文化遗产名

① 国务院办公厅：《关于加强我国非物质文化遗产保护工作的意见》（国办发〔2005〕18号），2008年3月28日，http：//www.gov.cn/zhengce/content/2008-03/28/content_5937.htm。

录的代表性传承人”概念，提出了保护他们所享有的权益和保护的基本措施，但却还没有正式建立代表性传承人认定制度。

二、非物质文化遗产项目代表性传承人认定制度的建立

2006 年 10 月 25 日，文化部审议通过《国家级非物质文化遗产保护与管理暂行办法》（文化部令第 39 号）①，官方文件首次提出“国家级非物质文化遗产项目代表性传承人”的概念，其中第十一条提出：“国家级非物质文化遗产项目保护单位根据自愿原则，提出该项目代表性传承人的推荐名单，经省级人民政府文化行政部门组织专家评议后，报国务院文化行政部门批准。”并提出了国家级非物质文化遗产项目代表性传承人认定条件、责任和义务。2007 年 4 月 6 日，文化部发布《关于推荐国家级非物质文化遗产项目代表性传承人的通知》（办社图函〔2007〕111 号），开展第一批国家级非物质文化遗产项目代表性传承人的推荐工作。从全国推荐的 1138 名国家级非物质文化遗产项目代表性传承人中，经评审，2007 年 6 月 5 日，公布了第一批民间文学、杂技与竞技、民间美术、传统手工技艺、传统医药等五大类的 226 名，2008 年 2 月 15 日，公布了第二批民间音乐、民间舞蹈、传统戏剧、曲艺、民俗等五大类的 551 名。

2008 年 5 月 14 日，文化部正式印发《国家级非物质文化遗产项目代表性传承人认定与管理暂行办法》（文化部令第 45 号），明确“国家级非物质文化遗产项目代表性传承人”，是指“经国务院文化行政部门认定的，承担国家级非物质文化遗产名录项目传承保护责任，具有公认的代表性、权威性与影响力的传承人”②，提出了国家级非物质文化遗产项目代表性传承人应达到的基本条件、应承担的义务，以及资格取消和重新认定等详细规定。这一文件的出台标志着我国非物质文化遗产项目

---

① 中华人民共和国文化部：《国家级非物质文化遗产保护与管理暂行办法》（文化部令第 39 号），2006 年 11 月 2 日，http：//www. gov. cn/gongbao/content/2007/content_751777. htm。

② 中华人民共和国文化部：《国家级非物质文化遗产项目代表性传承人认定与管理暂行办法》（文化部令第 45 号），2008 年 5 月 14 日，http：//www. gov. cn/gongbao/content/2008/content_1157918. htm。

代表性传承人认定制度的初步确立。2008年7月28日，文化部办公厅发布《关于推荐第三批国家级非物质文化遗产项目代表性传承人的通知》(办社图函〔2008〕367号)，2009年5月25日，文化部公布了第三批国家级非物质文化遗产项目代表性传承人711名。

从2006年到2009年这一时期，国家在提出“国家级非物质文化遗产项目代表性传承人”概念的同时，也正式建立了相应的认定制度，这体现了我国重视对非物质文化遗产活态传承中最活跃也最具能动性要素——“人”的保护。值得注意的是：对照2005年国家相关文件，这一时期没有再提“传承团体”概念，更不可能建立代表性传承团体认定制度。

三、非物质文化遗产代表性传承人认定制度的法律确认和完善

2011年2月25日，我国颁布了《中华人民共和国非物质文化遗产法》（中华人民共和国主席令第四十二号，自2011年6月1日起施行)[①]，其第二十九条规定：“国务院文化主管部门和省、自治区、直辖市人民政府文化主管部门对本级人民政府批准公布的非物质文化遗产代表性项目，可以认定代表性传承人。”非物质文化遗产代表性项目传承人应当符合的条件、应履行的义务得以明确，这为非物质文化遗产代表性项目传承人认定制度的建立提供了法律依据。值得注意的是，这里提的国家级和省（包括自治区、直辖市）两级认定。其后，文化部先后于2012年和2018年公布了第四批国家级非物质文化遗产项目代表性传承人和第五批国家级非物质文化遗产代表性项目代表性传承人名单。截至现在，国家文化主管部门先后命名了五批国家级非物质文化遗产代表性项目代表性传承人3068名。

2019年11月29日，文化和旅游部出台了《国家级非物质文化遗产代表性传承人认定与管理办法》(文化和旅游部令第3号)[②]，对2008年

① 《中华人民共和国非物质文化遗产法》（中华人民共和国主席令第四十二号），2020年3月1日，http：//www.ihchina.cn/zhengce_details/11569。

② 文化和旅游部：《国家级非物质文化遗产代表性传承人认定与管理办法》，《中国文化报》2019年12月11日。

起施行的《国家级非物质文化遗产项目代表性传承人认定与管理暂行办法》进行了修订完善。该文件首先将“国家级非物质文化遗产项目代表性传承人”调整为“国家级非物质文化遗产代表性传承人”，具体是指“承担国家级非物质文化遗产代表性项目传承责任，在特定领域内具有代表性，并在一定区域内具有较大影响，经文化和旅游部认定的传承人”；将“公认的”修订为“特定领域”和“一定区域”，并删去“权威性”要求，并从指导思想、传承人的品格意识、认定条件、应承担的义务以及认定程序和奖励政策等方面进一步作了修正与规范，使概念更加精准、范围更加科学、规定更加符合实际，操作性更强。

四、非物质文化遗产代表性传承团体（群体）认定制度的提出

2020 年 5 月 26 日，文化和旅游部非物质文化遗产司下发的《关于贯彻落实〈国家级非物质文化遗产代表性传承人认定与管理办法〉的通知》（非遗函〔2020〕16 号）指出，做好“国家级非物质文化遗产代表性传承人认定”工作，对于主要依靠集体传承、大众实践的项目，要更加审慎地推荐认定个人为国家级非物质文化遗产代表性传承人。鼓励试点开展代表性传承团体认定工作。2021 年 5 月 25 日，文化和旅游部印发的《“十四五”非物质文化遗产保护规划》（文旅非遗发〔2021〕61 号）明确指出，对于集体传承、大众实践的项目，探索认定非遗代表性传承团体（群体）。在条件具备的地区，试点开展非遗代表性传承团体（群体）认定工作，探索有效的工作方法。做好非遗代表性传承团体（群体）与非遗代表性传承人有关工作的衔接配合。2021 年 8 月 2 日，中共中央办公厅、国务院办公厅印发的《关于进一步加强非物质文化遗产保护工作的意见》特别强调，完善代表性传承人制度。健全国家、省、市、县代表性传承人认定与管理制度，以传承为中心审慎开展推荐认定工作。对集体传承、大众实践的项目，探索认定代表性传承团体（群体）[①]。这说明建立

① 中共中央办公厅、国务院办公厅：《关于进一步加强非物质文化遗产保护工作的意见》，新华社北京 2021 年 8 月 12 日电。

非物质文化遗产代表性传承团体（群体）认定制度非常重要和必要，并已上升到国家层面的要求。

五、我国非物质文化遗产代表性传承人认定制度的反思

综上所述，21 世纪以来，我国非物质文化遗产传承人认定制度经历了从概念提出到制度初建，从法律确认到修改完善的发展历程，初步形成了具有中国特色的非物质文化遗产传承人认定和管理体系。其发展过程体现出以下特征：

从“传承人”概念来看，经历了从一般意义的“文化传承人”（主要指“民间文艺传承人”）—“代表作传承人（团体）”—“非物质文化遗产名录的代表性传承人”—“非物质文化遗产项目代表性传承人”—“非物质文化遗产代表性项目代表性传承人”—“非物质文化遗产代表性传承人”的过程。从“传承人”认定制度来看，经历了“民间文艺传承人（如故事家、歌手等）”称号的命名和授予—“非物质文化遗产项目代表性传承人”认定—“非物质文化遗产代表性传承人”认定的制度发展过程。从“传承人”认定体系来看，经历了建立国家层面的国家级非物质文化遗产代表性传承人认定制度，到形成国家、省、市、县四级非物质文化遗产代表性传承人认定体系的过程。我国非物质文化遗产代表性传承人认定制度的建立和实施，对有效保护和传承我国非物质文化遗产项目，鼓励和支持各级非物质文化遗产代表性传承人开展传习活动，弘扬我国优秀传统文化起到了非常重要的作用。

“传承人”认定制度不足，无论是 2008 年起施行的《国家级非物质文化遗产项目代表性传承人认定与管理暂行办法》，还是 2019 年新修订的《国家级非物质文化遗产代表性传承人认定与管理办法》对传承人的认定，都规定申请或者被推荐人必须是“公民”，2019 的文件还进一步强调了“中国公民”身份。无论是前四批公布的“国家级非物质文化遗产项目代表性传承人”，还是第五批公布的“国家级非物质文化遗产代表性项目代表性传承人”，都是“中国公民”。尽管 2020 年后国家出台

的相关文件提出了“对于集体传承、大众实践的项目，探索认定非遗代表性传承团体（群体）”，但至今为止并没有正式建立相关认定制度。目前非物质文化遗产代表性传承人认定制度的最大不足，是未体现非物质文化遗产所具有的群体性特点，由于没有对于集体传承、大众实践的项目认定“代表性传承团体（群体）”，挫伤了一批集体性代表项目传承人的传承积极性。

因此，建立“非遗代表性传承团体（群体）认定制度”，结束非遗代表性传承人只能以“公民”个体身份进行申报认定的历史，是对中国非物质文化遗产代表性传承人保护制度的完善与创新。

第二节　建立非遗代表性传承团体（群体）认定制度的理论探讨

保护非物质文化遗产，必须坚持以人为本，重点保护包括“个体传承”与“团体（群体）传承”在内的代表性传承人。保护代表性传承人必须正确认识在非物质文化遗产代表性项目传承发展过程中传承个人与群体的关系、代表性项目保护与代表性传承团体（群体）保护的关系、不同类型代表性传承人的职责义务与荣誉权益的关系。因此，最近出台的《关于进一步加强非物质文化遗产保护工作的意见》提出，以传承为中心审慎开展推荐认定工作。只有建立包括“个体传承”与“团体（群体）传承”在内的代表性传承人认定保护制度，才能最大限度地发挥不同类型传承人传承非物质文化遗产的主动性和积极性。

一、正确认识并处理好“传承个体”与“传承团体（群体）”的关系

非物质文化遗产是依赖人而存在的活态传承，是一个又一个个体智慧不断创新积累、一代又一代人共同创造、传承和发展的结果。在我国，非物质文化遗产不仅有由独立的个体承担传承任务的项目，而且还有许

多由团体（群体）承担传承任务的项目。王文章指出，非物质文化遗产的传承主体，是指民间文化艺术的优秀传承人，即掌握着具有重大价值的民间文化技艺、技术，并且具有最高水准的个人或群体[①]。很显然，非物质文化遗产传承人应分两种类型：一种是“个体传承”人，一种是“团体（群体）传承”人。在非物质文化遗产代表性传承人认定制度的建立中必须正确认识并处理好两者之间的关系。

“个体传承”代表性传承人，主要是指传承那些不依赖其他传承人，由某一个人独立掌握核心技艺，且技术含量高、专业性强的项目的传承人，如传统手工技艺、传统美术、传统医药的传承人。这类项目多限于家族内部传承，有时甚至是一脉单传“祖传秘方”的传承人。因为这类项目主要是个人智慧的产物，某一个人在这一项目传承中起着决定性的作用，对其进行个体传承人认定不存在知识产权纠纷的法律风险，对这类项目采取传承人（个体）认定制度是适合的。

“团体（群体）传承”代表性传承人，主要是指由多个社会个体共同掌握该项目的核心技艺的集体项目、大众实践项目的传承人，这种依靠集体传承的综合性项目，仅凭个体力量是很难有效传承的，必须通过群体传承人共同参与、分工合作、彼此协助、默契配合，才能实现项目的传承。如民俗中的婚丧嫁娶、传统节日、传统仪式、大型庙会，以及传统舞蹈、传统音乐、传统戏剧等项目，虽然个体传承人的作用亦十分重要，但在整个创作传承系统中任何个人都不可能独立地完整地承担起整个项目的传承重任，最多只能负责传承其中的一个环节而已。以黔东南州州级非物质文化遗产项目苗族多声部情歌传承为例，“一般情况下，苗族多声部情歌的演唱需要至少两男两女共同来完成，而且整个团体中的每个人在演唱中所发挥的作用具有互补性，很难判断所谓的‘哪个更重要，哪个不重要’”[②]。在诸如此类的非物质文化遗产集体传承项目

---

① 王文章：《非物质文化遗产概论》，北京：文化艺术出版社 2006 年版，第 347 页。

② 田艳：《非物质文化遗产代表性传承人认定制度探究》，《政法论坛》2013 年第 4 期，第 81—90 页。

中，传承人的群体性特征鲜明，只有当这些传承人一起合作，非物质文化遗产才能有序、有效传承①，其传承依靠的社会投入和群体实践特点极为突出。

无论是对代表性传承人的个体认定，还是对代表性传承的团体（群体）认定，虽然最终都必须落实到具体传承“人”身上，但两者不同的是：个体传承是由一个人来承担传承重任，而团体（群体）传承是多人组成的集体共同承担传承任务。换而言之，个体传承只要这个特殊个体存在就能实现这一项目的传承，而团体（群体）传承必须以特定集体内数个个体的共同存在并共同参与才能实现这一项目的传承。从一般意义上来说，非物质文化遗产传承的个体来自广大的群体，传承群体不仅是孕育传承个体的环境和土壤，也是传承发展的主体和关键力量。

二、正确认识并处理好“代表性项目”、“代表性项目保护单位”与“代表性传承人（包括个体和团体）”认定的差异

当讨论到建立非物质文化遗产“代表性传承团体（群体）认定制度”时，有人会因为已建立的“代表性项目”“代表性项目保护单位”认定制度所体现的集体性体征，而否定建立“代表性传承团体（群体）认定制度”的必要性。如果对三者进行深入研究，不难发现它们之间在认定对象、标准、支持政策等方面有很大的差异。

其一，认定对象不同。“代表性项目”认定主要关注项目本身，其目的是对项目本体的保护。《中华人民共和国非物质文化遗产法》明确指出：“国务院建立国家级非物质文化遗产代表性项目名录，将体现中华民族优秀传统文化，具有重大历史、文学、艺术、科学价值的非物质文化遗产项目列入名录予以保护。省、自治区、直辖市人民政府建立地方非物质文化遗产代表性项目名录，将本行政区域内体现中华民族优秀传统文化，具有历史、文学、艺术、科学价值的非物质文化遗产项目列

① 刘锡诚：《传承与传承人论》，《河南教育学院学报》（哲学社会科学版）2006 年第 5 期，第 24—36 页。

入名录予以保护。”为进一步加强国家级非物质文化遗产代表性项目保护工作，明确和落实保护责任，从2012年开始，文化部启动并实施了对国家级非遗代表性项目保护单位的动态化管理。2013年初首次下发了《文化部办公厅关于调整和认定国家级非物质文化遗产代表性项目保护单位的通知》，对国家级非遗代表性项目保护单位进行了调整和重新认定，目前已经认定了五批国家级非物质文化遗产代表性项目保护单位。“代表性项目保护单位”认定制度主要是明确和落实非遗项目保护单位的保护责任，不是针对某一具体项目传承团体（集体）的保护。非物质文化遗产“代表性项目”“代表性项目保护单位”和“代表性项目传承团体（集体）”各自所针对的是完全不同的保护对象。

“代表性传承人”（如前所述应该包括个人和团体）认定，关注的重点是哪些人传承了这一项目，针对的是“传承人”本身，其目的是对传承人本体的保护。《国家级非物质文化遗产代表性传承人认定与管理办法》指出，国家级非物质文化遗产代表性传承人，是指承担国家级非物质文化遗产代表性项目传承责任，在特定领域内具有代表性，并在一定区域内具有较大影响，经文化和旅游部认定的传承人。很显然“代表性项目”认定制度主要是保护“具有杰出价值的民间传统文化表现形式或文化空间”，而“国家级非物质文化遗产代表性传承人”认定制度主要是“鼓励和支持国家级非物质文化遗产代表性传承人开展传承活动”。由此推理，非物质文化遗产“代表性传承团体（群体）”认定的对象主要是指承担非物质文化遗产代表性项目传承责任的团体（群体）。

其二，认定标准不同。“代表性项目”认定标准主要是看项目的社会、历史、艺术等方面的独特价值、特殊作用和地方特色。《国家级非物质文化遗产代表作申报评定暂行办法》规定其具体评审标准如下：“（一）具有展现中华民族文化创造力的杰出价值；（二）扎根于相关社区的文化传统，世代相传，具有鲜明的地方特色；（三）具有促进中华民族文化认同、增强社会凝聚力、增进民族团结和社会稳定的作用，是文化交流的重要纽带；（四）出色地运用传统工艺和技能，体现出高超的水平；（五）具有见证中华民族活的文化传统的独特价值；（六）对维系中华民族的文化传承具有重要意义，同时因社会变革或缺乏保护措施而面临消失的危险。”“代表性项目保护单位”制度主要是对国家级非遗代表性项目保护单位的动态化管理，其目的是加强管理，指导、监督各保护单位认真做好国家级非物质文化遗产代表性项目保护工作。

而“代表性传承人（包括个人和团体）”认定，主要是看传承个人和集体在传承非物质文化遗产项目中的代表性、影响力和贡献。《国家级非物质文化遗产代表性传承人认定与管理办法》第八条规定：“符合下列条件的中国公民可以申请或者被推荐为国家级非物质文化遗产代表性传承人：（一）长期从事该项非物质文化遗产传承实践，熟练掌握其传承的国家级非物质文化遗产代表性项目知识和核心技艺；（二）在特定领域内具有代表性，并在一定区域内具有较大影响；（三）在该项非物质文化遗产的传承中具有重要作用，积极开展传承活动，培养后继人才；（四）爱国敬业，遵纪守法，德艺双馨。”很显然，“代表性项目”认定强调的是项目的独特价值、作用和特色以及濒危性，而“代表性传承人”认定制度强调的是传承个人和团体（群体）对非遗项目的核心技艺的熟练掌握、代表性、影响力和传承的积极性。

其三，支持方式不同。“代表性项目”认定制度强调各级人民政府应承担保护的主体责任，针对具体项目保护采取不同的保护措施。《中华人民共和国非物质文化遗产法》第二十五条规定：“国务院文化主管部门应当组织制定保护规划，对国家级非物质文化遗产代表性项目予以保护。省、自治区、直辖市人民政府文化主管部门应当组织制定保护规划，对本级人民政府批准公布的地方非物质文化遗产代表性项目予以保护。”国家鼓励和支持通过多种渠道开展非物质文化遗产的宣传、展示、教育、整理、研究、学术交流，以及在有效保护的基础上合理利用。而“代表性传承人（包括个人和团体）”认定制度同样强调各级政府应承担保护的主体责任，但保护政策和具体方式都是为“传承人”创造更好的传承传播条件。《国家级非物质文化遗产代表性传承人认定与管理办法》第十七条规定：“文化和旅游主管部门根据需要采取下列措施，支持国家级非物质文化遗产代表性传承人开展传承、传播等活动：（一）提供必要的传承场所；（二）提供必要的经费，资助其开展授徒、传艺、交流等活动；（三）指导、支持其开展非物质文化遗产记录、整理、建档、研究、出版、展览展示展演等活动；（四）支持其参加学习、培训；（五）支持其参与社会公益性活动；（六）支持其开展传承、传播等活动的其他措施。”由对比可以看出，“代表性项目”认定制度旨在通过针对具体项目采取多种保护形式，使项目得以生存和发展；“代表性项目保护单位”认定制度主要是明确和落实非遗项目保护单位的保护责任；而“代表性传承人”认定制度旨在通过为具体传承人和团体（群体）创造传承和传播的条件，达到保护非物质文化遗产项目的目的。

综上所述，建立“非物质文化遗产代表性项目”“代表性项目保护单位”认定制度与建立“非物质文化遗产代表性传承团体（群体）”认定制度，尽管都是为了传承弘扬中华优秀传统文化，有效保护和传承非物质文化遗产，但它们针对的具体对象、遴选标准、支持方式各不相同。建立“非物质文化遗产代表性项目”和“代表性项目保护单位”认定制度，保护对象都是“项目”，强化的是政府和相关部门、组织的责任与义务；而建立“代表性传承团体（群体）”认定制度，保护对象同样是“项目”，强化的是“传承团体（群体）”的责任与义务，采取的是对“团体（群体）”的激励措施。因此，建立“代表性项目”和“代表性项目保护单位”认定制度不能代替“代表性传承团体（群体）”认定制度的建立，三者各有侧重，但互为补充，从不同角度，共同实现对非物质文化遗产保护的目标。

三、正确认识并处理好代表性“传承个体”和“传承团体（群体）”的责权利关系

目前正在实行的非物质文化遗产代表性传承人认定制度，是以个人形式进行的申报与认定。被认定的传承人，享有官方认定的荣誉和实际利益，同时承担相应的传承责任和义务。这一以个体为中心的传承人认定制度对于仅靠个人传承的项目无疑是行之有效的，但是对于由许多人共同传承的综合性项目来说显然是不合理的，因为如果一旦将“名誉”

和“待遇”只给了某个综合性项目中的某个“代表性传承人”，这有可能打击其他传承人的积极性，激化传承人之间的矛盾，影响这一项目的正常传承。有学者分析认为：“随着传承保护制度的推广和商业元素的介入，以往传承人群体内部被遮蔽的冲突凸显出来，并形成传承技术冲突、人际关系冲突、价值观念冲突等三大冲突类型。究其原因在于，非遗传承过程中为了克服‘公地悲剧’而导致‘反公地悲剧’行为的产生，由此深陷基于产权而来的权、责、利合一的陷阱。”① 因此，分别建立非物质文化遗产代表性“传承个人”和“传承团体（群体）”认定制度是处理好不同类型代表性传承人“责、权、利相统一”关系的重要措施。

其一，根据“责、权、利相统一”的原则，从制度上确保了更多传承人的合法权益。生长在原生环境中的传统非物质文化遗产本是民众自发创造和传承的民间行为，一般不需要政府财政扶持，但在现代社会转型，外来文化冲击加剧，非物质文化遗产濒临危机的情形下，政府动用国家力量，采取必要措施，保护好本国传统文化基因，这其中包括采取相应激励政策保护非物质文化遗产传承人，这已成为世界各国的共识和行动。但对非物质文化遗产传承人保护的激励政策，必须在明确非物质文化遗产项目内部的知识所有权、管理权与使用权关系的基础上，处理好具体相关传承主体（包括个人和集体）的权、责、利三者关系，以最大限度调动各方面的积极性。

从理论上讲，被认定为非物质文化遗产代表性传承人所享有的权利应包括精神性权利和财产性权利两种类型。精神性权利包括通过命名、荣誉称号、颁发奖状等获得精神上的激励；财产性权利包括署名权、传承权、改编权、表演权、知情权和利益分享权等。如对于一些符合专利授予条件的项目，代表性传承人可以申请专利，以获得独占保护；在他人开发利用代表性传承人传承的项目时，传承人有权知悉该非物质文化

① 李瑛、左官春：《非遗群体传承人冲突：类型、根源与规避》，《文化遗产》2020 年第 5 期，第 35—43 页。

遗产项目开发的相关信息，并分享商业开发中获得的利益[①]。

从实际情况来看，不同类型的非物质文化遗产传承人在代表性项目传承中的责任和贡献是不一样的，必须根据责任和贡献的不同享有不同的权利。建立代表性传承人认定制度，必须明确谁是传承人，并区分不同类型传承人的责权利——凡个人传承者，责任和权利主体当然是该项目的传承者本人；凡团体（群体）传承者，责任和权利主体当然是该项目的传承团体（群体）。只有这样才能将传承非物质文化遗产项目责任落实到具体个人和团体（群体），一旦传承出现问题，政府知道应该管理谁、监督谁、问责谁；有了成绩和效益，也知道应该表扬谁、奖励谁、利益分给谁。目前实施的这种以“个体化”为特征的传承人认定制度，体现的是在政府主体层面施行“精英化”的行政管理保护思路，这在非物质文化遗产保护初级阶段是富有成效的，但从发展观点来看，未能很好地体现传承团体（群体）的责权利关系，将由很多人集体传承、大众实践的综合性项目的责任和权利仅仅归结到某个传承人的头上，导致了其他传承人自卸包袱、放弃传承的风险。建立非物质文化遗产代表性“传承团体（群体）”认定制度可以从制度上确保传承团体（群体）的合法权益。

其二，“按劳分配”的原则，从制度上确保政府对非遗传承人利益分配的公平性。非物质文化遗产利益分享制度是指针对权利人在利用非物质文化遗产项目进行营利活动而获得利益时，在权利主体之间进行利益分配的制度。其中非物质文化遗产传承人和团体（群体）依法享有获得报酬的权利，可借鉴联合国的《生物多样性公约》中的利益公平分享原则，以保护不同类型非物质文化遗产传承人应有的利益。

目前我国初步建立起对各级非物质文化遗产代表性传承人的奖励制度，特别是政府对代表性传承人特殊津贴制度的实施，一方面在一定程度上解决了传承人的生活困难，为他们进行传承活动提供了基本生活保

---

① 张邦铺、燕朝西：《论非物质文化遗产传承人的保护与培养机制——基于阿坝州的实证分析》，徐新建主编：《文化遗产研究》（第3辑），成都：巴蜀书社2014年版，第171—184页。

障；另一方面也体现了政府对非物质文化遗产传承人的尊重和对其社会价值的肯定。然而，如前所述，这种“代表性传承人”认定保护激励制度，只是少数“个人”入选，当该制度带来的物质利益和社会荣誉激励造成对个人尤其是团体（群体）分配不公和不均时，那些未入选的、同样优秀的其他同行会质疑其中的公正性与权威性，这会影响那些没选上的优秀代表性传承人（群体）的积极性，还有可能造成被选上的传承人遭到同行的排挤或疏远。因此，必须对代表性传承人实施分类认定制度：一是建立代表性传承人个体认定制度，凡个体传承型项目，一旦有了“好处”，归传承人个人所有；二是建立代表性传承团体（群体）认定制度，凡由多人传承的集体型项目，一旦有了“好处”，必须归该团体所有成员共同拥有，从而确保做到个体项目的“好处”归个人所有，属于团体项目的“好处”归集体所有[①②]。

总之，目前我国对代表性传承人采取的激励措施既有“名”——命名，又给“实”——提供必要的传承场所、“利”——提供必要的经费、“权”——参与社会公益性活动等方面的支持，但这些都只针对代表性个体传承人。团体（群体）传承型项目是通过团体力量共同传承的，有序传承的前提就是构建稳定的团体关系，调动每位团队成员的积极性。因此，建立非物质文化遗产代表性传承团体（群体）认定制度，强调项目的集体性和公共属性，以确保这类项目成果和利益属于团体（群体）所有，这有利于调动更多人传承非物质文化遗产的主动性和积极性。

第三节 建立非遗代表性传承团体（群体）认定制度的操作实践

萧放基于非物质文化遗产所涵盖的对象不同，将传承项目划分为单

---

① 刘国柱、黄厚明：《非物质文化遗产传承群体与代表性传承人关系问题刍议》，《创意与设计》2019 年第 2 期，第 48—53 页。

② 苑利：《非物质文化遗产传承人研究》，《厦门理工学院学报》2012 年第 3 期，第 1—5 页。

一属性项目和综合性质项目，认为“单一属性的非物质文化遗产是指该遗产具有与个人才智紧密结合、个性特征鲜明的特点，它不依赖群体合作，具有独立表现、独立传承的文化属性……综合性质的非物质文化遗产是指文化遗产具有群体参与的属性，它依托较广阔的文化空间，文化传承与享用具有广泛的群众性。”①，非物质文化遗产代表性传承人的认定是以项目传承为中心的，非物质文化遗产代表性传承人认定必须进行分类管理，建立与单一属性的非物质文化遗产项目传承相关的某个自然人传承个体认定制度和与综合性质的非物质文化遗产项目传承相关的多个自然人组成的传承团体（群体）认定制度两大类。如上所述，我国目前正在实施的是基于公民个体的代表性传承人认定制度，因此，在现有的基础上建立传承团体（群体）认定制度，从而构成一个完整的非物质文化遗产传承人认定制度体系。从实际操作层面，建立非物质文化遗产代表性传承团体（群体）认定制度必须做好以下基础工作。

一、代表性传承团体（群体）认定的基本条件

代表性传承团体（群体）的认定必须是以集体传承、大众实践的综合性非物质文化遗产项目为前提的，只有综合性项目才能申报代表性传承团体（群体）。其认定应该秉承以下前提条件②。

第一，传承主体的多元性。代表性传承团体（群体）是以具体非物质文化遗产项目完整传承为中心，该项目由数量不等的不可或缺的多个核心环节构成，不同的传承环节分别由不同的传承个体或群体参与，任何环节的个体或群体都不可能独立完成该项目的传承，集体作用远远大于个体的作用。即申报代表性传承团体必须是2人以上组成的传承集体。

第二，传承程序的关联性。代表性传承团体（群体）围绕某个综合性非物质文化遗产项的传承，各核心环节之间存在着密切的活动关联，

① 萧放：《关于非物质文化遗产传承人的认定与保护方式的思考》，《文化遗产》2008年第1期，第127—132页。

② 张兆林：《非物质文化遗产集体性项目传承人保护策略研究——以聊城木版年画为核心个案》，《文化遗产》2019年第1期，第26—33页。

该传承群体长期保持一定的规模，内部有着清晰的传承体系和谱系。

第三，传承团队的协同性。代表性传承团体（群体）是由多个参与核心环节的传承人群组成，不同环节的传承人或群体之间传承的事项虽然具有一定的独立性，但只有彼此分工合作、密切配合协同，才能共同完成该项目。

第四，传承项目的代表性。代表性传承团体（群体）长期从事该项非物质文化遗产项目传承实践，在该项目领域内具有一定的代表性和权威性，且在一定区域内具有较大影响。

第五，传承活动的主动性。代表性传承团体（群体）在该项非物质文化遗产项目的传承中具有重要作用，热爱所传承的项目，积极开展传承活动，培养后继人才。

第六，传承精神的重要性。代表性传承团体（群体）成员必须爱国敬业，遵纪守法，德艺双馨，具有良好的团结合作精神，形成良好的传承氛围。

二、代表性传承团体（群体）认定的基本原则

第一，公开公正原则。代表性传承团体（群体）认定必须坚持公开、公平、公正的原则，严格履行申报、审核、评审、公示等程序。基本程序为：政府组织、个人申请、同行评议、专家审定、公示监督、认定公布。必须坚持政府组织的主导性、个人申请的自愿性、行业评议的专业性、专家审定的科学性、社会监督的公平性。

第二，平等协同原则。认定的代表性传承团体（群体）是由若干能为实现某个特定的共同价值，而密切协作完成这一项综合性非物质文化遗产项目的传承个体组成的协作体，传承个体之间相互平等，无高低之分或隶属关系。

第三，共享共存原则。认定的代表性传承团体（群体）的荣誉及其所带来的权益归属集体内所有个体，不为其中的任何个体所独享；其中每一个体所承担的环节都是该项目不可缺失的，否则将导致该传承团体（群体）资格和相关权益的丧失。

第四，濒危优先原则。代表性传承团体（群体）的认定，在同等水平和条件下，应优先考虑那些对维系中华民族的文化传承具有重要意义和特殊价值且面临消失危险项目的传承团体（群体），以促进对该类项目的抢救性保护。

第五，保护伦理原则。代表性传承团体（群体）的认定，必须遵循联合国教科文组织的《保护非物质文化遗产伦理原则》，充分尊重项目的传承者世代长期创造积累的独有价值和知识产权归属，尊重他们的传承习惯，确保他们按照自身特点和规律进行传承，保护他们应有的权益。

三、代表性传承团体（群体）认定的制度体系

第一，建立代表性传承团体（群体）责任制度。参照《国家级非物质文化遗产代表性传承人认定与管理办法》中代表性传承人承担义务的有关规定，制定非物质文化遗产代表性传承团体（群体）应承担的具体责任和义务，并与传承团体（群体）签订责任书①。

第二，建立代表性传承团体（群体）管理制度。根据文化和旅游部《“十四五”非物质文化遗产保护规划》要求，建立非遗代表性传承团体（群体）管理制度，建立国家、省、市、县代表性传承团体（群体）名录体系。对非物质文化遗产传承团体（群体）要按照国家要求每隔三年进行资格重新审查，定期检查开展传承活动的状况。

第三，建立代表性传承团体（群体）惠益制度。按照中共中央办公厅、国务院办公厅《关于进一步加强非物质文化遗产保护工作的意见》中“建立非物质文化遗产获取和惠益分享制度”的要求，建立代表性传承团体（群体）惠益制度。首先，建立政府补偿机制，坚持突出实效，按照贡献大小给与传承人相应的资助和奖励。其次，建立项目利用利益分享制度，依据《中华人民共和国知识产权保护法》的相关规定，借鉴联合国的《生物多样性公约》中的利益公平分享原则，建立非物质文化遗产商业开发中的利益分享机制，保护知识产权和传承人的权益，确保

① 苑利：《对传承人实施精细化管理》，《文化月刊》2015 年第 17 期，第 116—117 页。

作为集体项目的惠益为传承团体（群体）共有共享。

第四，建立代表性传承团体（群体）考核制度。建立非物质文化遗产代表性传承团体（群体）考核评价制度，定期组织专家对履行义务情况进行评估、检查和监督，将评估结果作为享有非物质文化遗产代表性传承团体（群体）资格、给予传习补助的主要依据。

第五，建立代表性传承团体（群体）退出制度。对非物质文化遗产代表性传承团体（群体）实行动态管理机制，坚持赏罚分明，有上有下，不搞身份终身制；定期考核、检查，对不合格者定期变更、撤销，真正建立竞争和淘汰制，确保手段和目的、权利和义务、荣誉和责任的均衡对等及良性互动。

非物质文化遗产代表性传承团体（群体）认定制度是非物质文化遗产代表性传承人认定制度体系的重要组成部分，在制定团体（群体）认定制度时，要处理好与“个体传承”认定制度的关系，借鉴现有的非物质文化遗产代表性传承人管理制度相关的合理的规定，做好与现行代表性传承人认定有关工作的衔接，确保两者的协调互补，共同促进非物质文化遗产的保护。

第五章 非物质文化遗产产业利用

党的十八大以来，以习近平同志为核心的党中央高度重视传承和弘扬中华优秀传统文化，提出了创造性转化、创新性发展的重要理论与方针。2021 年 8 月 12 日，中共中央办公厅、国务院办公厅印发的《关于进一步加强非物质文化遗产保护工作的意见》指出："非物质文化遗产是中华优秀传统文化的重要组成部分，是中华文明绵延传承的生动见证，是联结民族情感、维系国家统一的重要基础。保护好、传承好、利用好非物质文化遗产，对于延续历史文脉、坚定文化自信、推动文明交流互鉴、建设社会主义文化强国具有重要意义。"① 非物质文化遗产产业利用是"推动中华优秀传统文化创造性转化、创新性发展"重要理论和方针在非物质文化遗产领域的实践探索，对坚定中国文化自信、提升国家文化软实力、建设社会主义文化强国具有重要意义。

第一节 非物质文化遗产产业利用的重要意义

非物质文化遗产是一个国家和地区宝贵的社会财富和巨大的无形资产，具有历史赓续与民族认同、艺术审美与文化自信、开放共享与商业经济的多元价值属性。非物质文化遗产产业利用就是通过挖掘非物质文

---

① 中共中央办公厅、国务院办公厅：《关于进一步加强非物质文化遗产保护工作的意见》，《人民日报》2021 年 8 月 13 日。

化遗产资源潜在的经济价值，利用文化产业丰富的业态，将非物质文化遗产资源进行整合、转化、再造，从而实现非物质文化遗产无形资产价值的有效发挥。非物质文化遗产产业利用的重要意义主要体现在以下方面。

一、非遗产业利用体现了非物质文化遗产保护国际公约精神

联合国教科文组织在《实施〈保护非物质文化遗产公约〉的业务指南》（2018 年修订版）中明确指出："某些形式的非物质文化遗产可能产生的商业活动和与非物质文化遗产相关的文化产品和服务贸易，可提高人们对此类遗产重要性的认识，并为其从业者带来收益。这些商业和贸易活动有助于传承和实践该遗产的社区提高生活水平，推动地方经济发展，增强社会凝聚力。然而，这些活动和贸易不应危及非物质文化遗产的存续力，且应当采取各种适当措施，确保相关社区成为主要的受益方。"① 我国非物质文化遗产产业利用就是通过挖掘非物质文化遗产资源经济价值，寻求非物质文化遗产项目与市场经济的新结合点，在充分观照当下社会生产、民众生活和审美观念新变化的前提下，适应时代社会发展需要，用现代产业理念和市场经济法则进行创造性转化，在保留传统非物质文化遗产项目精神内核和核心生产技艺的基础上，将现代精神文化、审美思想和新颖形式融入其中，开发出具有时代气息和地方特色的、为现代大众所喜爱的文化产品②。非物质文化遗产的产业利用力图从非物质文化遗产资源中汲取经济转型发展的元素，提升其经济价值，这不仅对非物质文化遗产的保护传承起到积极作用，还可以直接或间接地产生良好的经济效益，推动地方经济发展。因此，我国的非物质文化遗产产业利用体现了联合国教科文组织《保护非物质文化遗产公约》的基本精神。

---

① 联合国教科文组织：《实施〈保护非物质文化遗产公约〉的业务指南》（2018 年修订版），2022 年 7 月 22 日，https：//www. ihchina. cn/zhengce_ details/15715。

② 黄永林：《乡村文化振兴与非物质文化遗产的保护利用——基于乡村发展相关数据的分析》，《文化遗产》2019 年第 3 期，第 1—12 页。

值得警惕的是，在当今追逐市场效益浪潮下，少数不良商家在追求短期经济效益的驱动下，违背保护初衷，忽视非物质文化遗产的可持续发展，打着所谓“产业化”与“创新”的幌子，对非物质文化遗产资源进行过度“产业化”开发，开发出的产品和项目丧失了非物质文化遗产原有的风格特点、地域特色、精神价值，破坏了原文化生态，其营利性目标超越了文化性追求，弱化甚至异化了文化内涵，使非物质文化遗产资源沦为赚钱的工具，这不仅仅严重影响了非物质文化遗产传承保护，更对非物质文化遗产的正常开发利用产生了极为负面的影响。需要特别指出的是，非物质文化遗产虽然可以“产业利用”，但决不能“产业化”，因为非物质文化遗产产业化是将非物质文化遗产作为开发项目，而对其实施大规模机械化生产和产业化经营，是一种以营利为主要目的的商业化行为。其基本特征是以市场为导向，以效益为中心，是一种追求利润最大化的竭泽而渔的野蛮开发。“产业化”无疑违背了联合国教科文组织《保护非物质文化遗产公约》中强调的非物质文化遗产利用“不应危及非物质文化遗产的存续力”和“保护非物质文化遗产和可持续发展”精神。我国政府始终坚持贯彻“保护为主、抢救第一、合理利用、传承发展”的非物质文化遗产工作方针，因此，在正式文件中很少有关于非物质文化遗产“产业化”的表述，更多则是聚焦“传承保护”“利用开发”。总之，非物质文化遗产产业利用，一方面要加强非物质文化遗产资源与产业业态的互通合作，另一方面要谨防对非物质文化遗产进行过度化和浅表化开发。

二、非遗产业利用符合非物质文化遗产项目传承发展的规律

我国非物质文化遗产资源十分丰富，整体数量浩如烟海。据 2005 年至 2009 年非物质文化遗产普查统计，我国有 87 万项海量的非遗资源。据有关资料显示，截至 2021 年 12 月，我国共有 42 个非物质文化遗产项目被列入联合国教科文组织非物质文化遗产名录（册），居世界第一。我国建立了国家、省、市、县四级非物质文化遗产代表性项目名录体系，认定非物质文化遗产代表性项目 10 万余项，其中国家级非物质文化遗产

代表性项目 1557 项，共计 3610 个子项。国家文化主管部门先后命名了五批国家级非物质文化遗产代表性项目，代表性传承人总计 3063 人，各省（区、市）也先后公布了 16000 多名省级非物质文化遗产代表性传承人①。这些非物质文化遗产不仅仅是中国传统文化艺术的瑰宝，更是一种可转化的潜在产业资源。非物质文化遗产源自人民群众的衣、食、住、行等日常生活，其本身就是常用商品，如果非遗仅停留在文化保护和展示层面，就失去了其生活和生产原本属性，也就会失去契合市场的价值和意义。历史上，传统非物质文化遗产项目就是在老百姓的需求中诞生并延续下来的，许多项目从诞生起就在千百年的创造、生产和销售中借助商业的力量流传至今。当下，非物质文化遗产也只有借助新的生产方式回到人民群众的生产和生活中，才能让其充满生机和活力，保持其生命的延续。从一定意义上来说，非物质文化遗产产业利用是非物质文化遗产传承发展的内在规律所决定的。

在当前我国政治、经济、社会等多方面发展良好的背景下，保持文化的先进性和发展文化产业是建设社会主义文化强国的重要内容。与物质文化遗产相比，非物质文化遗产由于“非物质”属性而显得更加稀缺，在文化中的重要地位和作用更加凸显，这也决定了必须对其进行创造性转化与创新性发展。2017 年 12 月 28 日，习近平总书记在中央农村工作会议上的讲话中指出，我们要深入挖掘、继承、创新优秀传统乡土文化。……要让活态的乡土文化传下去，深入挖掘民间艺术、戏曲曲艺、手工技艺、民族服饰、民俗活动等非物质文化遗产。要把保护传承和开发利用有机结合起来，把我国农耕文明优秀遗产和现代文明要素结合起来，赋予新的时代内涵，让中华优秀传统文化生生不息，让我国历史悠久的农耕文明在新时代展现其魅力和风采。我国非物质文化遗产是一个文化资源的富矿，蕴含着许多集体记忆、民间智慧、民族精神和产业资源，有着很强的文化特征和产业利用价值。非物质文化遗产产业利用为

① “非物质文化遗产清单”，2022 年 7 月 22 日，https：//www. ihchina. cn/project. html。

推动非物质文化遗产的传承发展提供了不可忽视的正能量。比如对具有市场依附性的非物质文化遗产传统手工技艺类项目进行二次开发利用，可以使其在市场竞争中实现技艺精进与创新，在获得经济效益的过程中实现技艺的传承与延续。反观过去我们打着“保护”的旗号，割裂非物质文化遗产项目与市场的联系，使非物质文化遗产的保护传承陷入难以为继的境地。在新形势、新环境下，非物质文化遗产资源的开发利用已成为一种发展的方向，在保护好非物质文化遗产的基础上，进行合理的、有序的开发利用，使其创造一定的经济价值。当人们从中获得了一定的经济收益，其保护的积极性才会上升到一种有目的和有动力的自觉行动。只有坚持保护和开发并重，通过面向市场的非物质文化遗产产业利用运作，发挥非物质文化遗产资源的经济价值和社会效益，使非物质文化遗产保护从过去“靠政府、靠公益、靠个人”的被动消耗型模式转向“靠自身、靠市场、靠社会”的主动发展型机制，才能真正实现非物质文化遗产的健康可持续发展①。

三、非遗产业利用有利于满足人民日益增长的文化消费需求

习近平总书记指出，中国特色社会主义是物质文明和精神文明全面发展的社会主义，人民对美好生活的向往，就是我们的奋斗目标。人民对美好生活的需要日益增长已经成为新时代的重要特征和内在动力，随着物质生活水平的提高，人民对精神文化生活的需求也日益增长，我们必须从人民文化需要满足的现状出发，采取更加积极主动的创新措施，更好地满足人民的文化消费需要。文化消费是消费者对精神文化类产品及精神文化性劳务的欣赏、享受和使用。在人民文化消费需求持续增长的情况下，为了避免文化发展出现供不应求的情况，就需要借助各种资源和方式来拓宽文化供给，使人民的不同文化需求能够得到高质量的满足。

---

① 施展、周星宇：《关于“非遗文创化”的调查研究——以河南省八项传统技艺开发为例》，《文化产业》2019 年第 21 期，第 7—10 页。

我国丰富的非物质文化遗产源于人民群众的生产和生活实践，是满足人民精神文化生活需要、增进民生福祉的重要内容。当今，借助产业发展模式助推非物质文化遗产的创造性转化和创新性发展，为人民群众提供形式多样、内容丰富的文化产品和精神文化性服务，已成为人民大众乐享的文化盛宴。2022 年 1 月 5 日，TikTok 发布《2021 抖音数据报告》显示，2021 年，我国 1557 个国家级非遗项目中抖音的覆盖率已经高达 99.42%，相关视频数量同比增长 149%，累计播放量同比增长 83%。最受欢迎的十大非物质文化遗产项目是豫剧、越剧、黄梅戏、秦腔、相声、京剧、花鼓戏、柳州螺蛳粉制作技艺、陕北民歌和川剧。其中豫剧获 7743 万个赞，越剧获 5789 万个赞，黄梅戏获 5305 万个赞[①]。2021 年 7 月 16 日，文旅产业指数实验室联合淘宝发布的《非物质文化遗产消费趋势报告》显示，2020 年，淘宝非遗消费持续快速增长，有 14 个非遗产业带年成交过亿，非遗老字号成交规模连续 3 年上涨。淘宝上非遗类活跃手工艺店铺数量已超过 2.5 万家，还有近 5000 家非遗相关店铺加入了原创保护计划[②]。

非物质文化遗产消费市场可以分为传统消费市场和现代消费市场。一般来说，传统消费市场是以原汁原味的非物质文化遗产产品作为商品，这有利于非物质文化遗产原貌的保护，确保“本真性”，但其触达力有限，无法有效地激发其消费潜力；现代消费市场则主要是以非物质文化遗产作为文化元素参与消费品的生产制作，以风格化、元素化的参与向大众提供与非遗相关的产品与服务，这有利于扩大受众面和提升经济价值。两个市场并行不悖，共同发展。

四、非遗产业利用有利于后疫情时代的文化产业高质量发展

当今世界正经历百年未有之大变局，新冠肺炎疫情在全球大流行加

① TikTok：《2021 抖音数据报告》（完整版），2022 年 1 月 5 日，https：//www.sohu.com/a/514488315_121124516。

② 杨静：《2021 非遗消费趋势：14 个非遗产业带年成交过亿》，《南京晨报》2021 年 7 月 19 日。

速了变局的演化，全球产业链、供应链因非经济因素面临巨大冲击，国际经济、科技、文化等格局发生深刻调整，这为新发展阶段带来一系列新机遇和新挑战，危机并存、危中有机、危可转机。从文化产业发展大局来看，一方面，我国文化产业发展长期向好的态势没有改变，国家鼓励文化企业以高质量文化供给，增强人民群众文化获得感、幸福感的发展目标未变，推动文化产业高质量发展战略未变；另一方面，疫情给文化资本运作带来窗口期，疫情好转后，文化产业必将迎来补偿性增长。值得注意的是，疫情强化了民众的新型消费模式，培养了不可逆的消费习惯。疫情期间，在线文娱呈爆发式增长，激发了网络电影、网络视频、线上教育等线上文化业态发展活力，同时也倒逼会展、演艺等传统业态加快实施数字化、网络化、智能化转型升级，催生了“云端”观展、网上短视频直播等新业态，文化产业的数字化时代已经到来。

受新冠肺炎疫情影响和文化数字化的推动，今年“文化和自然遗产日”活动主要在网上举办，“云游非遗·影像展”获得民众广泛关注，其中腾讯视频、爱奇艺、优酷、哔哩哔哩四家长视频平台非遗影像专区的累计播放量超 1.36 亿次。抖音发起“非遗奇遇记”活动，播放量累计达 20.5 亿次；快手上线“非遗江湖——与时空对话”话题，视频总播放量 10.3 亿次。酷狗音乐为本次影像展制作了活动推广歌曲《古曲今声》，在歌词及编曲中融入了京剧、苗族古曲、琵琶、洞箫等非遗元素和传统器乐，鼓励听众通过歌曲关注非遗保护。同时，在站内上线系列非遗主题歌单，其中包含戏曲、民歌、曲艺以及国风音乐等类型的 400 多首非遗及传统文化类歌曲，累计播放 1 亿次，触达用户超 3 亿人次①。由于相关非物质文化遗产项目借助现代科技展现，其内容和形式与大众娱乐、审美需求十分贴近，因此在大众中受认可度较高。

习近平总书记明确指出，谋划“十四五”时期发展，要高度重视发展文化产业。新时期我国从纲领、目标、路线上明确了文化强国的“中

① 文旅中国网：《各地积极开展“文化和自然遗产日”活动，形成全社会参与非遗保护、传承的良好氛围》，2022 年 7 月 22 日，https：//view. inews. qq. com/a/20220722A04TH100。

国道路”，着力构建以国内大循环为主体、国内国际双循环相互促进的新发展格局，坚定不移地推进文化产业高质量发展，这些都为非物质文化遗产产业利用发展指明了方向、坚定了信心。未来，非物质文化遗产产业利用必将大有可为、大有作为。

第二节 非物质文化遗产产业利用发展模式

中共中央办公厅、国务院办公厅印发的《关于进一步加强非物质文化遗产保护工作的意见》特别强调“促进合理利用”①。非物质文化遗产产业利用本身就是一种潜力巨大的产业，关键是如何找到最佳的开发模式。目前，非物质文化遗产产业利用正以“非遗+”模式实现创造性转化、创新性发展，成为新时代美好生活的重要元素，成为新经济发展的重要增长极。笔者根据自己多年的调查研究，参考国内外相关理论，依据非物质文化遗产不同类型和文化产业不同业态，将非物质文化遗产产业利用概括为10种“非遗+”发展模式②。

一、非遗+旅游

依托本地区独具特色的非物质文化遗产资源和自然以及社会资源，在旅游项目中融入非物质文化遗产元素，发展非遗观光游、非遗体验游、非遗休闲游等多种形式的旅游项目，在景区增加非遗主题景点、非遗展示场馆、非遗体验场所等，一方面，可以满足旅游消费者对非物质文化遗产的感官体验、认知探索等深层次需求，扩大非物质文化遗产项目的知名度和旅游项目的吸引力；另一方面，也为非物质文化遗产传承人及从业者增添传承展演平台，增加了他们的谋生和传艺渠道，推动地方经

① 中共中央办公厅、国务院办公厅印发《关于进一步加强非物质文化遗产保护工作的意见》(2021年8月12日)，《人民日报》2021年8月13日。

② 本书中的案例大多选取由文化和旅游部非物质文化遗产司指导、中国旅游报社主办评选出的“2019非遗与旅游融合优秀案例”，参见陈熠瑶：《非遗与旅游融合十大优秀案例发布》，《中国旅游报》2019年6月10日。

济的发展。丰富多元的非物质文化遗产资源为非遗旅游产业提供了良好的基础，“非遗+旅游”发展模式是文化与旅游融合发展最为常见的类型，易实现、易见效。

近年来，全国各地不断推出丰富多彩的非物质文化遗产主题旅游线路，旅行社、旅游网站等专业服务平台在热门旅游目的地线路规划中增设了不少非物质文化遗产景点观览、演出观看、手工体验项目，并作为行程亮点予以推介，带动了整体旅游业的品位提升和产业链发展。非物质文化遗产保护部门还与旅游服务平台开展合作，探索推出成系列的非物质文化遗产主题旅游线路，以带给更多人好看又好玩的非物质文化遗产旅游新体验，推动非物质文化遗产与旅游融合高质量发展。特别是许多少数民族地区利用当地独特的民俗文化和民间文艺等非物质文化遗产资源开发出的一些旅游项目，寓“非遗”于“娱乐”中，使娱乐产生文化韵味，增强了旅游项目的吸引力，普遍受到了国内外游客的欢迎，成为该地区吸引游客的关键因素。比如贵州凯里麻塘通过“非遗+旅游”实现精准脱贫。贵州凯里麻塘寨是典型的革家人聚居的传统村落，革家人属于苗族的一个分支，自称是“上古传说中的射日英雄羿的后代”。麻塘是20世纪80年代贵州省人民政府确定的首批民族文化旅游村寨之一。几十年来，麻塘以革家人独特的服饰、蜡染、踩亲舞等非遗生态文化为主题发展文化旅游，走出了“非遗+旅游”的乡村振兴之路。统计显示，现麻塘年均旅游综合收入100余万元，人均年旅游收入5000余元，通过文旅融合发展实现了精准脱贫①。

文化是旅游的灵魂，旅游是文化的载体。随着民众文化素质和审美素养不断提升，游客更加期待在旅行过程中获得多元化、个性化的旅游产品。在这样的形势下，“非遗+旅游”会带给他们不一样的旅游体验，而只有对传统非遗资源挖掘得越深，非遗旅游产业才能走得更远。

---

① 杨红：《非遗与旅游融合的五大类型》，《原生态民族文化学刊》2020年第1期，第146—149页。

二、非遗+特色村镇、街区

近些年，全国各地掀起了“文化旅游热”，越来越多人选择“打卡”集文化传承、旅游休闲、特色商业等于一体的特色村镇、街区。许多地方抢抓机遇，通过老街区、民俗村、古村落、文化生态保护区等开发与建设，以当地代表性的非物质文化遗产项目为主题，建设非物质文化遗产主题展示场馆、演艺剧场、旅游景区、文化园区、特色市集等，打造“非遗”文化村、街，推动了众多非物质文化遗产项目抱团发展形成集聚效应，取得了良好的社会效益和经济效益。

最近湖北省公布了首批湖北省非物质文化遗产特色村镇、街区，武汉市江岸区吉庆民俗街名列榜首①。武汉吉庆街位于老汉口核心地带，这里融合了“老汉口”的文化沉淀和现代商业的市井繁华，丰富的文化资源环境为孕育和发展传统非物质文化遗产提供了丰厚的土壤。吉庆民俗街集合了楚剧、汉剧、湖北大鼓、湖北评书、湖北小曲、武汉杂技、木偶戏、热干面制作技艺、老通城豆皮制作技艺等大量汉派文化底蕴浓厚的国家级、省级非遗项目及非遗传承人，汉绣、湖北大鼓、湖北小曲、湖北渔鼓、湖北道情、湖北皮影戏、武汉相声、武汉剪纸、合记老福庆和牛肉粉制作技艺等数十项非物质文化遗产项目在这里常驻或经常开展展示、交流活动。如今，湖北大鼓、独弦琴等非遗表演融入街头吹拉弹唱，民间手工艺花车、中庭非遗互动展览也成为重要景观，深受武汉市民和游客喜爱。武汉吉庆街涵盖餐饮、休闲、商务、文化体验、文化创意五大功能，包括以非物质文化遗产美食、特色夜宵为主的餐饮功能，以汉派民俗、非物质文化遗产传统技艺等为主的文化体验功能。“非遗+”充分融入市民生活，打造出丰富的文化体验盛宴。

“非遗+特色村镇、街区”模式必须坚持特色化和差异化发展，“非遗”特色村镇、街区建设必须具有独特的地理优势和深厚的非物质文化

① 湖北省文化和旅游厅：《省文化和旅游厅关于公布湖北省首批非遗特色村镇街区名单的通知》，2022 年 5 月 26 日，http：//wlt. hubei. gov. cn/zfxxgk/zc/qtzdgkwj/202205/t20220526_4147208. shtml。

遗产沉淀，体现特色村镇、街区文化的根底与内涵，坚持在传承与保护中守其魂、扬其新，做精做强“非遗”相关文化产品和品牌。深入挖掘非物质文化遗产的价值，使其融入现代生活，深化非遗体验，给人们不一样的体验。

三、非遗+主题研学

非物质文化遗产主题研学是将非物质文化遗产教育与旅游体验结合起来，为广大民众特别是青少年群体架设与非物质文化遗产亲密接触的桥梁。非物质文化遗产作为与传统文化弘扬、民间知识技艺传习、文化自信培养息息相关的教育资源，通过研学旅行将教育与娱乐、文化与旅游、观光与体验、认知与创造融于一体，引导青少年走进非物质文化遗产传习环境中来，通过非遗文化体验、培训、参与、互动、拓展训练等研学旅行活动，零距离感受中国传统文化的魅力，传承和弘扬中华优秀传统文化。

为传承弘扬景德镇非物质文化遗产，景德镇恢复了古窑传统制瓷作坊，并复建复烧瓷窑，聚集了200多位非物质文化遗产传承人，开展非物质文化遗产传习和研学体验活动，既保障非物质文化遗产技艺的传承，也使景德镇古窑景区重新焕发生机与活力，成为代表千年瓷都的一张瑰丽名片。江西婺源有徽剧、绿茶制作技艺等5项国家级非物质文化遗产，有甲路纸伞制作技艺等12项省级非物质文化遗产。婺源将非物质文化遗产与旅游景区、研学游等融合，还将徽剧、傩舞、抬阁、地戏、灯彩等非物质文化遗产项目展示融入参观游览项目中，推出了一系列文化展示体验类景点，全县4A级以上景区目前均有非物质文化遗产项目常驻展示，有效提升了景区的文化内涵①。

四、非遗+文创产品

“非遗+文创产品”模式是通过创意性和应用性设计，将非物质文化

① 牧青：《“非遗+旅游”，活态传承的“薪火”》，《中国文化报》2021年1月30日。

遗产中的某些元素和技艺，通过文化艺术创意物化的商品展示出来，使其蕴含的历史、艺术、科技、社会等价值变得更加丰富、形象、生动。比如我国各地区各民族的纺染织绣、编织扎制、雕刻雕塑、剪纸刻绘等传统工艺，材美工巧，技艺独特，具有鲜明的地域特色和民族风格，如今许多遗产地通过生产性保护方式，加以合理利用，以这些传统工艺技术为基础，根据现代人审美需求创制的独特文创产品，深受消费者的喜爱。这种模式大多以非物质文化遗产工坊、博物馆、文化产业园、主题景区为主要制作和交易载体而形成市场规模。“非遗+文创产品”模式将地域特色鲜明的非物质文化遗产资源以产品的形式生动、丰富地呈现给消费者，这是延伸文化产业链、提高产品附加值、塑造产业品牌形象的有效手段。

贵州丹寨锦绣谷以乡镇合作社、村寨工坊以及系统的技能培训为途径，保护并提升苗族、侗族、瑶族、水族等民族的刺绣、蜡染、织布、造纸等传统工艺，打造包括锦绣谷、锦绣包、锦绣坊、锦绣社的“锦绣体系”文创产品。通过手工工艺与产品款型的组合，利用锦绣体系打造时尚化、创意化、民族手工艺的“创新工场”，并通过“实体店+电子商务”的方式，拓展“村寨故事”品牌连锁店，进行手工产品的规模化和规范化生产。他们通过高原创性的手工艺和高创新性在店体验方式，专注打造民族手工产品的品牌影响力，由此成为我国民族文创的代表性品牌①。

五、非遗+影视

传统非物质文化遗产是依托人与人之间的身口相传而存在。“非遗+影视”模式就是依靠电视、电影、新媒体等媒介，利用数字化技术和网络平台，将这些经年累月的“传承”化无形为有形，把非物质文化遗产的表演形式、制作工艺、传承手段等完整记录下来，并传播出去。特别是随着5G技术的快速发展，数据传输效率大幅优化为4K、8K高清视频

① 牧青：《“非遗+旅游”，活态传承的“薪火”》，《中国文化报》2021年1月30日。

在移动端上的流畅播放扫清了障碍，VR、AR 虚拟现实和增强现实技术为视频制作增加了沉浸感、舒适度视觉效果，使人们能在云端享受视听盛宴，从而推动了非物质文化遗产向影视方向快速发展，影视逐渐成为延续非物质文化遗产保存和传播的重要载体，它不仅为后人欣赏学习研究留下了珍贵资料，而且为视听艺术的发展及认知拓宽了渠道。

在电视节目里，将传统文化融入现代综艺节目中，以观众特别是年轻观众喜闻乐见的方式融入非遗元素，展示非物质文化遗产之美，正在成为热潮。如中央和地方媒体开设专题专栏，推出一系列非遗专题片、纪录片，经典的传统技艺以绚丽浪漫的形式得到展示，彰显了中华非遗文化的神韵风采。如大型纪录片《记住乡愁》，主题动画片《大禹治水》《愚公移山》《杨家将》《百鸟朝凤》等深受观众喜爱。2021 年 2 月国家京剧院和咪咕公司协力推出的线上京剧《龙凤呈祥》5G+4K 超高清演播项目，传统戏剧借助 VR 技术以多视角、多机位呈现舞台画面并加入“云导赏”“云解说”等幕后花絮环节，让观众得以自主选择观赏视角，并对线下剧场环境进行“复刻”与升级，上线叫好、鼓掌、打赏等弹幕、表情包功能，创制“云打赏”“云包厢”等模式，强化了云端剧场在场互动的体验感。在现代电影中，非遗元素正以不同的方式融入影视作品中，有的还成为热门影视作品。如《哪吒之魔童降世》作为国内动画历史上第一部 IMAX 电影获得巨大成功，不仅在于其先进的动画技术带来的令人震撼的视觉效果，同时还在于主人公哪吒是中国神话传说中家喻户晓的人物形象，有着自带的偶像光环，十分丰富的情节以及其所弘扬的积极向上的精神。

值得注意的是，随着互联网的快速发展，人们每天都可以接收到海量的信息，同时也都有机会成为传播的主体，在这种“人人都是麦克风”的背景下，任何人都可以通过简单操作将自己拍摄的短视频上传到短视频平台。短视频平台为非物质文化遗产的传播创新了渠道，激发出新的活力。例如快手、抖音都属于包罗万象的短视频平台，与以往的大众媒体相比，最大特点是优化了受众的体验感，增加了点赞、转发、评论、私信、AR/VR 扫描等功能区，它们作为非物质文化遗产短视频的传播渠道，能够使受众全身心融入非物质文化遗产的欣赏与传播中①。非物质文化遗产传承人将一系列短视频上传至短视频平台上，创造性地将民间文艺和传统技艺与现代大众文化及其元素相结合，成功激起了人们对非物质文化遗产知识和产品的追捧，也间接带动了非物质文化遗产产品的线下线上产业的发展。

六、非遗+节庆

节庆活动是以节日庆典为主要内容的非日常交往活动，传统节庆以民间信念为基础，通过现场集聚、仪式分享和狂欢融汇，达到休养生息和群体认同的目的。在我国，与节事相关的民俗类非物质文化遗产资源非常丰富。据不完全统计，在国家级非物质文化遗产名录项目中，各地传统节日、民族节日、祭典仪式、庙会书会、灯会花会等民俗活动就有197 项，而省、市、县三级非物质文化遗产名录中节日民俗类项目的数量更大。特别是春节、元宵节、清明节、端午节、七夕节、重阳节等中华传统节日在全国各地都有形式多样、内容丰富的民俗活动；少数民族节日更是各具特色，呈现出浓厚的民族特色。另外，各种庙会、灯会、书会、花会等民间文化活动也丰富多彩②。随着时代的发展，这种原本只在民间举行的节庆活动现在也常被用于旅游开发，从而演变成以仪式为框架的非日常狂欢体验活动。感受集体狂欢的自由与快乐，释放积累的烦恼与压力，张扬生命的激情与力量，成为节庆活动人本价值的最终落脚点。

为了弘扬中国传统文化，彰显华夏节庆风采魅力，发展旅游文化产业，现在各地都推出了以传统节庆为主题的节会。例如，“壮族三月三”期间，广西开展“八桂嘉年华”活动，在 14 个市区同步组织开展 1000 多场各类文体活动，集中展示壮乡特色歌舞表演、壮乡美食、壮乡非物

---

① 梁文锐、李秋园：《基于短视频探析非遗产业化经济发展》，《新闻研究导刊》2021 年第 12 期，第 24—26 页。

② 杨红：《非遗与旅游融合的五大类型》，《原生态民族文化学刊》2020 年第 1 期，第 146—149 页。

质文化遗产技艺，营造热烈的节日氛围，吸引广大观众参与，激发人们关注传统文化的热情。再如，南京秦淮灯会是首批国家级非物质文化遗产名录项目，作为一项重要的民俗文化活动，其历史可追溯到六朝初期，元宵夜游观灯的风俗延绵千年，花灯似海，人涌如潮，记述灯会繁盛场景的历代诗词、民间故事比比皆是。自 1986 年南京市秦淮区在大成殿恢复举办夫子庙灯会，秦淮灯会再次回到百姓生活中以来，至今已连续举办 30 多届，累计吸引游客 1.5 亿人次。近几年，灯会期间，灯彩销售额超过 1000 万元，老城南区域旅游综合收入达 100 多亿元，占秦淮区全年旅游总收入的近 20%①。

七、非遗+演艺

非物质文化遗产表演艺术包括传统音乐、传统舞蹈、传统戏剧、曲艺、传统体育等项目，其生存和发展与所处的自然地理环境、社会风俗习惯、群体文化观念、民众艺术审美趣味等因素联系在一起，因其具有浓厚的地方色彩、厚重的历史积淀和广泛的群众基础，以及独特的表演艺术，深受地方百姓的喜爱。在倡导挖掘非物质文化遗产特有价值，并将其视为一种“文化产业资源”的当下，充分发挥非物质文化遗产表演艺术的多维价值，在保持其精髓、灵韵的舞台“本真性”基础上，大力发展新的演艺产业，已成为我国文化产业发展的重要途径。如今，非物质文化遗产演出进景区，大大小小的山水实景演出、文旅演艺和歌舞类表演等无疑是对非物质文化遗产演艺文化的再开发。

大型桂林山水实景演出《印象·刘三姐》把“甲天下”的广西桂林阳朔的山水与著名的“刘三姐”民间传说和民族民歌文化进行融合，通过现代科技手段进行表现，让自然风光与人文精神交相辉映。它以渔家生活为素材，以漓江山水实景为舞台和背景，把民族服饰、歌、乐、舞、人、兽、畜、桥、浮岛等各种人文要素有机地组合起来，主要以当地青

---

① 张江信、袁婷婷：《秦淮灯会：立足传统巧创新活态传承促发展》，《中国旅游报》2019 年 7 月 4 日。

年为演员，将刘三姐的经典山歌、民族风情、漓江渔火等元素创新组合，并使用高科技手段提升演出内涵和艺术表达力，特别采用了当时最先进最大规模的环境艺术灯光系统、独特的烟雾效果系统以及极具震撼力的音响系统，并将这些系统采用隐蔽式设计，与环境融为一体，大写意地诠释了人与自然和谐、天人合一的艺术境界，场面宏大，气势恢宏，效果独特，集唯一性、艺术性、震撼性、民族性、视觉性于一身，开创了以天地自然物体作为艺术元素的中国山水实景演出的全新形式，探索出一条文化、自然和科技有机融合发展的山水实景演出文化产业的新路子①。

八、非遗+文博

2005 年，我国启动了非物质文化遗产全面普查，获得了大量文字、图片、录音、录像资料，各项整理、保护、研究工作现在还在继续进行。在此基础上，各地建立了本区域内非物质文化遗产项目数据库和各种非物质文化遗产主题博物馆，如上海世界非遗文化城中就有：中国民间皮影艺术馆、中国剪纸博物馆、中国钧瓷博物馆、中国古建博物馆、国际根雕奇石艺术馆、古代石雕博物馆、国粹馆、非遗文化主题街等大型非遗文化场馆（街），让游客身临悠久的非遗文化之境，在参观中开阔视野，熏陶情操，受到越来越多游客的青睐②。

传统的非物质文化遗产博物馆，主要是将非遗实物存放在特定的场地（空间）中，对空气温度、湿度的要求较为严格，因此观众进行近距离接触比较困难，更无法参与其中进行深度体验。近些年来，随着新媒体技术的发展，人们采用数字化技术仿真复原非物质文化遗产，利用智能媒体平台技术优势，运用数字音频、视频等多媒体手段，开设线上展示平台、云博物馆等，非遗数字博物馆极大地满足了广大观众对于非物

---

① 黄永林：《数字化背景下非物质文化遗产的保护与利用》，《文化遗产》2015 年第 1 期，第 1—10，157 页。

② 搜狐网：《“非遗+”促进非遗文化产业升级发展新模式》，2022 年 7 月 22 日，https：//www. sohu. com/a/204075279_656756。

质文化遗产欣赏和体验的需求。

昆曲是汉族传统戏曲中最古老的剧种之一，是戏曲艺术中的珍品，2001 年被联合国教科文组织列为首批“人类口头和非物质遗产代表作”名单。英国剑桥大学考古与人类学博物馆及剑桥大学“康河计划”联合主持的“全球昆曲数字博物馆”项目，是全球首个中英双语的昆曲数字博物馆。该项目十分重视昆曲文化的“活态”展示与传承，汇集了中国江苏“中国昆曲博物馆”和英国剑桥大学所保存的昆曲藏品，呈现了大量珍贵影像与文献资料，还运用了虚拟现实技术，使用户通过 VR 眼镜实现在剧场、戏台、园林等多重实景 360 度观赏昆曲的效果。为了让年青一代关注非物质文化遗产，欣赏昆曲之美，项目也邀请了服装、珠宝、绘本和图书装帧艺术家进行跨界合作，推动了海内外人文交流，吸引了广泛关注①。

九、非遗+饮食

“民以食为天”，饮食在人民群众的日常生活中具有最重要的地位。在数千年的历史积淀中，我国人民依据各地、各民族不同的生态环境、物候特产与生活习惯，创造并世代传承着富有民族或地域特色的饮食文化。饮食类非物质文化遗产项目不仅仅只是饮食制作的技艺，即关于食材挑选、配料加工、菜肴烹制和美食消费相关的知识和实践，也是人际交往、礼仪节庆等社会活动的重要组成部分，传达着中国人尊崇自然、顺应时节、食疗养生等思想观念和健康理念②。国务院公布的第五批国家级非物质文化遗产代表性项目名录中，柳州螺蛳粉制作技艺、沙县小吃制作技艺、上海梨膏糖制作技艺、桂林米粉制作工艺等上榜。

“去一座城，吃最地道的美食。”特色非物质文化遗产美食逐渐成为

① 黄永林、余欢：《智能媒体技术在非物质文化遗产传播中的运用》，《华中师范大学学报》（人文社会科学版）2019 年第 6 期，第 122—129 页；原载国际·人民网：《“全球昆曲数字博物馆”开幕仪式于剑桥大学举办》，2022 年 7 月 22 日，http：//world. people. com. cn/n1/2017/0826/c1002-29496035. html。

② 田野、王晓彤、谯娇等：《品味舌尖上的非遗》，《文化月刊》2021 年第 9 期，第 6—9 页。

目的地闪亮的名片，成为一些地方文化的代表符号。以沙县小吃走红为例，早在 1997 年，位于福建三明的沙县成立了县长兼任组长的沙县小吃业发展领导小组，下设“小吃办”，成立了沙县小吃同业公会，把小吃当成产业来抓，还将每年的 12 月 8 日定为“沙县小吃节”。一业兴而百业旺，如今的沙县小吃不仅是独立的餐饮产业，而且融入沙县人民的日常生活，成为沙县城乡发展的重要推动力，现已初步形成了包括原料生产、物流配送、餐饮服务、文旅康养等在内的产业集群，第三产业增加值 2020 年突破 100 亿元。以旅游为例，小吃旅游文化城、小吃科技馆、小吃民俗馆等展示沙县小吃饮食文化的景点，每年吸引超 500 万人次来沙县观光旅游，2019 年旅游总收入 54.48 亿元①。

十、非遗+民宿

过去，传统旅游住宿业态主体同质化现象严重，不能很好地满足不同旅游消费者多元化需求。如今，旅游消费者对住宿的需求已不再局限于单一的住宿场景，而是希望得到包括旅游观光、文化体验、度假旅游在内的深层次文旅体验，而非物质文化遗产与民宿结合的模式致力于打造有别于传统的住宿体验，注重特色建筑风格的打造，注重体验式环境的营造，注重个性化和特色化服务的提供，增强了入住旅客的文化体验，满足了消费者多样化的心理诉求，因此备受旅游者的青睐，也为非物质文化遗产产业利用开辟了活化路径。

宋庄是我国以非物质文化展示为主题的民宿发源地，位于江苏省徐州市新沂市马陵山景区西北山麓的棋盘镇，其南侧为山水大道，连通新沂市山、湖、古镇景区，交通位置优越；其东侧 3000 米处为享有“东方土筑金字塔”之称的花厅遗址，见证我国南北文化交流，历史底蕴深厚；其四周山水相间，谷壑纵横，自然风光秀美。民宿注重建筑风貌和文化内核的一致性，在主体建设上，立足本地原生资源，集宋庄元素、新沂风情、苏北特色于一体，展现人与自然和谐共生。在内部装修上，

---

① 项开来、林超：《沙县小吃的前世今生》，《新华每日电讯》2021 年 6 月 17 日。

紧扣文旅融合大潮，融入新沂剪纸、新沂蓑衣、东路柳琴等众多省级以上非物质文化遗产元素，凸显文化遗产传承保护及活态运用，使得民宿与民宅浑然一体、文化与旅游相得益彰。宋庄民宿的打造，在加强非物质文化遗产保护传承，展示新沂非物质文化遗产独特魅力，让外来游客近距离感受体验新沂非物质文化遗产文化，提升民宿行业对地方传统文化的认识等方面发挥了重要作用。这种旅游与非物质文化遗产文化结合的探索，通过旅游实现了非物质文化遗产的活态传承，反过来，又通过非物质文化遗产文化带动了旅游体验感的提升①。

综上所述，在实现了第一个百年奋斗目标、建成小康社会之后，在向着全面建成社会主义现代化强国的第二个百年奋斗目标迈进征程中，我国非物质文化遗产保护利用也将迎来新的历史使命和艰巨任务。中共中央办公厅、国务院办公厅印发的《关于进一步加强非物质文化遗产保护工作的意见》提出，到 2025 年，人民群众对非物质文化遗产的参与感、获得感、认同感显著增强，非物质文化遗产服务当代、造福人民的作用进一步发挥。到 2035 年，非物质文化遗产在推动经济社会可持续发展和服务国家重大战略中的作用更加彰显②。进入新时代，我国非物质文化遗产产业利用将面临前所未有的机遇和重大挑战，我们要坚定文化自信，坚持守正创新，踔厉奋发去创造新的辉煌。

首先，坚持守正创新。要坚持马克思主义国家观、文化观、历史观，坚持以习近平新时代中国特色社会主义思想为指导，坚持以社会主义核心价值观为引领，坚持创造性转化、创新性发展方针；坚守中华文化立场、传承中华文化基因，科学地把握非物质文化遗产独特的传承规律、文化内涵和当代价值，进一步促进人们对非物质文化遗产的自觉珍视和积极保护，以坚韧的守望和坚持，薪火相传，代代守护；坚持以人民为中心，努力增强人民群众对非物质文化遗产的参与感、获得感、认同感，

---

① 消费日报网：《国内首家非遗主题民宿：新沂宋庄民宿国庆正式亮相》，2022 年 7 月 23 日，https：//baijiahao. baidu. com/s？ id = 1647077258835276701&wfr = spider&for = pc。

② 中共中央办公厅、国务院办公厅：《关于进一步加强非物质文化遗产保护工作的意见》，《人民日报》2021 年 8 月 13 日。

更好地满足人民群众对美好生活的新期待。

其次，坚持创新发展。非物质文化遗产不仅覆盖了人们传统的生活方式和生产方式的方方面面，也与当代人们的日常生活有着十分密切的联系，必须在有效保护前提下，让它们融入人们的现实生活中去。通过创新注入新活力，从非物质文化遗产中提取出关键元素，结合现代审美理念进行创新，形成新风格，将其转变为新时代美好生活的重要元素，开发出具备审美和实用双重功能的为广大民众所喜爱的文化产品。只有这样，非物质文化遗产才能保有最长久的生命力和活力。

再次，坚持科技驱动。在信息化、媒介化、数字化和智能化时代，技术进步的决定性作用，特别是核心技术的关键性作用日益明显。5G、大数据、云计算、物联网、人工智能等技术的不断发展，为非物质文化遗产的保护利用提供了强大的技术支持。要积极利用这些新技术，创新非物质文化遗产的工艺设计、生产流程、制作方式和传播手段，实现从保护到活化，促进非物质文化遗产价值的创新转化，延续中华民族文化精神根脉，发挥非物质文化遗产在推动经济社会发展中的独特作用。

最后，当今，“非遗+”正在以多种产业模式开始显现其独特效力；未来，“非遗+”理当以更多种创新方式发挥更大的作用。一方面，要深入提炼非物质文化遗产中的优秀文化传统与新时代文化精神的契合点，进行创造性转化，使之成为社会主义精神文明建设的深厚滋养；另一方面，要使非物质文化遗产更好地回归大众生活，融入现代社会，让其真正“活”起来，“火”起来，在创新型发展中，把文化资源转化为产业，使之成为新时代经济发展的重要增长极。通过守正创新，让传统的非物质文化遗产在现代社会中焕发生机活力，为全面建设社会主义现代化国家新征程提供强大的精神力量和丰富的经济资源。

下编

非遗教育与研究探讨

XIABIAN

FEIYI JIAOYU YU YANJIU TANTAO

第六章 中国非物质文化遗产学的建构*

在保护世界文化遗产和维护人类文化多样性理念下，正在全世界蓬勃兴起的非物质文化遗产保护工作与中国政府积极推动的非物质文化遗产保护实践，是中国非物质文化遗产学科形成的社会历史文化背景。从非物质文化遗产概念的形成到保护内容的拓展，从世界保护潮流到中国保护经验，这些都为中国非物质文化遗产学的建立奠定了坚实的基础。伴随着中国专业化、系统化的非物质文化遗产保护工作如火如荼地展开，学界也针对这一热门现象和相关问题开展了学术研究，伴随着研究的不断深入，非物质文化遗产学科建设也在探索中悄然开展起来，由此引发了对建立中国非物质文化遗产学的思考。可以说，中国非物质文化遗产学的建立既是世界文化发展潮流影响的必然结果，也是现代中国社会历史文化转型的必然选择，更与民间文艺学、民俗学、历史学、民族学等传统学科有着密切而又复杂的学术联系。研究中国非物质文化遗产学形成的历史背景、厘清它与相关学科的关系，对明确非物质文化遗产学的学科归属、定位以及发展方向具有十分重要的意义。

第一节 中国非物质文化遗产学产生的历史背景

中国非物质文化遗产学的发轫，既是世界非物质文化遗产保护国际

---

* 本节原题《中国非物质文化遗产学形成的历史背景与学科定位》（与邓清源合作），原载《民俗研究》2021 年第 5 期。

潮流影响的结果，也是中国非物质文化遗产保护实践发展的必然要求。从它的概念产生的历程到保护具体内容的变化，从中国加入缔约国到形成中国保护经验，都为中国非物质文化遗产学的产生奠定了坚实的基础。

一、非物质文化遗产保护的国际背景

1. 从“物质文化遗产”保护到“口头和非物质遗产”保护

第二次世界大战结束后，一方面，发展中国家为加速现代化进程，大多选择了工业化发展的道路，在经济发展的同时，大量的文明古迹也受到破坏。另一方面，随着经济社会的迅猛发展和现代西方文化潮流在全球范围内的迅速扩展，许多弱小民族的传统文化逐渐消失，甚至有一部分人类优秀文化遗产遭到破坏。为应对这一情况，1972 年 11 月 16 日，联合国教科文组织在巴黎通过了《保护世界文化和自然遗产公约》（以下简称《公约》）。《公约》的颁行，为保护世界范围内的文化与自然遗产，发挥了非常重要的推动作用。但是《公约》中所说的“文化遗产”，实际上指的是物质类的文化遗产。

随着文化遗产保护实践的不断深入，人们逐渐认识到仅仅对物质性的、有形的文化遗产保护并不能涵盖文化遗产的全部内容。1989 年 11 月 15 日，联合国教科文组织第二十五届会议在巴黎通过了《保护传统文化和民俗的建议》（又译《保护民间创作建议案》）（以下简称《建议》）①，《建议》强调“考虑到民俗是构成人类遗产的一部分，是将不同人和社会团体聚到一起并标明其文化身份的一个强有力的手段；注意到其社会、经济、文化和政治重要性，在人类历史中的角色，及其在当代文化中的地位；强调民俗作为文化遗产和生活文化的一个主要部分的特性与重要性；认识到民俗的传统形式，特别是那些与口头传统有关的方面具有的极度脆弱性和可能遗失的危险；着重强调在所有国家认识民俗地位的需要和面临来自多种因素的危险；认为政府在保护民俗中应扮

① 1989 年，在联合国教科文组织第二十五届全体大会上通过的《保护民间创作建议案》，英文原题为 *Recommendation on the Safeguarding of Traditional Culture and Folklore*，也译为《保护传统文化和民俗建议案》。

演一个决定性的角色，并尽快采取行动”。“民俗（或传统的大众文化）是文化团体基于传统创造的全部，通过群体或个人表达出来，被认为是就文化和社会特性反映团体期望的方式；其标准和价值是通过模仿或其他方式口头流传的。其中，其形式包括语言、文学作品、音乐、舞蹈、游戏、神话、仪式、习俗、手工艺品、建筑及其他艺术。”[①] 尽管该《建议》尚未正式提出“非物质文化遗产”这一概念，但是已经将文化遗产保护从有形的物质文化遗产范围扩展到了无形的“传统文化和民俗”中，其保护的内容和后来的“非物质文化遗产”界定的范围非常接近。可以说，《建议》为非物质文化遗产概念的正式提出奠定了基础。

1998 年，为配合《建议》的后续活动，联合国教科文组织又颁布了《宣布人类口头和非物质遗产代表作条例》（以下简称《条例》），《条例》将“传统文化和民俗（民间创作）”的概念修改为“口头和非物质遗产”，指出其宗旨为：

> ①宣布的目的在于奖励口头和非物质遗产的优秀代表作品。这一口头和非物质遗产（文化场所或民间和传统表现形式）将被宣布为人类口头和非物质遗产代表作。②此项目旨在鼓励各国政府、各非政府组织和各地方社区开展鉴别、保护和利用其口头和非物质遗产的活动，因为这种遗产是各国人民集体记忆的保管者，只有它能够确保文化特性永存，宣布的目的还在于鼓励个人、团体、机构或组织根据教科文组织的各项目标，并配合教科文组织在这方面的计划，尤其是配合《保护民间创作建议案》（1989 年）的后续活动，为管理、保护、保存或利用有关的口头和非物质遗产做出卓越贡献。③在进行这种宣布的范围内，“文化场所”的人类学概念被确定为一个集中了民间和传统文化活动的地点，但也被确定为一般以某一周期（周期、季节、日程表等）或是一事件为特点的一段时间。这

① 联合国教科文组织：《保护传统文化和民俗的建议（1989）》，2010 年 4 月 21 日，http：//www.ihchina.cn/zhengce_details/15720。

段时间和这一地点的存在取决于按传统方式进行的文化活动本身的存在。④根据上述《建议案》，“口头和非物质遗产”一词的定义是指“来自某一文化社区的全部创作，这些创作以传统为依据、由某一群体或一些个体所表达并被认为是符合社区期望的作为其文化和社会特性的表达形式；其准则和价值通过模仿或其他方式口头相传，它的形式包括：语言、文学、音乐、舞蹈、游戏、神话、礼仪、习惯、手工艺、建筑术及其他艺术。”除了这些例子以外，还将考虑传播与信息的传统形式。①

《条例》与《建议》相比，《条例》更是一个操作性的文件，就保护的具体内容而言有三个明显的变化：其一是名称的变化。由“民间创作”（或“传统文化和民俗”）改为“人类口头和非物质遗产”，提出了“非物质遗产”概念；其二是保护范围有所扩大。在原来的“民间传统文化表现形式”的基础上，扩大到“文化空间”——某种集中举行民间和传统文化活动的地点，或一段通常定期举行特定活动的时间。其三是保护内容有所增加。在原来的10种“民间传统文化表现形式”基础上增加了“传播与信息的传统形式”，使保护内容达到11种形式。

2. 从“口头和非物质遗产”保护到“非物质文化遗产”保护

2001年11月2日，联合国教科文组织第三十一届会议通过的《世界文化多样性宣言》强调了世界各国各民族的文化遗产对于维护人类文化多样性的重要意义。关于“文化多样性”的表述如下：

第一条　文化多样性——人类的共同遗产。文化在不同的时代和不同的地方具有各种不同的表现形式。这种多样性的具体表现是构成人类的各群体和各社会的特性所具有的独特性和多样化。文化多样性是交流、革新和创作的源泉，对人类来讲就像生物多样性对

① 联合国教科文组织：《宣布人类口头和非物质遗产代表作条例（1998）》，2010年4月21日，http：//www. ihchina. cn/zhengce_details/15719。

> 维持生物平衡那样必不可少。从这个意义上讲，文化多样性是人类的共同遗产，应当从当代人和子孙后代的利益考虑予以承认和肯定。第二条 从文化多样性到文化多元化。在日益走向多样化的当今社会中，必须确保属于多元的、不同的和发展的文化特性的个人和群体的和睦关系和共处。主张所有公民的融入和参与的政策是增强社会凝聚力、民间社会活力及维护和平的可靠保障。因此，这种文化多元化是与文化多样性这一客观现实相应的一套政策。文化多元化与民主制度密不可分，它有利于文化交流和能够充实公众生活的创作能力的发挥。第三条 文化多样性——发展的因素。文化多样性增加了每个人的选择机会；它是发展的源泉之一，它不仅是促进经济增长的因素，而且还是享有令人满意的智力、情感、道德精神生活的手段。①

为进一步落实《世界文化多样性宣言》所提出的保护世界文化多样性的工作，促进文化遗产的全面保护，考虑到国际上现有的关于文化遗产和自然遗产的协定、建议书和决议需要有非物质文化遗产方面的新规定有效地予以补充，考虑到必须提高人们，尤其是年青一代对非物质文化遗产及其保护的重要意义的认识，考虑到国际社会应当本着互助合作的精神与本公约缔约国一起为保护此类遗产做出贡献，2003 年 10 月 17 日，联合国教科文组织第三十二届会议正式通过《保护非物质文化遗产公约》（以下简称《公约》）。作为国际非物质文化遗产保护领域迄今为止最有权威、影响最大，并且最具法律效应的联合国教科文组织文件，一方面，总结和概括了此前有关传统民间创作和口头与非物质文化遗产研究成果；另一方面，对《宣布人类口头和非物质遗产代表作条例》中有关“口头与非物质遗产”的名称和定义作了修正。首先，用“非物质文化遗产”代替了“人类口头和非物质遗产”，使之成为国际通用的正

---

① 联合国教科文组织：《世界文化多样性宣言（2001）》，2010 年 4 月 21 日，http：//www. ihchina. cn/zhengce_ details/15718。

式概念。其次，对“非物质文化遗产”概念进行重新定义：非物质文化遗产指被各社区、群体，有时是个人，视为其文化遗产组成部分的各种社会实践、观念表述、表现形式、知识、技能以及相关的工具、实物、手工艺品和文化场所。这种非物质文化遗产世代相传，在各社区和群体适应周围环境以及与自然和历史的互动中，被不断地再创造，为这些社区和群体提供认同感和持续感，从而增强对文化多样性和人类创造力的尊重。在本公约中，只考虑符合现有的国际人权文件，各社区、群体和个人之间相互尊重的需要和顺应可持续发展的非物质文化遗产。其定义比《条例》和《建议》中的相关定义更为翔实、科学和精准。最后，对“非物质文化遗产”进行重新分类。非物质文化遗产包括以下方面：(1) 口头传统和表现形式，包括作为非物质文化遗产媒介的语言；(2) 表演艺术；(3) 社会实践、仪式、节庆活动；(4) 有关自然界和宇宙的知识和实践；(5) 传统手工艺。《公约》将《条例》中的十一个类别进一步概括为五大类别，形成两层六类结构，即传统的文化表现形式和文化空间两个层次，前者包含五种形式，后者则是与前五类相对应的文化空间，为第六类[①]。在现已公布的世界非物质文化遗产代表作名录中，就有属于“文化空间”的非物质文化遗产项目。特别是《公约》第四章“国际一级保护非物质文化遗产”，明确由缔约国成员选举的“政府间保护非物质文化遗产委员会”（以下简称“委员会”）提名、编辑、更新和公布人类非物质文化遗产代表作名录，急需保护的非物质文化遗产名录，保护非物质文化遗产的计划、项目和活动（优秀实践名册）。

2005 年 10 月 20 日，联合国教科文组织第三十三届会议通过的《保护和促进文化表现形式多样性公约》进一步强调，确认文化多样性是人类的一项基本特性，认识到文化多样性是人类的共同遗产，应当为了全人类的利益对其加以珍爱和维护，意识到文化多样性创造了一个多姿多彩的世界，它使人类有了更多的选择，得以提高自己的能力和形成价值

---

① 联合国教科文组织：《保护非物质文化遗产公约（2003）》，2003 年 12 月 8 日，http://www.ihchina.cn/zhengce_details/11668。

观，并因此成为各社区、各民族和各国可持续发展的一股主要推动力，在民主、宽容、社会公正以及各民族和各文化间相互尊重的环境中繁荣发展起来的文化多样性对于地方、国家和国际层面的和平与安全是不可或缺的，颂扬文化多样性对充分实现《世界人权宣言》和其他公认的文书主张的人权和基本自由所具有的重要意义。”第四条第一款对“文化多样性”的解释是“指各群体和社会借以表现其文化的多种不同形式。这些表现形式在他们内部及其间传承”①。

在联合国教科文组织的大力推动下，保护非物质文化遗产已获全世界国家的广泛共识，保护工作已形成国际潮流，并取得巨大成绩。截至 2020 年 12 月，加入联合国教科文组织《保护非物质文化遗产公约》的缔约国共 178 个，目前仅有美国、英国、加拿大、澳大利亚、新西兰、俄罗斯、以色列、利比亚等少数国家尚未加入本公约②。截至 2022 年 12 月，联合国教科文组织非物质文化遗产名录（名册）项目共计 677 个，涉及 140 个国家。其中人类非物质文化遗产代表作名录 568 项，涉及 136 个国家；急需保护的非物质文化遗产名录 76 项，涉及 40 个国家；优秀实践名册 33 项，涉及 31 个国家。我国列入联合国教科文组织非物质文化遗产名录（名册）项目共计 43 项。其中人类非物质文化遗产代表作 35 项（含昆曲、古琴艺术、新疆维吾尔木卡姆艺术和蒙古族长调民歌）；急需保护的非物质文化遗产名录 7 项；优秀实践名册 1 项③。

二、非物质文化遗产保护的中国实践

中国是有着悠久历史的多民族的文明古国，拥有数量众多、异彩纷呈的非物质文化遗产，它们与中华五千年文明有着深厚的渊源，植根于民族民间的沃土中，蕴含着中华民族特有的精神价值、思维方式和文化

---

① 联合国教科文组织：《保护和促进文化表现形式多样性公约（2005）》，2006 年 12 月 28 日，http：//www. ihchina. cn/zhengce_ details/15716。

② 《缔约国名单》，http：//www. ihchina. cn/contracting_ list. html。

③ 《联合国教科文组织非物质文化遗产名录（名册）》，http：//www. ihchina. cn/directory_ list. html#target1。

意识，体现着中华民族的生命力和创造力，也是中华民族身份的象征。尽管“非物质文化遗产”概念是21世纪初才出现并进入国人视野，但自觉保护文化遗产的传统在我国自古有之。先秦时期，我国第一部诗歌总集《诗经》就搜集西周初年至春秋中叶的诗歌共311篇，其中有不少是对民间歌谣的记录整理，它在收集、整理和保护传承民族民间文化方面所形成的传统，对中华文化的传承与发展产生了深远的影响。在汉代，我国就有搜集民间歌谣俗曲的机构——乐府。《汉书·艺文志》：“自武帝立乐府而采歌谣，于是有赵、代、秦、楚之风。”古人的民间文艺搜集整理工作，为后人留下了一笔宝贵的精神财富。中国现代文化史上的北京大学歌谣学运动、中山大学民俗学运动以及延安解放区以“走向民间”为特征的文艺运动都推进了中国民间文化保护与研究的现代化进程。

中华人民共和国成立后，党和政府十分重视民间文艺。1950年，中国民间文艺研究会成立（后改名为“中国民间文艺家协会”），组织开展民间文学的搜集、整理和研究工作。1958年，开展了大规模搜集民歌运动；20世纪50年代还开展了少数民族民间文学调查工作。改革开放以后更是成绩斐然，改革开放伊始，中国民间文艺研究会、中国民俗学会、中国故事学会、中国戏曲学会等学术机构相继恢复或成立，对中华民族民间文化开始成体系的搜集、整理和研究。自1979年开始，中国开展了对民族民间文艺的调查，先后动员了全国各地数万名学者和文化工作者。他们走遍了全国各族各乡，对千百年来各民族劳动人民创造的、流传在民间的传统文艺现象进行了搜集、整理，并加以编纂、出版。迄今已收集资料约50亿字，出版了“十大民族民间文艺集成志书”（包括《中国民间歌谣集成》《中国戏曲音乐集成》《中国民族民间器乐曲集成》《中国曲艺音乐集成》《中国民族民间舞蹈集成》《中国戏曲志》《中国民间故事集成》《中国歌谣集成》《中国谚语集成》《中国曲艺志》）共298卷395册，约5.8亿字。比如，为编撰《中国民间故事集成》《中国民间歌谣集成》和《中国民间谚语集成》，从1984年至1990年间，全国各地共搜集民间故事184万篇，歌谣302万首，谚语478万条，总字数超过40亿，共出省卷本90卷（计1.2亿字），地县卷本（内部出版）4000多卷，总字数逾40亿。这十部志书全面反映了我国各地各民族戏曲、曲艺、音乐、舞蹈、民间文学状况，是改革开放以来我国在民族民间文艺抢救与保护工作方面所取得的标志性成果，工程之浩大，成绩之辉煌，可谓空前，被誉为“中国民间文艺的万里长城”。在“十部文艺集成志书”工作的基础上进行的民族民间文艺保护工作，为后来我国非遗保护工作的开展打下了坚实的基础。同时，以“十部文艺集成志书”的资源为核心，建设了“中国记忆——中国传统文化艺术基础资源数据库”，为我国传统文化的学术研究、教育传承、文化创造和公众提供基础性资源服务。

我国以“非物质文化遗产”名义开展的文化遗产保护工作大体是以2001年我国的昆曲被联合国教科文组织公布为“人类口头和非物质遗产代表作”为开端的。2001年，我国昆曲入选第一批“人类口头和非物质遗产代表作”，使非物质遗产保护引起我国政府和相关组织的重视，“非物质遗产”作为一个特定的专业学术术语进入我国学术视野。2002年，中国民间文艺家协会启动“中国民间文化遗产抢救工程”，并向中宣部、文化部、国家民委和中国文联提交《关于实施“中国民间文化遗产抢救工程”报告》。2003年，中华人民共和国文化部、财政部、国家民委、中国文联等八部委联合启动“中国民族民间文化保护工程”，保护工程的总体目标是：通过“保护工程”建设，到2020年，使我国珍贵、濒危并具有历史、文化和科学价值的民族民间文化得到有效保护，初步建立起比较完备的中国民族民间文化保护制度和保护体系，在全社会形成自觉保护民族民间文化的意识，基本实现民族民间文化保护工作的科学化、规范化、网络化、法制化。“保护工程”的保护对象主要是珍贵、濒危并具有历史价值的民族民间传统文化，包括传统的口述文学和语言文字；传统的戏剧、曲艺、音乐、舞蹈、美术、杂技等；传统的工艺美术和制作技艺；传统的礼仪、节日、庆典和体育活动等；与上述各项相关的代表性原始资料、实物和场所；其他需要保护的特殊对象；等等。这项工程有力地推进了中国非物质文化遗产保护工作的全面展开。

2004年8月28日，经全国人民代表大会常务委员会批准，中国加入联合国教科文组织《保护非物质文化遗产公约》，成为第六个缔约国，也是最早加入该公约的国家之一。为了履行公约义务，2005 年 3 月 26 日，国务院办公厅印发《关于加强我国非物质文化遗产保护工作的意见》（国办发〔2005〕18 号），就进一步加强中国非物质文化遗产保护工作，提出指导性意见：充分认识中国非物质文化遗产保护工作的重要性和紧迫性；提出非物质文化遗产保护工作的目标和方针；建立名录体系，逐步形成有中国特色的非物质文化遗产保护制度；加强领导，落实责任，建立协调有效的工作机制①。这是国家最高行政机关首次就我国非物质文化遗产保护工作发布权威指导意见。同年 6 月，文化部部署了全国范围内的非物质文化遗产大普查，成为 21 世纪中国的一次大规模文化资源普查工程。同时，国务院确定从 2006 年起，将每年 6 月的第二个星期六定为中国的“文化遗产日”。

2011 年 2 月 25 日，中华人民共和国第十一届全国人民代表大会常务委员会第十九次会议通过《中华人民共和国非物质文化遗产法》，这是新中国成立后文化领域的第二部法律。该法专门为加强非物质文化遗产保护、保存工作而制定，将党中央关于文化遗产保护的方针政策上升为国家意志，将非物质文化遗产保护的有效经验上升为法律制度，将各级政府部门保护非物质文化遗产的职责上升为法律责任，为非物质文化遗产保护政策的长期实施和有效运行提供了坚实保障。这是我国全面履行国际公约义务的体现，彰显了我国维护人类文化多样性的决心和努力。该法对中国的非物质文化遗产保护作了整体性规定，奠定了中国非物质文化遗产保护工作科学性、规范性和持久性开展的基础，也标志着中国的非物质文化遗产保护已进入依法保护阶段。

在党中央、国务院的高度重视下，我国第一次大规模开展了全国性的非遗普查活动，普查出非遗资源总量近 87 万项，较为全面地了解和掌握了我国非遗资源的数量、分布情况、生存和传承状况等。在此基础上，

---

① 国务院办公厅：《关于加强我国非物质文化遗产保护工作的意见》，2005 年 8 月 15 日，http：//www.gov.cn/zwgk/2005-08/15/content_21681.htm。

我国建立了国家、省、市、县四级非遗名录保护体系和传承人名录认定制度。截至目前，国务院批准公布了四批共 1372 项国家级代表性项目，各省区市批准公布了 15550 项省级代表性项目。文化和旅游部认定了五批 3068 名国家级代表性传承人。为了强化对非遗及其孕育发展环境进行区域性整体保护，我国共设立国家级文化生态保护区 7 个，国家级文化生态保护实验区 17 个，涉及省份 17 个。文化和旅游部还先后于 2011 年 10 月和 2014 年 5 月公布了两批国家级非物质文化遗产生产性保护示范基地（以下简称“基地”），第一批基地涉及 41 个企业或单位，第二批基地涉及 59 个企业或单位，两批基地合计 100 个。其中，传统技艺类基地 57 个，传统美术类基地 36 个，传统医药类基地 6 个，同时作为传统技艺和传统美术类基地的 1 个，即山东省潍坊杨家埠民俗艺术有限公司，涉及风筝制作技艺（潍坊风筝）和杨家埠木版年画两个国家级非物质文化遗产代表性项目。非物质文化遗产保护工作逐步走上全面的、整体性的保护阶段，非物质文化遗产保护意识日益深入人心。截至 2020 年 12 月，中国列入联合国教科文组织非物质文化遗产名录（名册）项目共计 42 项，总数位居世界第一。其中，人类非物质文化遗产代表作 34 项（含昆曲、古琴艺术、新疆维吾尔木卡姆艺术和蒙古族长调民歌）；急需保护的非物质文化遗产名录 7 项；优秀实践名册 1 项①。42 个项目的入选，体现了中国日益提高的履约能力和非物质文化遗产保护水平，对于增强遗产实践社区、群体和个人的认同感和自豪感，激发传承保护的自觉性和积极性，在国际层面宣传和弘扬博大精深的中华文化、中国精神和中国智慧，都具有重要意义，这也是我国为促进世界非物质文化遗产保护、维护人类文化多样性作出的积极贡献。

第二节　中国非物质文化遗产学的形成

21 世纪以来，国际社会越来越重视对非物质文化遗产的保护，加强

① 《中国人选联合国教科文组织非物质文化遗产名录（名册）项目》，http：//www. ihchina. cn/chinadirectory. html#target1。

非物质文化遗产保护，不仅是国家和民族发展的需要，也是国际社会文明对话和人类社会可持续发展的必然要求。在中国，自从“非物质文化遗产”一词进入大众视野后，伴随着专业化、系统化的非物质文化遗产保护工作如火如荼地展开，学界也针对这一热点现象和相关问题开展了学术研究，从问题的原点生发，宏观上对我国非物质文化遗产保护整体思考，从非物质文化遗产的本体论研究到非物质文化遗产传承人的传承研究；微观上针对具体地区、相关民族的具体非物质文化遗产项目进行研讨。伴随着非物质文化遗产研究逐渐走向专业性、多学科性、深层次性，非物质文化遗产学科建设也在探索中悄然开展起来，这直接催生了中国非物质文化遗产学的建立。

一、非物质文化遗产学科建设的理论探讨

随着中国非物质文化遗产保护工作的深入开展，随之产生的普查工作体系建立、确认代表性传承人、建设非物质文化遗产博物馆、保护传承非物质文化遗产以及合理利用非物质文化遗产资源等实际问题，均需相应的学科专业知识作为理论阐释和行动指南。有学者在梳理非物质文化遗产学的缘起与发生后指出，非物质文化遗产学有自己独立存在的必要性，其他的学科还不能代替，“我们经常把非物质文化遗产作为这样一个独特概念定义它，把它单独地在遗产、在文化中分类，确立非物质文化遗产的性质、对象、概念，它就必然还有独特的学术结构，它会利用其他的学科，但自己又形成了独特的学科”[①]。有学者甚至强调：“‘非物质文化遗产’这一新的对象世界的发现和这一新的概念的熔铸形成，同时也意味着人们对于这一新的对象世界的认识的飞跃，意味着以这一新的对象世界为研究内容的新的学问或新兴学科，即‘非物质文化遗产论’或‘非物质文化遗产学’诞生的可能和必要。”[②] 非物质文化遗产学作为一门新学科，是适应国际国内非物质文化遗产保护需要而兴起的，

---

① 向云驹：《论非物质文化遗产学学术独立与学科新创》，《民间文化论坛》2012 年第 3 期，第 76—83 页。

② 王文章：《非物质文化遗产概论》，北京：教育科学出版社 2008 年版，第 7 页。

虽然与民俗学等传统学科有很大程度上的重叠交叉，但非物质文化遗产的性质、对象、概念的独特性，这是它能够成为一门新学科的现实基础和根本前提。

根据库恩的学科范式理论，一个成熟的学科必须至少有一个独立的学科范式。每一个学术范式都有自己确定的知识体系、方法体系、学术评价体系、典范的培养体系与工作体系，这些体系体现在一系列代表人物的著作中①。这些年来，非物质文化遗产研究相关领域涌现了乌丙安、刘魁立、刘守华、刘锡诚、萧放、高丙中、苑利、巴莫曲布嫫、安德明、宋俊华等一批代表性专家学者，他们积极参与非物质文化遗产保护的理论与实践，纷纷著书立说，发表了一系列高水平研究成果，为非物质文化遗产学科的建设和发展贡献了智慧与力量。因此，有学者认为，"无论从联合国教科文组织和各国政府在推动非物质文化遗产保护的宗旨和目的来看，或者从非物质文化遗产对人类文明可持续发展的伟大意义来说，还是从传统学科发展的需要而言，以及从非物质文化遗产专家学者安身立命的角度而言，非物质文化遗产学都不仅仅是有关非物质文化遗产的研究之学，而且是有关非物质文化遗产的学科之学"②。

二、非物质文化遗产学科建设的实践探索

中国的非物质文化遗产保护工作呈现政府强力推行和节奏快速的特点。为了有力推动非遗保护工作，我国逐步建立起科学的管理机制，为各项工作的开展奠定了基础。2003 年 2 月，由文化部授权中国艺术研究院成立中国民族民间文化保护工程国家中心，专门规划统筹和组织实施中国民族民间文化保护工程。2005 年 12 月，该中心更名为中国非物质文化遗产研究保护国家中心，2006 年 9 月更名为中国非物质文化遗产保护中心。2005 年 3 月，国家设立了由文化部牵头、九个部委组成的非物

① 宋俊华、王开桃：《非物质文化遗产保护研究》，广州：中山大学出版社 2013 年版，第 101 页。

② 宋俊华：《非物质文化遗产研究的学科化思考》，《重庆文理学院学报》（社会科学版）2009 年第 4 期，第 1—6 页。

质文化遗产保护工作部际联席会议制度，统一协调解决非遗保护工作中的重大问题。2008年，国务院在文化部设立了非物质文化遗产司，负责管理全国的保护工作，各个省、自治区、直辖市相继设立了非物质文化遗产处和非物质文化遗产保护中心。

中国非物质文化遗产学科建设也随着全国非遗保护工作的开展而建立和不断加强。2002年中央美术学院在原民间美术室的基础上成立“非物质文化遗产研究中心”，同年10月中国高等院校首届非物质文化遗产教育教学研讨会首次将民间文化艺术作为人类文化遗产正式引入高等教育，发布《非物质文化遗产教育宣言》，拉开了高校非物质文化遗产学科建设的序幕。2004年中央美术学院建立文化学系，招收本科生和研究生，后又设立博士点，主要培养非物质文化遗产研究与规划管理专门人才。2003年，中山大学成立“传统戏曲与口头和非物质文化遗产研究中心”，后更名为“中国非物质文化遗产研究中心”，被列为教育部人文社会科学重点研究基地，标志着非物质文化遗产研究正式成为我国高校学科发展的一个重要方向。该研究中心还建立非遗研究网站，创办主要以发表非物质文化遗产研究成果为主的《文化遗产》期刊，每年还推出蓝皮书《中国非遗保护发展报告》。2006年8月，教育部公布了一级学科范围内自主设置学科、专业名单，中山大学在“中国语言文学”一级学科下自主设置的“非物质文化遗产学”二级学科名列其中，标志着非物质文化遗产学在高校研究生教育序列被正式确认[①]。2008年，中山大学设立非物质文化遗产学文化事业与文化产业管理（Master of Culture Administration，以下简称MCA）类专业硕士研究生。十余年间培养了300多名硕士和博士研究生，其中大多数人已成为研究、保护、宣传和传播非物质文化遗产的骨干力量。刘守华教授领衔的华中师范大学中国民间文学学科作为“双一流学科”中国语言文学的特色学科，多年来为非物质文化遗产的保护利用和传承发展做出了突出贡献。该学科从20世纪50年代就开设民间文学课程，1986年春设立民间文学硕士点，2003

① 宋俊华:《论构建非物质文化遗产学科共同体》,《文化遗产》2019年第2期，第1—7页。

年设立民间文学博士点，2006 年 1 月正式成立湖北省高校首家“非物质文化遗产研究中心”，并于 2007 年获得“文化部非物质文化遗产保护工作先进集体”称号，这是全国首届 40 个先进集体中唯一的高校代表。该学科的民间文化与文化产业研究方向积极对接社会现实需求，在非物质文化遗产数字化、非物质文化遗产资源创造性转化、文化科技融合与创意产业发展等研究领域具有明显优势。

与此同时，国家学科分类体系适应这种新变化对学科分类做了相应调整，在 2009 年由国家质量监督检验检疫总局、国家标准化管理委员会颁布的《中华人民共和国国家标准：学科分类与代码》（GB/T13745—2009）中，“中国民间文学（75037）”属于“文学（750）”一级学科下的二级学科；而“文化人类学与民俗学（85050）”属于“民族学与文化学（850）”一级学科下面的二级学科。值得注意的是新设置了“民族学与文化学”（原名为“民族学”）一级学科下设有“文化学”（85070），二级学科下增设了“文化遗产”三级学科，以此推理，“非物质文化遗产”应该是“文化遗产”三级学科的一个方向，这体现了国家层面对文化遗产的重视。此后，数十所高校和研究机构相继在中国语言文学、民族学、艺术学、社会学等学科下开设了非物质文化遗产方向的研究生专业。不少高校还相继在本科开设了与非物质文化遗产相关的课程。

然而，2011 年教育部颁发新修订的《学位授予和人才培养学科目录》和教育部 2012 年印发的《普通高等学校本科专业目录（2012 年）》，并没有按照《中华人民共和国国家标准：学科分类与代码》（GB/T13745—2009）进行调整修订。学科目录中没有增设文化遗产学科，本科专业目录中没有列非物质文化遗产。显然，在教育部学科分类体制和本科专业设置中非物质文化遗产学科没有独立的学科地位。由此可见，非物质文化遗产学科建设任重而道远，还需要政府、学界、社会的共同努力，让“非物质文化遗产学”名正言顺地列入国家学科分类体系，以便构建起完善的非物质文化遗产学的学科框架，形成独立的学术知识体系、人才培养体系，使之成为一门真正意义上的现代学科。

值得注意的是，2020年10月11日，天津大学召开申请新增非物质文化遗产学一级学科硕士点专家论证会，专家组集体讨论认为，天津大学申请新增非物质文化遗产学一级学科硕士学位点符合国家发展战略及天津大学世界一流大学建设目标，对促进我国非物质文化遗产保护与研究领域相关专业人才的培养具有重要意义。天津大学冯骥才文学艺术研究院在中国木版年画研究中心、中国传统村落保护与发展研究中心、中国传承人口述史研究所三大研究平台的基础上，充分利用了本校建筑学、艺术学、文学、教育学等相关学科背景，凝练培养方向，明确培养目标及培养方案，学科方向特色鲜明，已具备设立非物质文化遗产学一级学科硕士点的良好基础，一致同意天津大学设立非物质文化遗产学一级学科硕士点。建议进一步明确学位点学科定位，突出学科交叉融合，聚焦人才培养，为国家培养德才兼备的非物质文化遗产保护与研究领域高层次人才发挥重要作用。冯骥才先生表示，文化遗产是我们伟大的中华民族五千年生生不息之本与资源，也是新时代文化自信的凭据，遗产的保护、传承与弘扬意义重大。要对这一博大缤纷的文化遗产进行学术梳理，要建立起一整套科学的认知理论和研究体系，还要在教育科目中树立独立的学科门类，培养非遗保护中急需的专业人才，这是我们今后面临的工作中的重中之重①。

第三节　中国非物质文化遗产学的学科定位

非物质文化遗产学既是一门相对独立的新兴学科，也是一门专业性和综合性很强的人文科学，非物质文化遗产学的兴起与发展，与民间文艺学、民俗学、历史学、民族学、艺术学、人类学、语言学、考古学等传统学科有着密切而又复杂的学术联系。厘清这些学科之间的关系，特别是与非物质文化遗产学最密切的民间文学、民俗学的关系，对明确这个学科的归属、定位以及发展方向具有十分重要的意义。

---

① 高丽：《辟一片人文绿地　育非遗骨干人才》，《今晚报》2020年10月21日。

一、非物质文化遗产学与民间文艺学、民俗学的关系

关于民间文艺学与民俗学的关系在中国学界讨论了几十年但始终没有取得一致的意见，而现在非物质文化遗产学与民间文艺学和民俗学的关系又成为学界关注的热门话题，只有在对民间文艺学、民俗学和非物质文化遗产学的学科发展历史和特征作清晰梳理与客观分析，在真正理解它们复杂关系构成原因的基础上，才有可能科学定位这个学科。

1. 从“民间文艺学”到“民俗学”

1935 年 11 月，钟敬文先生在《民间文艺学的建设》一文中，首次提出了“民间文艺学”的学科名称，指出民间文艺学的学科内容，“就是关于民间文学一般的特点、起源、发展以及功能等重要方面的叙述和说明”①。现代意义上的中国民间文艺学学科的产生，是以刘半农、周作人、沈尹默、钱玄同发起的北京大学歌谣学运动为标识的。延续周氏兄弟歌谣收集的倡议，当时任教北京大学的刘半农、沈尹默提倡写新诗，倡导从民歌民谣中发掘文化艺术的理想因素，这场开风气之先的歌谣学运动是在五四新文化运动蓬勃发展过程中产生的。这一期间的民间文艺学学者还把目光投向西方，积极输入西方的民间文学知识，努力将中国的民间文艺学学科和西方接轨。1921 年 1 月，《妇女杂志》发表了胡愈之《论民间文学》一文，较为全面系统地介绍了西方民间文学的研究情况。此文是真正意义上民间文艺学学术研究的开篇之作，在中国现代民间文学史上具有划时代的意义②。中国歌谣学运动虽然被认为是具有现代学科意义的中国民间文艺学的发轫，但事实上并没有使之成为一门独立的学科。及至改革开放初的 1980 年，钟敬文先生再次呼吁“建立具有中国特点的民间文艺学”并从“在理论上，要有所突破”“要重视民间文学本身的特质、特点”“要扩大研究领域”等方面进行了认真阐述，从而引起学界对民间文艺学学科建设的重视。

---

① 钟敬文：《民间文艺学的建设》，《钟敬文民间文学论集（下）》，上海：上海文艺出版社 1984 年版，第 7 页。

② 万建中：《中国民俗学学科的兴起始于民间文艺学》，《中国艺术报》2011 年 6 月 20 日。

1926年秋，随着时局的变化，北京大学歌谣学运动的积极分子们纷纷南下，在厦门大学成立了“风俗研究会”。随后，又在广州中山大学组织“民俗学会”，出版《民间文艺》周刊（共12期），后改名为《民俗》周刊，出到第110期暂停。比起北京大学歌谣学研究会时期，研究的内容、角度和方法更多样，视野更开阔，成果大大增加。同时，举办民俗学传习班，开设歌谣、神话、传说、故事等专题课程，还在大学设立民间文学基础课程，组织民俗调查，开创了民间文学研究的新局面。在中山大学民俗学运动轰轰烈烈开展的同时，其他地方如杭州、成都、福州等地也纷纷成立民俗学会。中山大学的民俗学运动无疑是中国现代民俗学的滥觞，对后来的中国民俗学的发展产生了很大的影响。但总体来说，民俗学学科理论还没有建立自己独特的体系，远没有达到应有的理论建树。鉴于民俗学学科的这种现状，钟敬文先生于1996年9月，在北京师范大学中国民间文化研究所举办的首届中国民俗学高级研讨班上，正式提出要“建立具有中国特色的民俗学”，他指出，我们的民俗学研究必须从实际出发，在对研究对象充分认识的基础上，建立起适合民族特点和要求的理论、方法。我们自己的民俗学理论是能够建立起来的。现代意义上的民俗学研究在中国已经有近八十年的历史，经过长期的对中国情况的认识和对外国理论的借鉴、吸收，我们应该有自信建立起具有自己特色的民俗科学。这是历史和时代的要求，是我们的责任！①

尽管钟敬文先生先后提出了要建立具有中国特色的“民间文艺学”和“民俗学”，但他对这两个学科的复杂关系有着独到的认识。他在《民俗文化学发凡》一文中指出，五四运动和它所派生的现代中国民间文艺学、民俗学运动之间有着多方面的联系，“重视口头文学，宣传通俗文艺，提倡白话和推行国语，以及收集整理一般民俗资料。这四种事实，要比单纯民间文艺学的范围远为宽泛。大体上它们都属于民俗学的范畴。它们并非彼此孤立，而是在‘五四运动’和现代民俗学运动中，

① 钟敬文：《对中国当前民俗学一些问题的意见》，《中国民间文学讲演集》，北京：北京师范大学出版社1999年版，第128—129页。

互生共存，成为一个有机的整体"[①]。关于歌谣学运动与民间文艺学和民俗学的关系，钟敬文先生曾指出："六十年代初，有人回忆这段歌谣学所走的道路，认为它后来（指四十八期以后）向民俗学方向的发展是不正常的。依我们看来，首先，对于歌谣等人民创作的研究，应重视文艺方面是完全对的，因为它是一种语言艺术。自然，严格地说，这方面的研究，应该是'民间文艺学的'，而不应只是'一般文艺学的'，就是说应该根据对象的特点进行分析研究，得出相应结论。其次，由于这种人民创作本身所具有的不容忽略的种种特点，除唯一的研究外，对它进行民俗学、社会学和语言学等方面的研究，并不是什么歧途。主要的问题，是在于站在什么立场，用什么观点和方法。"[②] 钟敬文先生认为"民间文艺属于民俗学的一部分，而且是重要部分，这是国际上通常的认识。……中国沿袭了国际上的惯例，亦视民间文学为民俗学的一部分。但为什么现在又分民俗学和民间文学为两大块呢？这有其历史的原因。新中国成立以后，民俗学被认为是资产阶级的东西，遭到排斥，而民间文学则看作是劳动人民的口头创作。毛泽东同志《在延安文艺座谈会上的讲话》发表以后，民间文学倍受重视"[③]。由于钟敬文先生认为"民间文艺属于民俗学的一部分"，因此改革开放后他把关注点放在民俗学方面，受钟先生学术观点的影响，后来我国在学科专业目录调整时出现民间文学地位下降（归入民俗学），而民俗学地位上升（成为独立的二级学科）的结果。

民间文艺学和民俗学在许多方面具有共同的特征，但严格来说二者却有着各自不同的学术属性、理论范式和研究方法。很显然民间文艺学属于人文科学，民俗学属于社会科学，两大学科在研究对象和方法上均存在很大不同。从研究对象来看，民间文艺学作为人文科学，说到底是

---

① 钟敬文：《民俗文化学发凡》，《中国民间文学讲演集》，北京：北京师范大学出版社 1999 年版，第 3 页。

② 钟敬文：《"五四"前后的歌谣学运动》，中国民间文艺研究会上海分会、上海文艺出版社：《中国民间文学论文选（1949—1979）（上）》，上海：上海文艺出版社 1980 年版，第 396—397 页。

③ 钟敬文：《对中国当前民俗学一些问题的意见》，《中国民间文学讲演集》，北京：北京师范大学出版社 1999 年版，第 109 页。

关乎人类精神的科学，关乎心灵和情感的科学；而民俗学是研究存在于民间的物质文化、社会组织、意识形态和口头语言等中的各种社会习惯、风尚事物的科学。从研究理论方法来看，民间文艺学的研究方法主要来自文艺学、美学、哲学、历史学等；而民俗学所借助或参考的理论和方法却往往来自人类学、社会学、宗教学等学科。由于过去我们对民间文艺学和民俗学在研究对象、理论和方法上的异同研究不够，武断地将民间文艺学归为社会学下民俗学的分支学科，非但不能使民间文艺研究在民俗学系统当中获得更合理的位置，反而为学科属性带来了更大的不确定性[①]。

2. 从“民间文化”到“非物质文化遗产学”

日本人类学者西村真次博士说：“民俗学是研究原始时代习惯、信仰、故事、技术的遗留物的学问。”[②] 20世纪初英国学者班里（C. S. Burne）女士在她的著作《民俗学概论》（*The Handbook of Folklore*）里曾提出民俗是一种无形的文化遗留物。“‘民俗’包括民众的心理方面的事物，与工艺上的技术无关。例如民俗学家所注意的不是犁的形状，而是用犁耕田的仪式；不是渔具的制造，而是渔夫捞鱼时所遵守的禁忌；不是桥梁屋宇的建筑术，而是建筑时所行的祭献等事。”[③] 民俗学是一门研究民间生活文化传承的学科，其社会风俗、人生礼仪、岁时节庆、民间信仰、民俗活动等活动和仪式都是民间文化的重要组成部分。早在20世纪30年代，钟敬文就曾提出“民间文化”的概念，甚至想用这一名词取代“民俗”一词。20世纪80年代，钟敬文再次提出这一问题。1988年4月20日，钟敬文在《话说民间文化·自序》一书中说：“从30年代起，我就注意到广大民众自己所创造、享用和继承的文化，并且创用了‘民间文化’这个新术语……我甚至拟用这个名词去代替‘民俗’

---

① 安德明：《非物质文化遗产保护：民俗学的两难选择》，《河南社会科学》2008年第1期，第14—20页；黄永林、韩成艳：《民俗学的当代性建构》，《华中师范大学学报》（人文社会科学版）2011年第2期，第106—115页。

② 钟敬文：《民俗学与民间文学》，《中国民间文学讲演集》，北京：北京师范大学出版社1999年版，第148页。

③ 叶涛：《民俗特质论》，《民俗研究》1991年第4期，第22—26页。

一词，而把民俗学称为‘民间文化学’。现在考虑起来，当时那想法是合适的。”从以上可以知道，钟敬文对于民俗学的范围界定似乎认为可以继续扩大，其原因乃在于随着世界潮流的演进所呈现出的一种倾向。所以钟敬文后来补充说：“几十年来，世界学界民俗学的范围在不断扩大，以至于将使它包括民间文化全部事象在内了。”① 这都说明当时学者已经注意到民俗学的“文化性”特征，这里的“民间文化”概念与后来的非物质文化遗产概念比较接近。

从国际社会对非物质文化遗产认识过程来看，也经历了从《保护传统文化和民俗的建议》（又译《保护民间创作建议案》）中的“传统文化和民俗”（民间创作），到《宣布人类口头和非物质遗产代表作条例》中的“口头和非物质遗产”，再到《保护非物质文化遗产公约》中的“非物质文化遗产”等概念的历程。《保护非物质文化遗产公约》中“非物质文化遗产”包括以下方面：（1）口头传统和表述，包括作为非物质文化遗产媒介的语言；（2）表演艺术；（3）社会风俗、礼仪、节庆；（4）有关自然界和宇宙的知识和实践；（5）传统手工艺。第一类“口头传统和表述”和第二类“表演艺术”实则涵盖了民间文艺的全部内容。第三类“社会实践、仪式、节庆活动”的主体是民俗文化。“我们很自然地会发现，‘非物质文化遗产’的范围就是英文的 Folklore 所包含的内容，也就是我们所熟知的‘民俗’或‘民间文化’的内容。”② 非物质文化遗产作为反映广大群众的一种文化表现形式和文化空间，与民间文学和民俗学一样，来自民间，具有群众性、民族性、艺术性、传承性等特点，都是民间文化的重要组成部分。

3. 非物质文化遗产学是一门具有独立品格的学科

所谓非物质文化遗产学，是指以非物质文化遗产为研究对象，研究民众创造、享用并以活态形式世代传承的，具有重要历史价值、文化价值、艺术价值、社会价值和科学价值的民族民间传统文化保护与传承规

---

① 钟敬文：《话说民间文化》，北京：人民日报出版社 1990 年版，第 2—3 页。

② 高丙中：《迈向学术概念的“非物质文化遗产”》，2014 年 5 月 7 日，https://www.chinesefolklore.org.cn/web/index.php?NewsID=12540。

律的一门学问。非物质文化遗产学是人文社会科学领域内正在构建中的一门大交叉、大综合的学科，既是基础性研究学科，更是应用性学科，其研究与社会科学和人文科学的许多学科发生横向渗透或边缘交叉的联系。尽管非物质文化遗产学与一些关系密切的学科在研究中有相当程度的一致性或重合性，但是，非物质文化遗产学由于与其他学科的主要研究任务不同，因此研究的对象范畴、理论和方法也不尽相同，既具有自己的独特的研究领域与学术品格，也具有很强的应用性和实践性。譬如同样是研究传统节日，历史学家关注的是节日历史，民俗学家关注的是节日民俗，宗教学家关注的是节日仪式，艺术家关注的是节日舞蹈，但作为新兴学科的非物质文化遗产学，它所关注的重点是这些节日遗产的保护与传承。这一角度，是以往其他学科所忽视的。这门学科的崛起，更有助于人类对非物质文化遗产传承规律与保护规律的认识与把握。也就是说，在非物质文化遗产保护与传承规律的研究上，非物质文化遗产学无可取代①。由非物质文化遗产保护工作而生发出的与此紧密相连的非物质文化遗产研究强烈呼唤着非物质文化遗产学科的建立，迫切需要"从基本范畴、基本理论、基本原则、基本方法等方面对非物质文化遗产进行学科化的梳理，建立起独立的、科学的、系统化的非物质文化遗产学，以使用更科学、更系统、更专业的知识体系，来指导非物质文化遗产抢救和保护，促进非物质文化遗产抢救和保护工作"②。一批学者秉持强烈的学科意识，聚焦非物质文化遗产教育，呼吁构建非物质文化遗产学甚至是构建学科共同体，并提出了加强学科建设的思路构想。如向云驹的《论非物质文化遗产学学术独立与学科新创》，宋俊华的《非物质文化遗产研究的学科化思考》《论构建非物质文化遗产学科共同体》，高丙中的《作为公共文化的非物质文化遗产》，安德明的《非物质文化遗产保护的中国实践与经验》，乔晓光的《非物质文化遗产与大学教育》，李红的《关于非物质文化遗产学科建设的几点思考》，张燕萍的

① 苑利、顾军：《非物质文化遗产学》，北京：高等教育出版社 2009 年版，第 3 页。

② 谭宏：《非物质文化遗产学科化建设问题与对策》，《民族艺术》2009 年第 4 期，第 13 页。

《高校非物质文化遗产学科化建设亟待规范》等论文，刘锡诚的《非物质文化遗产：理论与实践》，乌丙安的《非物质文化遗产保护理论与方法》，刘守华的《非物质文化遗产保护与民间文学》，宋俊华、王开桃的《非物质文化遗产保护研究》，向云驹的《人类口头和非物质文化遗产》，陈平的《中国非物质文化遗产发展报告 2015》，肖远平的《中国少数民族非物质文化遗产发展报告》，杨红的《非物质文化遗产数字化研究》等著作，以及王文章的《非物质文化遗产概论》，苑利、顾军的《非物质文化遗产学》，牟延林、谭宏、刘壮的《非物质文化遗产概论》，贾银忠的《中国少数民族非物质文化遗产教程》等非物质文化遗产教材，这些研究成果都反映了学者们对建立非物质文化遗产学的热切期盼和对如何构建非物质文化遗产学的探讨。总之，建立中国非物质文化遗产学，有利于推进非物质文化遗产的抢救、保护、传承、传播、利用和发展，能为正在实施的中华优秀传统文化传承发展工程、中国民族民间文化保护工程提供科学系统的理论和实践的指导，是社会发展的必然，是时代发展的必需，其意义重大。

二、非物质文化遗产学在现代学科体系中的定位

改革开放以来，我国不断建立和完善学科分类和专业目录建设体系，从整体上说对学术研究和学科建设产生了较大促进作用。但是学科级别不应成为决定中国学术命运和左右中国学术走向的指挥棒，而应成为起参考作用、引导作用的学术“指路标”。有关部门应根据社会发展需要、学科现状，以及学科自身规范要求，与时俱进地对学科分类进行调整修订，促进学科更好地发展。中国民间文艺学和民俗学界在积极介入非物质文化遗产保护工作，并使非物质文化遗产学科逐步建立的同时，也使民间文艺学和民俗学学科面临着新的挑战。首先，在现行的学科分类体系中，民间文艺学和民俗学的地位不高，是一个被边缘化的学科；其次，民间文艺学、民俗学学科实力本来就不强，在人文社会学科中的话语权较小。在这样的背景下，现在有些人试图采用“非物质文化遗产学”重新定位相关学科，取代民间文艺学、民俗学学科，这有可能使本来就不

被重视的民间文学和民俗学学科被进一步边缘化，甚至有可能遭受毁灭性打击①。为更好地促进中国民间文艺学、民俗学和非物质文化遗产学的学科发展，笔者提出在进一步重视民间文艺学和民俗学科发展，提高其学科地位的基础上，重视非物质文化遗产学科建设，科学定位其在学科分类和专业目录中的地位，促进非物质文化遗产学的建立。

1. 新增“非物质文化遗产学”一级学科

鉴于过去民俗学、民间文艺学因学科归属和地位的调整带来的学术身份与地位迷茫的教训，笔者不赞成以“非物质文化遗产学”取代“民间文艺学”和“民俗学”。一个成熟的学科应该是无论内容怎么变化，都应坚持原来的学科名称，学者所要做的是在学科内涵方面不断深化，而不是无休止地变换名称。如前所述，尽管民间文艺学、民俗学与非物质文化遗产学有相近的学术目标、相似的保护形式和社会认同基础，但它们有着各自不同的研究对象、研究方法和研究目的，因此，建议在保留并提高民间文艺学和民俗学的学术地位的基础上，鉴于非物质文化遗产独立的学术品格以及保护非物质文化遗产的重要性与迫切性，新建“非物质文化遗产学”，并成为与“民俗学”和“民族学”并列的一级学科，这对非物质文化遗产的保护与研究，推动人类多元文化保护，促进人类在多样和谐文化环境中持续发展具有重要意义。

2. 增设非物质文化遗产学本科专业

从本科教育来看，一方面，非物质文化遗产学没有被纳入现行的本科专业教育体系，在教育部颁布的《普通高等学校本科专业设置》中既不是目录内专业，也不是目录外专业，非物质文化遗产学科人才培养缺乏基础环节；另一方面，虽然现在有高校在大学本科阶段开设了非物质文化遗产课程，然而绝大多数高校没有开设这门课程。即使目前已经开设这门课程的高校，一般也是作为选修课，而且大多没有完整的教学目标和教学计划，不仅教学内容较为庞杂分散，甚至基本课时也得不到保

① 黄永林：《中国民间文学、民俗学学科归属及地位的历史与现状》，《华中师范大学学报》（人文社会科学版）2013 年第 4 期，第 100—106 页。

证，这是我国文化教学、科研、人才培养系统工程的一种缺憾。在经济全球一体化，竞争、创新与可持续发展已成为时代主流的今天，非物质文化遗产学作为一门综合性和现实性很强的学科，对促进经济建设发展、社会和谐稳定产生的作用将越来越大。因此，为适应社会进步、经济发展和文化繁荣对非物质文化专门人才的需求，建议在文科类高校增设非物质文化遗产学本科专业。

第七章　非物质文化遗产学发展的现实选择*

传统学科十分重视按学科门类进行学科建构，这使得学科越来越走向专门化和精细化；而现代学术特别强调以问题导向开展学术研究，这使得学术越来越走向交叉化与综合化。非物质文化遗产学作为一门新兴学问，其发展既有学科建构问题，也有学术研究问题。本书基于当下大力建设新文科和发展交叉学科的背景，讨论非物质文化遗产学科发展和学术研究未来走向，从破除传统学科壁垒，建立非物质文化遗产交叉学科体系；强化学术问题导向，建立非物质文化遗产学术创新机制两方面提出发展的建议。

第一节　破圈：破除传统学科壁垒，建立非遗交叉学科体系

科学是对物质世界的现象、本质和发展规律的反映。学科是依据学术的性质而划分的科学门类。每一学科都具有特定的研究领域、对象、内容及核心方法、学科语言、知识体系，体现出一定的系统性、独立性、稳定性，具有内在的演进逻辑和发展规律。各个学科以其研究对象的特殊性而同其他学科区分开来，成为独立的学科，同时又因其对象在特殊

---

* 本章原题《破圈与聚焦：非物质文化遗产学发展的现实选择》，原载《民俗研究》2022 年第 4 期。本书略有修改。

性中包含着普遍性而相互连接起来，构成一个包括多个学科的更高层级的学科或学科群。一个学科只有以一系列具有专业性、系统性的概念、范畴、命题揭示客观对象的本质和规律，构成学术体系和话语体系的统一体，才能称其为一个成熟的、健全的学科。学科的划分为学科知识的积累与传授提供了便利，也使不同学科获得某种相对独立的发展。伴随着现代学科体系的形成，学科分类已成为实施专业人才培养和学术研究的基本制度依据。

一、打破“学科性学术”壁垒，实现学科交叉

随着学科建设的深入发展，传统学科分类使学科日益走向精细化道路，在学科专业间形成泾渭分明的壁垒，催生出谨守学科边界的“学科性学术”。在过强的学科规制下，出现了学科边界的刚性化，各种专业名词在服务学术表达的同时成为学者们巩固学术领地的锐利武器，学科专业甚至成为不同学术群体相互孤立的学术“土围子”。其直接消极后果就是导致同一学科和专业知识结构、经验结构和思维方式的单一化，从而无法适应对社会发展中复杂问题的思考和解决。在“学科性学术”背景下，大量所谓学术研究流连于从概念到概念的语言游戏，醉心于专业工具的技艺表演，满足于渊博知识的记忆炫酷，背离了学术研究的“初心”和“使命”，“异化”为谋取名利的工具和玩赏的游戏[①]。但现代科学研究面临着越来越多的具体而复杂的问题，这需要通过越来越多的学科专业之间综合协同才能解决，从而推动学科的交叉渗透。

学科的交叉始终与科学研究相伴而行，特别是在近几十年来，人们更加主动地从不同的学科发掘能“为我所用”的理论和方法。著名物理学家海森伯认为：“在人类思想史上，重大成果的发现常常发生在两条不同的思维路线的交叉点上。”奥地利物理学家埃尔温·薛定谔，在1926年就提出了量子的波动力学理论，并于1933年获得诺贝尔物理学

① 何明：《“学科性学术”与“问题性学术”的张力及其消解——学术研究的建制化、去建制化与再建制化》，《开放时代》2022年第1期，第41—48页。

奖。他于1943年出版的《生命是什么？——活细胞的物理面貌》一书就是用热力学、量子力学和化学理论来解释生命的本性，是典型的学科跨界研究，这为后来分子生物学的诞生开辟了道路。1953年，DNA双螺旋结构的重大发现就是化学家L. C. 波林、生物学家J. D. 沃森、物理学家F. H. C. 克里克、R. 富兰克林和M. H. F. 威尔金斯等合作的结果①。交叉科学的发展也促进了技术交叉和集成，进而使技术高度综合化和集成化，在多学科之间、多理论之间发生相互作用、相互渗透，形成了“科学键”，从而能开拓众多交叉科学前沿领域，产生出许多新的“生长点”和“再生核”，形成了现代宏大的技术体系。

早在20世纪下半叶，国际上交叉学科兴起并在许多科学研究领域取得突出进展引起中国学者的重视。1985年5月17日《光明日报》发表了钱学森、钱三强、钱伟长等科学家关于交叉学科的文章。钱学森在《交叉科学：理论和研究的展望》一文中指出：“交叉科学是自然科学和社会科学相互交叉地带生长出的一系列新生学科，一般公认的所谓正规学科也是交叉的，它们是不叫交叉学科的交叉学科。交叉科学是非常有前途、非常广阔而又重要的科学领域。交叉科学在科学技术体系结构中是有它的位置的，与自然科学和社会科学并列的还有数学科学、系统科学、思维科学、人体科学、军事科学、文艺理论和行为科学。这九个学科部门之间显然有交叉。如果说到这九门科学的实际应用，那其中的交叉就更甚了。”钱三强在《迎接交叉科学的新时代》中指出：“可以预料，在某种意义上说，本世纪末到下世纪初将是一个交叉科学的时代。各门自然科学之间、自然科学与社会科学之间的交叉地带，一贯是新兴学科的生长点。到本世纪末，还将产生出一系列的新生交叉学科，这将使存在于自然科学与社会科学之间的宽阔鸿沟渐渐缩小，并终将形成列宁所预言的自然科学奔向社会科学的强大潮流。”② 他们呼吁学界要高度

---

① 路甬祥：《学科交叉与交叉科学的意义》，《中国科学院院刊》2005年第1期，第58—60页。

② 以上三篇文章见《光明日报》1985年5月17日；又载《机械工程》1985年第3期，第46页。

重视交叉学科的发展与运用，建议在我国要建立交叉学科制度。

进入21世纪，伴随科技进步和经济社会的快速发展，学科专业也以前所未有的速度发展，学科交叉融合成为大势所趋。2021年1月，国务院学位委员会、教育部印发通知，新设置“交叉学科”门类，成为我国第14个学科门类。前13个学科门类为：哲学、经济学、法学、教育学、文学、历史学、理学、工学、农学、医学、军事学、管理学、艺术学。交叉学科从此成为国民教育中的正式学科，据此建立相关专业、招生、授予学位、成果认定以及职称评审等一系列制度具有了合法性。

学科交叉是众多学科之间相互作用而交叉形成的理论体系，构成交叉学科；众多交叉学科构成了交叉科学。交叉科学是自然科学、社会科学、人文科学、数学科学和哲学等大门类科学之间发生的外部交叉以及本门类科学内部众多学科之间发生的内部交叉所形成的综合性、系统性的知识体系。设立交叉学科有利于有效地解决人类社会面临的重大科学问题和社会问题，尤其是全球性的复杂问题。

二、适应“新文科”发展，建立非遗交叉学科

习近平总书记指出，中国特色哲学社会科学应该涵盖历史、经济、政治、文化、社会、生态、军事、党建等各领域，囊括传统学科、新兴学科、前沿学科、交叉学科、冷门学科等诸多学科，不断推进学科体系、学术体系、话语体系建设和创新，努力构建一个全方位、全领域、全要素的哲学社会科学体系。现在，我国哲学社会科学学科体系已基本确立，但还存在一些亟待解决的问题，主要是一些学科设置同社会发展联系不够紧密，学科体系不够健全，新兴学科、交叉学科建设比较薄弱。……要加快发展具有重要现实意义的新兴学科和交叉学科，使这些学科研究成为我国哲学社会科学的重要突破点①。这表明，中国特色哲学社会科学是一个由多门学科构成的具有系统性、专业性的学科体系，交叉学科

① 习近平：《在哲学社会科学工作座谈会上的讲话》，2016年5月17日，http：//www.xinhuanet.com//politics/2016-05/18/c_1118891128_4.htm。

将是我国今后学科发展的重点和突破点。

非物质文化遗产指被各社区、群体，有时是个人，视为其文化遗产组成部分的各种社会实践、观念表述、表现形式、知识、技能以及相关的工具、实物、手工艺品和文化场所。它们世代相传，在各社区和群体适应周围环境以及与自然和历史的互动中，被不断地再创造。从本世纪初开始，随着非物质文化遗产保护运动的持续深入，社会价值和功用的日益彰显，建立作为中国特色哲学社会科学的组成部分的非物质文化遗产学的呼声日益高涨，其学科属性、专业方向与学术范式等讨论也日益深入。有学者指出："我们经常把非物质文化遗产作为这样一个独特概念定义它，把它单独地在遗产、在文化中分类，确立非物质文化遗产的性质、对象、概念，它就必然还有独特的学术结构，它会利用其他的学科但自己又形成了独特的学科。"[①] 我国非物质文化遗产包括：传统口头文学以及作为其载体的语言；传统美术、书法、音乐、舞蹈、戏剧、曲艺和杂技；传统技艺、医药和历法；传统礼仪、节庆等民俗；传统体育和游艺；其他非物质文化遗产，以及属于非物质文化遗产组成部分的实物和场所等[②]。因此，许多学者和部门基于不同学科认识视角，提出了非物质文化遗产学的不同学科归属：基于其与民间创作的密切联系，将其归于文学学科，比如中山大学在"中国语言文学"一级学科下自主设置"非物质文化遗产学"二级学科；基于其与众多艺术类别有很强的关联，将其归于艺术学科门类，如教育部本科学科课程设置体系将"非遗保护"列入艺术学理论下；基于其传统性和遗产性特征，将其归于历史学科中国史的专门史中；基于其民族性和文化性特征，将其归于"民族学与文化学"一级学科"文化学"下的"文化遗产"中；等等。当下国内关于非物质文化遗产学科的归属皆是从某一侧面或角度确定的，这无疑都具有"片面的深刻性"。

---

① 向云驹：《论非物质文化遗产学学术独立与学科创新》，《民间文化论坛》2012 年第 3 期，第 76—83 页。

② 《中华人民共和国非物质文化遗产法》，由中华人民共和国第十一届全国人民代表大会常务委员会第十九次会议于 2011 年 2 月 25 日通过公布，自 2011 年 6 月 1 日起施行。

交叉学科在我国学科制度体系中的正式建立，对于非物质文化遗产学科的发展来说至关重要。经过这些年的发展，非物质文化遗产学已形成了较为完整的知识体系，有着比较明晰的学科内涵和外延界定，有相对独立的研究领域和研究视角。非物质文化遗产学从发轫之时就具有跨学科色彩，相较于其他学科领域，它涉及古代的生活、当下的认知、现代的保护以及未来的复兴等理念，其学术的领域、目标以及方法等具有跨度大、交叉多以及综合性强等特点①。中国国家级非物质文化遗产代表性项目名录将其分为十大类，包括民间文学，传统音乐，传统舞，传统戏，曲艺，传统体育、游艺与杂技，传统美术，传统技艺，传统医药，民俗。由此可见，它包括民间文学、民俗学、传统美术、音乐、舞蹈、戏曲、民间工艺、传统手工艺技能、文化空间等学术范畴。如果按现在学科大类来看，直接涉及文学、法学、历史学、艺术学、农学、医学等学科门类。随着研究的深入，可以预期还会分化出更多富有交叉性、渗透性的边缘学科。这些学科围绕着非物质文化遗产研究，在相互关联和交叉融合过程中不断演化，彼此形成支撑。基于上述分析，非物质文化遗产研究仅靠任何单一学科门类都不能系统、完整、有效地解决它所涉及的全部问题，而唯有交叉学科才有可能。在新文科背景下，适应“交叉学科”发展，2021 年 10 月 26 日，国务院学位委员会批准天津大学自主增列“非物质文化遗产学交叉学科”硕士学位授权点（学位点代码 99F1），这标志着非物质文化遗产学作为交叉学科，其建设迈出了重要一步。

综上所述，无论是从国家经济社会发展需求，还是从学科发展出发，强化学科交叉是未来非物质文化遗产学发展的必由之路，“非物质文化遗产学”作为一级交叉学科已具备了相应的条件，应抓住国家大力发展交叉学科的机遇，加快非物质文化遗产学“交叉学科”体系的建设，凝练中国非物质文化遗产交叉研究的重大方向，大力推动非物质文化遗产

---

① 王福州：《“文化遗产学”的学科定位及未来发展》，《中国非物质文化遗产》2021 年第 2 期，第 6—13 页。

交叉学科研究，从国家政策层面予以推动和引领，促进非物质文化遗产学学科体系的完善和发展。

第二节　聚焦：强化学术问题导向，建立非遗学术创新机制

当今学术的发展已形成两种取向：一种是传统的“为学科”的学术，即学科性学术；一种是现代的“为问题”的学术，即问题性学术。而这两种学术取向又不同程度地影响了中国高校的发展模式：一种是重视学科建设，如高校“双一流建设”，争取有更多的学科进入“一流”；一种强调学科融合，如发展交叉学科和新兴学科，争取出更多的一流成果。目前，学界正围绕着这两种学术倾向开展讨论，如 2022 年第 1 期《开放时代》杂志开辟从“学科性学术”到“问题性学术”的专题笔谈，以及有些报刊开展的关于“新文科”和“交叉学科”的讨论。非物质文化遗产学术的发展方向也面临着同样的选择，同样需要进行深入的讨论，以明确学术发展方向和研究范式。

一、“学科性学术”与“问题性学术”的关系

“学科性学术”强调坚守学科本位，坚持自成一体，强化对本学科的深耕，执着于本学科的概念、方法、理论，但由于过分强调本学科本位，忽视了与其他学科的关联，往往使整体的学科体系孤岛化，使系统的知识体系碎片化，容易把学术研究引到脱离社会现实和科学研究使命的境地。“问题性学术”强调学术必须以问题为导向，重视解决问题的目的，聚焦学术问题本身，从具体问题出发，强调各种相关知识、理论与方法的综合运用，但由于不重视本体学科的建构，往往容易忽视对本体学科基础性理论和方法的系统研究。有学者认为，“学科性学术”容易产生学科“内卷”，“问题性学术”容易导致学科“异化”，究其原因主要有学科的制度安排及其价值导向、资源配置问题，而学科制度最为关键，起着决定性作用。笔者认为，除上述原因外，学者个人学术价值

追求和研究方向选择也是重要的原因。笔者赞成渠敬东关于“学科性学术”与“问题性学术”关系的观点：

> 事实上，今天只有将“学科性学术”重新问题化，才能回应问题本身。“问题性学术”的意义，并不是所有学术都要解决现实的问题，学术当然要解决现实的问题，但也需要从人类历史的源流和发展来考察问题，更需要进入学科内部，去发现每个学科的发端、变迁和未来的可能处境来探讨知识本身的问题。总之，任何学科，本来都是从“发问”和“追问”中产生的，用韦伯的话说，既是一种信念伦理的要求，也是一种责任伦理的要求。学问本于认识自己和认识世界，进入未知的领域，而不能沦为一种自我生存的技术，或一种社会竞争的技术。
>
> 因此，所谓“从‘学科性学术’到‘问题性学术’”的话题，倒是应该反过来谈：学术不仅要发现问题，而且还要依据学科的轨迹去探究问题，进入问题的深层机理。而任何学科的原发状态以及发展中的关键节点，并不是自明的，而是因学者所遭遇的不同时代之处境而不断得到重新的理解和阐发。……从根本上说，任何专题或主题性的研究，都不是学术的根本，只有再次返回到一个学科最基本的提问方式和基础命题中来，获得新的认识，才是学术的真正目的。①

“学科性学术”与“问题性学术”两者既各有特点、追求各异，但又相互联系、相辅相成。

从学术追求来看，“学科性学术”是“为学科而学术”的学术追求，主要是从本学科的问题出发进行研究，强调学科的纯粹性和基础性，从具体学科问题中探讨一般学科规律，是一种以理论性为主的理性学术；“问题性学术”是“以问题为导向”的学术追求，主要是从现实问题出

① 渠敬东：《学科之术与问题之学》，《开放时代》2022 年第 1 期，第 49—52 页。

发进行研究，强调学术的应用性和务实性，在解决具体的学术问题中综合运用各学科理论和方法，是一种以实用性为主的感性学术。因此，“学科性学术”更需要精耕细作，“问题性学术”更需要综合交叉。

从两者关系来看，无论是“学科性学术”，还是“问题性学术”，这两者都必须具有问题意识，问题是一切学术研究的出发点。一方面，解决学术问题必须以学科发展为基础，各学科的发展与突破，在一定程度上为问题的解决提供了理论、方法和路径，不同学科的综合与协同，为复杂问题的解决提供了整体的系统解决方案，促进了问题的解决；另一方面，在解决具体问题过程中所实现的巨大突破，反过来也促进了学科的发展。

二、强化非物质文化遗产研究问题导向

“问题性学术”作为一种应用性学术取向，它能为解决科学问题提供最快捷最有效的路径，在当下大兴求真务实之风的背景下，它将成为最值得提倡的学术追求。作为以研究民众文化生活为主要对象、以交叉学科为发展方向的非物质文化遗产学的学科建设和学术研究，必然是以问题为导向、综合运用不同学科理论和方法的学术研究，即“问题性学术”取向。

首先，以问题为导向是非物质文化遗产研究的根本前提。人类认识世界、改造世界的过程，就是一个发现问题、解决问题的过程。爱因斯坦认为，“提出一个问题往往比解决一个问题更重要，因为解决问题也许仅仅是一个数学上或实验上的技能而已，而提出新的问题，新的可能性，从新的角度去看待旧的问题，却需要有创造性的想象力，而且标志着科学的真正进步”①。对于问题意义的追问，在很长时间里是科学哲学的一个议题。波普尔就曾明确指出：“科学始于问题而不是始于观察；尽管观察可以引出问题来，但是在观察时必须带着一定的问题……科学

① ［美］艾·爱因斯坦、［波］利·英费尔德：《物理学的进化》，周肇威译，上海：上海科学技术出版社1962年版，第66页。

家面前自觉的任务，总是通过建立解决这种问题的理论，求得这个问题的解决。”① 非物质文化遗产是民众创造、享用，并以活态形式世代传承的生活、艺术和文化，非物质文化遗产学研究不仅在于阐明与之相关的历史，更注重于面向当代甚至未来，以民间生活、艺术、文化等问题为导向，是非物质文化遗产学研究的主要目标，更应强化问题意识，综合运用各学科的相关知识、理论和方法，解决非物质文化遗产所面对的理论和实践问题。如研究“无形性、传承性、活态性、地域性、多元性”等非物质文化遗产基本属性，探讨“文化价值、历史价值、精神价值、艺术价值、教育价值”等非物质文化遗产特殊价值，推动非物质文化遗产资源向文化产业、文化旅游、文化体育、文化教育、文化设计、文化制造和文化农业等领域转化，这里既有非物质文化遗产研究应该解决的理论问题，也有必须解决的现实问题。

其次，解决复杂问题是非物质文化遗产研究的学术担当。随着社会的快速发展，社会分工日益精细、社会需求日趋多元，学术研究所需要解决的问题也日益复杂。非物质文化遗产植根于它生长的自然地理环境和深厚的人文背景，与民众的生活生产方式息息相关，依托于人本身而存在，以声音、形象和技艺为表现手段，主要靠口传心授、言传身教，进行传承而得以延续的活态文化，因此，其研究对象丰富多样，问题错综复杂。既有对非物质文化遗产的发生、发展与演变规律的研究，更有对重要历史价值、文化价值、艺术价值、社会价值和科学价值的探讨，还有对不同非物质文化遗产项目、传承人和传承载体的研究，另外还有物质文化遗产和非物质文化遗产本体及其相互间关系的研究，非物质文化遗产在现代的创造性转化和创新性发展研究等。面对研究对象和问题的丰富性和复杂性，非物质文化遗产学应有自己的学术担当，积极主动地去解决这些问题。这要求研究者必须扎根中国大地，直面前沿问题，形成多元复合的知识结构和经验结构的自觉，综合发挥交叉学科优势，

---

① 国家教委社科司：《自然辩证法概论（修订版）》，北京：高等教育出版社 1991 年版，第 116 页。

解决非物质文化遗产复杂问题。

最后，知识综合性运用是非物质文化遗产研究的显著特征。学术研究的根本目的是探索未知、创造新知，回答或解决自然、社会、人自身和学术研究本身的疑问或问题。从历史来看，知识本是一个整体，研究是对知识综合运用的过程。如中国古代文明的哲人老子的《道德经》虽然只有5000字，但内容涉及哲学、政治学、伦理学、人学、自然学、军事学、养生学等方面的知识。另一位中国古代思想家墨子的著作，所涉及的领域除了哲学外，还包括逻辑学、政治学、军事学，以及与自然科学相关的物理学、光学、机械学、工程学等①。从现实来看，大多学术研究都需要知识的交叉、整合和综合使用。非物质文化遗产研究，从保护角度来说，涉及保护理念、保护原则、保护方式、保护机制、代表性项目保护、代表性传承人保护等；从传播角度来说，涉及资本媒介、技术媒介、传承人媒介、传播理念、传播模式、传播渠道等；从利用角度来说，涉及资源性质、生产创意、产业转化、产品销售等理论与实践问题；从本体研究来说，涉及民间文学、民俗学、艺术学、工艺学方面的知识；从关联性角度来说，涉及传播学、经济学、产业学众多学科知识，因此，其研究视角必须是多维的、知识的运用必须是综合贯通的。因此，研究者必须秉持知识包容、方法开放、学术灵活、目标多维等学术理念，不断补充、完善和优化自己的知识结构和业务技能，通过跨学科知识的融会贯通，突破原有的学术藩篱，深化非物质文化遗产研究。

三、构建非物质文化遗产研究协同组织

随着现代科学技术发展综合化趋势的加快，各种研究都突破了单一学科的限制，不同学科群之间的联系越来越强，越来越普遍，于是以问题为导向的“学科交叉联盟”应运而生。在大科学、大文化时代，在新文科、交叉学科建设背景下，非物质文化遗产研究同样必须从个体单打

① 钱乘旦：《文科为什么要交叉——兼论知识发展的一般规律》，《文化纵横》2020年第5期，第130—136页。

独斗转向协同攻关，建立学术共同体，充分汇聚智慧、群策群力是实现学术研究新突破的必然选择，但新的学术共同体的建构和运作是有条件的。

其一，非物质文化遗产研究学术共同体必须是一个以问题凝聚的共同体。以研究非物质文化遗产保护、传承、传播和利用的某一理论与实践问题为纽带，聚集不同学科背景的学者和团队组成学术共同体，发挥多学科集体攻关的优势，共同完成研究任务。这一学术共同体一定要有克服和走出狭隘的学科“土围子”的自觉，必须打破具体的某一学科对问题研究的束缚，突破现有学科的边界，特别是学科专业的边界，形成一批具有战略眼光、富有凝聚力和战斗力的创新团队，从而把非物质文化遗产学术研究与发展中的问题勾连、对接起来，把解决非物质文化遗产的实际问题作为研究的主攻方向，从问题的解决中，获取学科发展的灵感，丰富学科的知识，而不是固守狭隘的学科思维和受局限的话语去自说自话。只有基于交叉学科思维的学术共同体的共同努力，才有可能完成更多更复杂的理论和学术问题，推动非物质文化遗产学术创新，这才是非物质文化遗产学术共同体建设所具有的重要意义。

其二，非物质文化遗产研究学术共同体必须是一个有核心人物的共同体。非物质文化遗产学术共同体既不是一个群众社团组织，也不是一个科研管理机构，它是一个以某一重大非物质文化遗产学术理论和现实问题研究为目的形成的学术研究群体，要使这个学术团体有计划、有序、高效地开展学术攻关，其中一个学术水平高超和领导能力很强的核心人物（或群体）至关重要。这里有一个管理系统论问题，没有一个具备对这个组织系统的综合管理能力、对这个具体研究问题全面把控能力的核心人物（或领军人物），这个学术团体就缺乏灵魂。因此，这个核心人物（或领军人物）必须具有这样的品格：(1) 他（们）必须在自己的学科领域具有很强的学术影响力，并且十分了解相关学科研究的前沿状况，知道解决所研究问题的学术需求；(2) 他（们）必须具有很强的领导能力，较强的凝聚队伍、整合资源和协调关系的能力；(3) 他（们）必须具有很强的人格魅力、敬业精神。

其三，非物质文化遗产研究学术共同体必须是一个优质资源共享的共同体。从许多科学研究的重大突破来看，只有相关学科研究同步达到一定高度时，在系统整合和严密逻辑的组织下，将相关学科的优质研究团队整合在一起共同攻关才能完成。非物质文化遗产学术共同体，是一群围绕着非物质文化遗产学术问题的学者共同组成的对综合性和复杂性问题协同攻关的学术团体。这个学术共同体是学科知识高度分化和融合的体现，是相关问题研究不同学科优质资源的聚集，在这个学术共同体中，必须打破传统学科壁垒，推动学科深度交叉融合；尊重不同学科特点，鼓励个性发展，建立学科交叉融合机制和资源配置模式，实现优质资源共享、融合发展。这个学术团体，必须与时俱进，主动适应经济社会发展变化的外部需求和自身学科专业发展的内部需要，不断巩固自身特色与优势，积极开拓新的领域，通过与众多学术共同体的共同努力，推动中国非物质文化遗产学术研究的发展。

四、探索非物质文化遗产研究创新机制

创新是科学发展的源泉、学科建设的目的。当今世界已进入创新时代，强化思维方式、研究方法、研发手段等方法创新，产生开拓性、引领性、超前性的原始创新，是这个时代科学的追求。从全球范围的学术、科技创新与学科关系看，原始创新大都是学科前沿和学科群交叉融合的结果。非物质文化遗产学要实现学术创新，必须坚持文化内容与科技手段的结合、理论研究与田野作业的结合、文化资源与文化产业的结合。

其一，文化内容与科技手段结合。21 世纪，人类整体进入了一个新的竞争激烈的科学时代，科学技术的发展对文化的渗透和影响越来越强，文化对新科技手段的运用越来越多，两者相互结合，共同促进了时代文化的发展。深入研究互联网、大数据、云计算、物联网、虚拟现实、人工智能、区块链和 5G 等现代技术对非物质文化遗产保护、传承、传播和利用的重大影响，通过研究数据库建设、大数据资源挖掘、新媒体展示与传播、人工智能精准推送等技术，为非物质文化遗产的保护传承和创新发展提供技术支撑。比如，聚焦数字化展示和传播技术，研究不同传播媒介环境下非物质文化遗产数字传播的表现形态，针对不同种类的

非物质文化遗产和传播媒介提出相应的非物质文化遗产数字传播方式，提升非物质文化遗产传播能力；聚焦智能化时代非物质文化遗产的传播特点，探讨运用大数据、云计算、虚拟现实、增强现实和人工智能等技术，挖掘非物质文化遗产资源价值、拓展非物质文化遗产产业链，促进非物质文化遗产资源产业转化，探索提升非物质文化遗产传播和生产效率的路径。

其二，理论研究与田野作业结合。非物质文化遗产是农耕文明的产物，是植根于民族民间沃土的活态文化，它由民间故事家、歌手、艺人、匠人、戏人等创造和传承，被称为“草根文化”。对这种草根文化的研究，必须开展广泛、扎实、深入、系统的田野调查研究。开展田野调查研究既是践行求真务实学术精神的体现，也是非物质文化遗产项目挖掘、抢救的必由之路，更是非物质文化遗产研究工作的起点和基础。由于非物质文化遗产具有活态流变性特征，开展田野调查必须遵循非物质文化遗产发展规律，坚持真实性、整体性、传承性原则。只有对非物质文化遗产的存续状态、生存环境、传承情况及存在问题开展长期的、全面的、反复的、跟踪式的、动态性的深度田野调查研究，才能及时准确把握非物质文化遗产的动态变化状况，为保护工作提供决策依据，为科学研究提供源源不断的资料。田野调查研究同样需要理论指导，没有理论指导的田野调查是盲目的、低效的，加强田野调查的经验总结和理论研究，也是非物质文化遗产学研究题中应有之义。

其三，文化资源与文化产业结合。笔者在《论非物质文化遗产资源在文化产业中的创造性转化和创新性发展》一文中曾提出，现代非物质文化遗产研究必须面向现代社会生活、面向现代市场经济和面向现代科技发展，并特别强调：“要面向现代，充分挖掘其潜在的社会价值和经济价值，通过生产创造、产品创意和技术创新进行转化，让其在当下继续发挥重要的作用。”① 作为中华优秀文化重要组成部分的非物质文化遗产，以其丰富的资源、多彩的内容、多样的形式，成为中国文化产业发

---

① 黄永林、纪明明：《论非物质文化遗产资源在文化产业中的创造性转化和创新性发展》，《华中师范大学学报》（人文社会科学版）2018 年第 3 期，第 72—80 页。

展的新宠，在推动中国文化产业发展中扮演着越来越重要的角色。非物质文化遗产研究要用现代眼光审视传统文化的价值，将传统与现代、文化与经济、保护与开发有机结合起来，在面向现代市场经济进行产业开发过程中，实现传统非物质文化遗产资源的现代创造性转化，以具有强大吸引力的产品和竞争力的产业在激烈的市场竞争中拓展非物质文化遗产的生存与发展空间。非物质文化遗产学科建设必须根据社会需求，以遵循社会服务导向的逻辑，构建以企业为主体、市场为导向、产学研相结合的创新体系，提出非物质文化遗产当代利用经济价值的实现机制、实施路径和保障措施，提高资源整合和科技融合的能力，推动非物质文化遗产资源与文化产业融合创新。

第八章　中国民俗学“田野学派”的构建*

由山东大学张士闪教授主编的“田野中国·当代民俗学术文库”共6册（齐鲁书社2019年12月版）问世了，这是他近两年主编的第二套关于田野研究的丛书，2017年他曾经主编过“山东村落田野研究丛书”（共20册），由山东大学出版社出版。初读这套文库，总体感觉是它既有温度，也有厚度。

有温度是指本文库的作者带着深厚的情感走进乡村、走进田野。近年来，张士闪教授继倡导“礼俗互动”研究后，又在“感受生活的民俗学”的基础上，推出“有温度的田野”的学术理念，提倡应平视民众，以“文化共情”的方式贴近民众的生活世界，从而超越冷静观察、科学记录目标的传统田野理念，矫正当下非遗研究、乡村研究中的诸多“文化虚热病”[①]。张士闪教授不仅大力倡导，而且带头组织相关学者身体力行“有温度的田野”的学术理念。一批以山东籍的学者为主体的研究者带着对家乡的一份特殊情感，走进齐鲁大地的田野，记录乡村、研究乡村。从他们的行动中，从文库的字里行间，我们读出了他们对家乡的热爱、对百姓的关心、对乡村文化的深情，应该说这是“有温度的田野”

---

* 本章原题《“礼俗传统与中国社会建构”笔谈：构建中国民俗学“田野学派”的思考》，原载《民俗研究》2020年第6期，《新华文摘》2021年第5期全文转载。本书略有修改。

① 山东省民俗学会秘书处：《“有温度的田野·中国礼俗传统与当代乡村振兴”学术研讨会在山东大学召开》，2019年6月10日，https://www.chinesefolklore.org.cn/web/index.php?NewsID=18940。

理论的最好实践。有厚度是指这套丛书不仅记录了大量十分有价值的乡村田野资料，其中既有对当代乡村文化现状的描写，也有对传统乡村文化的挖掘，而且以学者的理性眼光从历史与现实两个维度深入分析研究这些资料，视野开阔、内容丰富、多有创新。从这近200万字的书稿中，我们看到了其资料价值的厚重和理论研究的深厚。可以预见这套文库将在学界产生较大影响。

读完这些既有“温度”又有“厚度”的书，笔者深受启发，感受颇多，笔者想得最多的是这种来自当代中国田野的民俗学研究，对中国乡村发展具有的实际意义和对民俗学学科发展产生的理论价值。

第一节　走进乡村田野，服务于当今国家乡村振兴战略，具有重要的现实意义

近些年，国家实施乡村振兴战略，而文化振兴是乡村振兴的重要组成部分，关系到乡村持续发展的精神文明和内生动力。2018年1月2日，中共中央、国务院发布的《关于实施乡村振兴战略的意见》明确提出，乡村振兴，乡风文明是保障。必须坚持物质文明和精神文明一起抓，提升农民精神风貌，培育文明乡风、良好家风、淳朴民风，不断提高乡村社会文明程度。2018年9月，中共中央、国务院印发的《乡村振兴战略规划（2018—2022年）》提出了繁荣发展乡村文化。坚持以社会主义核心价值观为引领，以传承发展中华优秀传统文化为核心，以乡村公共文化服务体系建设为载体，培育文明乡风、良好家风、淳朴民风，推动乡村文化振兴，建设邻里守望、诚信重礼、勤俭节约的文明乡村。2020年6月26日，第十三届全国人大常委会第十九次会议对《中华人民共和国乡村振兴促进法（草案）》进行了审议，其中“文化传承”为重要内容之一。由此可见，在新时代，党和国家从振兴乡村的高度，下大力气加强乡村文化建设。习近平总书记在党的十九大报告中指出，要深入挖掘中华优秀传统文化蕴含的思想观念、人文精神、道德规范，结合时代要求继承创新。乡村在不同历史时期创造出了丰富多彩的乡村文化，其中

包括民间文学、民俗活动、民间文艺、民间工艺等，是以农耕文明为代表的中华文明的集中展现，是中华民族五千多年精神追求的深沉积淀。当代民俗学者走进乡村田野，调查、整理乡村历史文脉和文化资源，深入挖掘老百姓传统文化中优秀的思想文化精神内涵，并将它们运用于新农村文化建设，这对于推动乡村文化振兴、培育文明乡风、提高乡村社会文明程度具有十分重要的意义。

大力实施乡村振兴战略，推动农村经济发展是关键，产业振兴是重点，而丰富多彩、内蕴深厚的乡村文化是乡村产业发展的重要资源。2020 年 7 月 9 日，农业农村部印发的《全国乡村产业发展规划（2020—2025 年）》就提出培育产品品牌。传承乡村文化根脉，挖掘一批以手工制作为主、技艺精湛、工艺独特的瓦匠、篾匠、铜匠、铁匠、剪纸工、绣娘、陶艺师、面点师等能工巧匠，创响一批“珍稀牌”“工艺牌”“文化牌”的乡土品牌。乡村有着大量的历史文化、民俗文化、非遗文化、民族文化等资源，这些都是发展乡村经济的宝贵财富。通过田野调查研究，可以把这些宝贵的资源及其价值挖掘出来，在保持自身传统和特质的基础上，借助现代科技手段、现代文化创意，融入老百姓的现代生活，寻找乡土文化与文化经济的结合点，找到乡村经济的新生长点。比如，挖掘非物质文化遗产的产业价值，大力开展非物质文化遗产生产性保护和产业开发；挖掘乡村历史文化、民间文化、自然文化的旅游价值，大力发展乡村文化旅游产业；挖掘当地独特的乡土文化品牌价值，开发独具地方特色的文化产品。这些都对发展乡村特色产业具有重要意义。

当代中国田野的民俗学研究所做的正是对乡村优秀传统文化的挖掘和阐发，并通过创造性转化、创新性发展，为中国特色社会主义乡村建设提供良好的思想文化基础和发展经济的宝贵资源，从这个意义上来说，走进乡村的田野就成了振兴乡村战略实施的重要推动力量。

第二节　走进田野，从日常生活实践的体验视角追寻宏大的理论建构，具有重要的学术意义

纵观我国近几十年的田野研究，可以发现，在过去很长一段时间，

中国民俗学田野研究是以抢救和保护为主要目的。无论是20世纪80年代开展的被称为“世纪经典”和“文化长城”的“中国民间文学三套集成”的普查、编辑和出版工作，还是21世纪初大规模开展的全国非物质文化遗产普查工作，其目的都是通过普查，全面了解和掌握各地各民族民间文化遗产的种类、数量、分布状况、生存环境、保护现状和存在的问题，抢救和保护一批重点项目和重要传承人。其成果特征是：记录性描述性多，详细阐释深入分析少；全面宏观观察展示多，深度观察用心体验少；一般性理论概述多，深度理论建构少。总之，体验度不够和理论性不强严重影响了田野研究的价值。

一、“实践民俗学”概念的提出，强调民众日常生活地位和田野者身体经验的重要性，促进了民俗学田野研究范式的转变

20世纪90年代中后期以来，中国民俗学学者开始从单纯的民俗事象研究，转向在语境中研究民俗，强调在田野中观察民俗生活、民俗表演的情境、民俗表演的人际互动、民俗表演与社会生活、社会关系、文化传统之间的复杂关联等等，呈现出民族志式的整体研究取向[①]。特别是近几年，“实践民俗学”理论的提出，强调通过田野来了解普通人日常生活特别是日常交流，将老百姓说什么、做什么摆在中心和首位。这一理论强调普通老百姓是生活实践的主体，把广大民众真正视为历史文化的创造者。因为只有从这个角度才能看清广大民众怎样在日常生活中构建和发展自己的社会，创造、传承、享用自身的文化。“实践民俗学”的理论与实践，实现了从最初的田野中挖掘、采集资料，填充在文献资料上的欠缺，拿回去进行研究，到现在的转变成重视田野作业过程本身，强调田野中日常生活的身体经验，强调与被访谈者建立对话和交流的关系，从日常生活实践特别是交流实践方式的角度来研究中国文化传统与其他文化传统的同与异，研究中国社会独特的发展历史，标志着中国民

---

① 刘晓春：《从“民俗”到“语境中的民俗”——中国民俗学研究的范式转换》，《民俗研究》2009年第2期，第5—35页。

俗学的学术思想与研究范式发生了某种重要的变革。这种变革，对于民俗学田野研究具有重要的学术意义。

二、以理性反思的眼光深入田野，从对个案的典型性或代表性的“深描”中，展现宏大的理论追求

现在的民俗学学者走向田野、深入民间的目的性很明确，大多是带着对具体对象和具体问题研究的目的开展田野工作的。因此，相比以往的民俗学学者，他们对某一特定范围的民俗文化或某类民俗文化事象往往挖掘得很深入、记录得很翔实，描述和阐释得也很深入。其民俗学田野著作大多是基于翔实田野调查的个案研究，从时空维度选择若干具有代表性的村落民俗文化、村落的某些项目民俗事项进行具体、深入的研究，这使民俗学田野走向了精细化和个性化的个案研究时代。

当代民俗田野，不应该仅仅停留在过去那种了解民俗事象的来龙去脉，也不能仅仅满足于将民俗事象描述清楚，而是应该通过这些民俗事象去了解其背后实实在在的人怎样赋予日常生活以文化意义，通过个案研究，展现出田野作业中理论建构的深度。面对传统民俗学个案研究理论研究不足的困境，人类学的解决方式，即格尔兹所说的“让深描变得可能，不是超越个案进行概括，而是在个案中进行概括”①。即民俗田野的个案研究必须摆脱微观场景的限制，去展现宏大的理论追求。具体而言：“从个案研究本身的独特逻辑来思考这个问题，特别是注重理论的角色。扩展个案方法则在分析性概括的基础上再向前推进一步：跳出个别个案本身，走向宏大场景。”② “超越个案”的意义在于在民俗田野研究中不能止步于提供个案的典型性或是代表性，而应该去尽力追求理论所具有的建构性意义。从这个角度讲，民俗田野个案的探究意义就不仅仅限于一隅的村落，而是任何群体和个人都会面对的关于人自身及文化

① ［美］克利福德·格尔兹：《文化的解释》，纳日碧力戈等译，上海：上海人民出版社 1999 年版，第 24 页。

② 卢晖临、李雪：《如何走出个案——从个案研究到扩展个案研究》，《中国社会科学》2007 年第 1 期，第 130 页。

意义等命题。比如以传统民俗文化急剧变迁的现状作为基本的思考对象，对传统民俗文化在当代中国被建构为文化遗产的现象做出深入的剖析，力图通过文化遗产这一当代中国社会重大问题，拓展民俗学的学术领域，增强民俗学的活力。

值得注意的是，这种理论建构的深度与广度和研究者的主观意识与反思程度息息相关。因此，研究者在展开田野调研和研究过程中随时要保持对自我的反省，确保能够批判性地分析他们所参与的实践，深入了解研究对象，在分析时“始终抱持反思性的信条，时时体察宏观权力等因素对日常实践的渗透性和影响力”①，只有这样才有可能跳出个案的狭窄视野，从对个案的典型性或代表性的“深描”中，展现宏大的理论追求。

第三节　走进田野，努力构建有“实践温度”和“理论高度”的中国民俗学“田野学派”，具有重要的学科意义

1998 年 12 月，中国民俗学会第四次全国代表大会暨中国民俗学运动 80 周年纪念大会在北京召开，时任中国民俗学会会长钟敬文教授在会上作了《建立中国民俗学学派刍议》的学术报告，呼吁要建立中国民俗学派。他指出，中国民俗学学派，指的是中国的民俗学研究，从本民族文化的具体情况出发，进行符合民族民俗文化特点的学科理论和方法论的建设，并就建立中国民俗学学派的必要性与可能性、中国民俗学派的特殊性格、旨趣和结构体系，以及今后的发展方向等方面进行了全面的阐述②。笔者认为，中国民俗学派不是指在中国仅仅建立一个统一的包含所有民俗学研究领域的大民俗学派，而应该是指在民俗学科领域建立若干个以某一地域、或某一师承、或某一问题为研究对象而形成具有特

① 卢晖临、李雪：《如何走出个案——从个案研究到扩展个案研究》，《中国社会科学》2007 年第 1 期，第 129 页。

② 钟敬文：《建立中国民俗学学派论纲》，《广西民族学院学报》（哲学社会科学版）2000 年第 1 期，第 54—61 页。

色的学术传统的各种学术流派。近20多年来，中国民俗学界就田野研究在理论上展开过多次讨论，在实践上也兴起了田野研究的热潮，并在近年来逐渐形成一种新的气象。如以山东大学为代表的一批民俗学者走进田野，关注乡村，深入民间，亲近百姓，开展“有温度的田野”研究，这种田野风有时代气息，有“烟火”味，清新自然，生机盎然，已初具民俗学“田野学派”的气象。加之这批学者通过乡村田野，理解乡村文化，研究乡村文化，发展乡村文化，把学问写在中国乡村大地上，成绩显著，已经奠定了中国民俗学“田野学派”的基础。

关于民俗学的田野研究，巴莫曲布嫫曾在《叙事语境与演述场域》的文章中提出了“五个在场”：史诗传统的在场、表演事件的在场、演述人的在场、受众的在场，以及研究者的在场。她还特别指出：“至少是由这样五个起关键性作用的要素‘同时在场’，才能确定史诗演述的场域，才能帮助我们正确把握并适时校正、调整史诗传统田野研究的视角。”[①] 笔者认为这“五个在场”对于民俗田野研究具有指导性的意义。而具体就构建中国民俗学“田野学派”而言，除“五个在场”之外，还应当在更宏大的中国乡村振兴国家战略和中国乡村在国家发展中的极其重要位置的背景下实现“四个同构”：民众主体与学者主体同构、热情田野与理性研究同构、民间礼俗与国家治理同构以及民间记忆与国家历史同构。

一、民众主体与学者主体同构

民俗田野研究与其他研究最本质的区别在于“民众在场”，没有民众在场的田野是不存在的，但民俗学“田野学派”与传统田野研究最大的不同是民众不仅要在场，而且民众与学者具有同样“主体性”位置。学者不是居高临下的观察者和研究者，民众也不是被动的被观察者和被研究者。万建中教授曾敏锐地指出：“时下特别强调民俗考察和研究要

① 廖明君、巴莫曲布嫫：《田野研究的“五个在场”——巴莫曲布嫫访谈录》，《民族艺术》2004年第3期，第20页。

密切关注‘民’，关注当地人的情感诉求、生存状况、生活愿望等，感受当地人的感受，理解当地人的理解，塑造当地人的民俗形象。这些只是纠正了以往田野作业只是注重‘俗’，而忽视了‘民’的偏向。但没有解决单边主义言说的问题。‘民’依旧一直作为‘他者’和书写的对象。民俗亦即‘民’的俗，‘民’才是俗的真正的拥有者，故而有无可置疑的对俗的言说权力。”他呼吁民俗田野要“让当地人说话”。在这样的理念下，民俗田野学者在田野中必须把民众作为民俗文化的创造者予以重视，把民众作为平等交流的对象予以亲近，甚至把民众作为学习的对象予以尊重。在乡村的田野，民俗学者要做的就是好好地、谦虚地去观察，尊重当地人、尊重当地文化。在后期的研究中，也要请当地文化精英参与调研报告或论文的构拟和表达，让民众品评学者田野研究的成果，这样使学术话语既能进入细节和微观，又彰显地方色彩；同时，又能最大限度地避免可能出现的一些理所当然的理解和误读，对民众文化的阐述将更加准确、到位。从尊重民众文化创造的“主体性”，到尊重民众的“话语权”，再到尊重民众在研究中的“参与权”。在学者与民众相互平等的两个主体共同努力下，实现民俗学学科理论方法与当地民俗内部知识的深度融合，让民俗田野研究走向深入。

二、热情田野与理性研究同构

民俗学的田野研究包括两个阶段，一是走进田野深入调查，获取大量资料；二是告别田野进行研究，挖掘田野资料的价值意义。田野调查是基础，学术研究是目的。在不同田野工作阶段，民俗学学者所应秉持的态度是不一样的，“走进田野”的调研一定要满腔热情和满怀激情；“告别田野”的研究一定要严谨理性、冷峻深邃。前者贵在“近”，贴近生活，走进被访谈对象的心中，与他们融为一体，为的是更好地理解他们。而后者贵在“远”，从田野的情感中走出来，以学术研究的眼光去认识田野的材料，以科学理性的态度去思考田野资料的学术价值，为的是从宏观理论高度更好地认识民众生活及其文化。因此，科学的田野应该是“热情的调查与冷峻的研究相结合”。

“走进田野”的热情调查，就是要使田野有可贵的“温度”，就是要投入感情和激情。每一次和田野的相遇，都要用情、用心、用功去做。用情去建立一种超然于其上的对于乡村人心和人性的关爱，对村里人多一份发自内心的关怀和理解；用心去体验老百姓的生活方式，以自己的心灵去叩问研究对象，实现与他们灵魂的对话，从而真实地理解他们；用功去求索地方性知识的形成过程，去洞察乡村不同生活境况与文化心理，从而于深处理解他们的文化。

“告别田野”的冷峻思考是民俗工作者离开田野进入一个独立的研究阶段，是民俗学者由一个热情的参与者和观察者转变成一个冷静的思考者和研究者的过程，他们必须与“他者”保持一定距离从而使自己保持清醒头脑，以严谨的态度对所收集的调查资料进行重新审视，以冷峻的反思理性地呈现在田野观察中发现的细枝末节，用学者的研究展现乡村文化蕴含的丰富深厚的文化内涵、价值和意义。因此，构建中国民俗学“田野学派”必须是理论与实践相结合的，既需要有深入的理论研究，更需要扎实而有温度的田野做支撑。

三、民间礼俗与国家治理同构

前文已论述过走进乡村田野，服务于当今国家乡村振兴战略需求、挖掘乡村文化价值，为乡村文明建设和经济发展贡献学术智慧的现实意义。就构建中国民俗学“田野学派”来说，如果仅仅停留在服务当下国家战略是不够的，因为那只是某一阶段性研究项目可以完成的工作，与“学派”的持久性地位与作用相差甚远。因此，中国民俗学“田野学派”还必须从历史发展的高度，以更为前瞻的学术研究为乡村的长远发展出谋划策。

张士闪教授在“田野中国·当代民俗学术文库”的总序《在田野中理解中国》中强调：“田野研究的学术共识，是从地方生活细节入手，在民间与国家的相互建构中理解中国政治传统。”① 即“眼光向下”做研

① 张士闪：《在田野中理解中国》,《礼与俗：在田野中理解中国》，济南：齐鲁书社 2019 年版，“总序”第 7 页。

究，“思考向上”为国家。比如近些年开展的关于“礼俗互动”的研究，一方面，从民间“俗”的生活中发现国家的“礼”对“俗”的影响；另一方面，从国家“礼”的变化中理解国家对“俗”的重视，用“礼俗互动”来关照国家对乡村的治理，力图通过“礼俗互动”等传统乡村治理结构的研究，为构建现代乡村社会治理体系提供理论支撑和实践借鉴，从而促进民间自治与国家管理的同构，从组织体系上保证乡村的长治久安。乡村田野的“礼俗互动”研究也从一个侧面反映了中国民俗“田野学派”研究的特征，从对乡村文化的调研中，总结传统乡村治理的规律，为建构现代乡村治理提供遵循，使田野研究具有更长远的历史价值。中国民俗学“田野学派”就是要从乡村民众日常生活的微观中理解宏观，从国家治理的宏观高度去审视乡村民众日常生活实践，让基于田野理念与经验创新的乡土中国研究引导中国乡村的建设与发展，从而形成独树一帜的学派。

四、民间记忆与国家历史同构

乡村田野既是普通人日常生活的场所，更是他们文化传承和创造的现场，民俗学田野所关心的正是最底层的广大民众，试图了解他们的生存环境、语言文化，并努力将文献联系田野，将文献放回其所生产的环境中解读，将历史回归到现场。这正如赵世瑜教授所指出的，现在我们的历史研究所要做的，就是把这个生活基础还给“大历史”，这个生活基础就是我们所谓的“小历史”①。

关于中国民俗学田野的历史与现实的关系，张士闪教授指出：“在田野中遭逢的一切，既是现实，也是历史，是可以展开绵密而深邃的思考。”② 在乡村，无论是日常生活和劳作中的风俗习惯，还是观念行为中的仪式、信仰等，都是乡村普通人的生活不可或缺的一部分，它们之间

---

① 赵世瑜：《小历史与大历史：区域社会史的理念、方法与实践》，北京：生活·读书·新知三联书店2006年版，第10页。

② 张士闪：《在田野中理解中国》，《礼与俗：在田野中理解中国》，济南：齐鲁书社2019年版，“总序”第9页。

密切关联，共同融入当地历史文化之中。中国民俗学“田野学派”研究的目的之一，就是要从乡村民众“日常生活的历史”的现代记忆中，追溯历史，动态地看乡村文化的发展进步，以及与社会的关系。从历史建构的高度去认识民间记忆和传统对于展现真实中国历史的价值，用民间记忆弥补过去官方历史书写的主观性和不全面的缺憾，从历史是一种曾有过的“真实生活”的高度认识历史，从民间小历史是还原真实历史的高度去认识“现在的田野”还原历史真实的意义价值。正如美国人类学家萨林斯所言：“如果不尊重那些不是而且永远也不会是我们自身之物的各种观念、行为以及本体论，没有人能够写出好的历史，甚至当代史。”[1] 中国民俗学“田野学派”就是要在乡村民间集体（个体）记忆与国家官方历史书写互补与互构中还原国家历史的本来面貌。

中国民俗学“田野学派”是根植在中国乡土大地上的一个研究学派，其特征是通过广泛而深入的乡村田野调查，去发现大量被遮蔽或迅速变化着的乡村文化传统，去了解乡村人是如何赋予日常生活以文化意义和建构乡村文化传统的，动态地看乡村文化发展与整个社会发展的关系，去认识民间记忆对于还原中国历史真实的价值。构建中国民俗学“田野学派”的目的，就是要用“有温度的田野”深化民俗学理论研究，推进民俗学学科的发展，就是要用“有深度的研究”服务于乡村文化建设，促进乡村振兴与发展。

① 万建中：《民俗田野作业：让当地人说话》，《民族艺术》2018 年第 5 期，第 25—30 页。

第九章　加强文化教育　坚定文化自信*

习近平在《在庆祝中国共产党成立95周年大会上的讲话》中明确提出，中国共产党人“坚持不忘初心、继续前进”，就要坚持“四个自信”，即中国特色社会主义道路自信、理论自信、制度自信、文化自信，并指出文化自信，是更基础、更广泛、更深厚的自信①。文化自信作为“四个自信”之一的提出，创造性地拓展了党的十八大提出的中国特色社会主义“三个自信”的谱系，凸显了中国特色社会主义的文化根基、文化本质和文化理想，标志着中国共产党对中国特色社会主义有了更加明确而开阔的文化建构。文化与教育有着十分密切的关系，文化是教育产生与发展的最重要基础；教育是文化延续并不断创新的第一动力。文化自信离不开文化教育，坚定文化自信，必须加强文化教育，只有让更多人更深入地学习理解和传承弘扬中华优秀传统文化、革命文化和社会主义先进文化，中华文化的伟大复兴才能实现。

第一节　文化与教育的关系

党的十九大报告指出，“文化是一个国家、一个民族的灵魂。文化

---

* 本章原题《加强文化教育 坚定文化自信》，原载《贵州民族大学学报》（哲学社会科学版）2020年5期。本书略有修改。

① 习近平：《在庆祝中国共产党成立95周年大会上的讲话》，2016年7月1日，http：//news. cctv. com/2016/07/01/ARTImzOVOFpHe394LNooq4YV160701. shtml。

兴国运兴，文化强民族强。没有高度的文化自信，没有文化的繁荣兴盛，就没有中华民族伟大复兴”，并提出“坚定文化自信，推动社会主义文化繁荣兴盛”[①]。人是文化传承和创新的主体，人对文化的认知和理解源于教育，因此，教育是以人为中介承担文化传承和创新的双重使命。

一、文化是教育发展的最重要基础

人类文明发展史表明，没有文化就没有教育，因为没有文化就没有教育资源和教育方向，没有文化就不可能有教育者和受教育者。中华优秀文化是中国教育产生和发展的最重要基础。

其一，中华优秀传统文化孕育了优秀教育传统。中华文明历史悠久，历经几千年的历史传承，具有光辉灿烂的历史文化，是世界上唯一绵延不绝而从没中断的古老文化，并始终充满了生机与活力。习近平指出，“回顾历史，支撑我们这个古老民族走到今天的，支撑5000多年中华文明延绵至今的，是植根于中华民族血脉深处的文化基因”[②]。5000多年文明发展孕育的中华优秀传统文化，以其丰富的资源，深厚的底蕴，不仅孕育了中国古老的教育，而且为中国教育的发展提供了坚实的基础，并形成了深厚的优秀教育文化传统。

其二，中国现代先进文化指明了教育发展方向。文化本身也是一种教育力量，一方面，特定时空中的文化构成的文化环境、文化氛围，对生存于其中的人产生着潜移默化的教育作用；另一方面，先进的文化导向（价值）也为教育发展指明了正确的方向。中华优秀文化既包括中华优秀传统文化，也包括中华现代先进文化。中华文化既坚守根本又不断与时俱进，中华现代先进文化主要包括熔铸于中国共产党领导人民在革命、建设、改革中创造的革命文化和社会主义先进文化，它们积淀着中华民族最深层的精神追求，代表着中华民族独特的精神标识，其革命性与先进性不仅赋予了中国传统文化新的发展要求和历史境界，而且为中

---

① 习近平：《在中国共产党第十九次全国代表大会上的报告》（2017年10月18日），《人民日报》2017年10月28日。

② 习近平：《携手建设更加美好的世界》，《人民日报》2017年12月2日。

国现代教育发展指明了前进方向并提供了强大精神力量。

其三，中华文化自信是教育自信的底色和底蕴。文化自信是国家兴衰的命脉，是保持民族精神独立性的基石。习近平指出："站立在960万平方公里的广袤土地上，吸吮着中华民族漫长奋斗积累的文化养分，拥有13亿中国人民聚合的磅礴之力，我们走自己的路，具有无比广阔的舞台，具有无比深厚的历史底蕴，具有无比强大的前进定力。中国人民应该有这个信心，每一个中国人都应该有这个信心。"① 文化自信是对中华文明历久弥新的核心理念、传统美德和人文精神的自觉弘扬，是对中国道路、中国理论和中国制度在民族精神追求层面上的坚定内化，它将成为中华民族伟大复兴的精神根基和内在源泉。文化自信是教育发展的基础，教育乃文化传承创新之基，教育自信是"四个自信"的必然要求和重要内涵。文化自信既是中国教育发展的底色，又是中国教育发展的底气。只有文化自信，才会有真正的教育自信，坚定文化自信，必须坚定教育自信。

二、教育是文化发展的第一推动力

教育的实质是传播知识和文化，通过教育活动以"文"化人，使文化得以传递、丰富和发展，没有教育就不可能有文化，因此，教育是文化发展的第一推动力。中华文化之所以生生不息、绵延不绝，其关键因素之一就在于有着重视教育的优良传统。从古代《荀子·劝学》中"吾尝终日而思矣，不如须臾之所学也"，韩愈《师说》中"爱其子，择师而教之"，《三字经》中"子不教，父之过"，到现代国家提出"百年大计，教育为本""科技兴国战略"，都说明了个人、家庭、社会和国家都十分重视教育的作用。中华民族历来重视教育，教育优先发展有着深广的文化心理基础。

其一，教育对文化传承与发展的推动作用。教育是文化传承最主要

① 习近平：《在纪念毛泽东同志诞辰120周年座谈会上的讲话》，2013年12月27日，http：//theory. people. com. cn/n/2013/1227/c40531-23954508-4. html。

的手段，传承文化是教育的基本职能。但教育对文化传承的选择有其内在的机制，首先，教育对文化的选择不是静止的，而是随着社会的发展在动态中进行文化选择。教育对文化的选择有着价值的取舍，按照“取其精华，去其糟粕”的原则进行价值取舍。教育的文化选择往往是从有利于受教育者发展、有利于社会发展、有利于国家和民族发展、有利于人类发展出发来进行的。其二，学校是文化教育的重要场所。宋朝苏洵认为，“教化之本，出于学校”。学校教育是通过培养目标、教育过程、课程标准、教师群体等进行文化的选择，把人类积累的优秀文化、精神财富传递给学生，培养学生文化创造的能力，使文化薪火相传、充满活力。习近平指出，对历史文化特别是先人传承下来的价值理念和道德规范，要坚持古为今用、推陈出新，有鉴别地加以对待，有扬弃地予以继承。这就是说，我们既不要片面地讲厚古薄今，又不要片面地讲厚今薄古，而是要本着科学的态度，继承和弘扬中华优秀传统文化，努力用中华民族创造的一切精神财富来以文化人、以文育人[①]。教育对文化的内容选择和价值取舍机制成为人类优秀文化存续的一种保障，也成为文化自身发展与进步的一种推动力量。

其二，教育对文化价值和精神的建构作用。教育具有双重文化属性：一方面，它是传递和深化文化的手段，这是它与文化构成内容与形式的关系；另一方面，它的实践者及实践本身又体现着文化的特质，如思想观念、价值倾向和行为方式，这使它成为文化本体[②]。文化是教育的内容，教育是传递文化的工具。教育在文化内容的选择上十分重视文化的价值导向，教育的实施保持了文化的同一性与延续性，使民族文化价值得到更广泛的认同、民族文化精神得到更深入弘扬。比如，中国封建社会的教育主要以伦理道德为价值取向的儒家文化为主，强调“明人伦”。“善”作为中华文明最基本的组成元素，在传统文化中具有核心价值，中国传统教育在内容上十分强调“善”的教育。宋朝欧阳修认为“善

---

① 习近平：《在十八届中央政治局第十三次集体学习时的讲话》，《习近平关于社会主义文化建设论述摘编》，北京：中央文献出版社2017年版，第140页。

② 黄献清：《反腐倡廉——教育、文化建设两手抓》，《传承》2008年第22期，第16—17页。

者，一日不教，则失而入于恶；恶者，勤而教之，则可使至于善。”中华优秀传统文化是中华民族的突出优势，是我们最深厚的文化软实力。习近平强调，要认真汲取中华优秀传统文化的思想精华和道德精髓，大力弘扬以爱国主义为核心的民族精神和以改革创新为核心的时代精神，深入挖掘和阐发中华优秀传统文化讲仁爱、重民本、守诚信、崇正义、尚和合、求大同的时代价值，使中华优秀传统文化成为涵养社会主义核心价值观的重要源泉①。通过教育的建构和强化中国传统文化形成了以善为本、以善为信念的基本道德追求。

提高国民思想觉悟、道德水准、文明精神，根本在教育。一个人的政治认同、文化信仰、理想追求，往往是通过教育来完成的。中国特色社会主义教育发展道路之所以越走越宽广，关键在于我们坚定了“四个自信”，焕发了教育自信。教育自信的关键，就是要坚守中华文化的主体立场，激发广大受教育者的文化自觉、文化自信，树立正确的历史观、民族观、国家观、文化观，增强做中国人的骨气和底气②。

中华民族优秀教育传统是中国优秀文化的重要组成部分，当今我国的学校教育必须坚持继承和弘扬中华优秀的教育传统，通过教育进一步培育中华民族共同情感和价值、共同理想和精神。

其三，教育对文化传播与交流的促进作用。习近平指出，当今世界，各国人民前途命运越来越紧密相联。人类文明是多元并存的。进入新时代的中国，我们一方面坚持文化自信，大力发展教育、科技、文化事业，提高文明素质；一方面秉承“世界大同”、和合共生的传统理念，主张各国文化相互尊重，交流互鉴③。教育是传播和交流文化的重要途径，自古至今，国家文化、民族文化、区域文化经过长期相互学习、交流、借鉴、融合不断发展提高，促进文化的优化和发展，才有了我们人类的

---

① 习近平：《在十八届中央政治局第十三次集体学习时的讲话》，《习近平关于社会主义文化建设论述摘编》，北京：中央文献出版社 2017 年版，第 142 页。

② 《70 年教育发展巨变，为实现中华民族伟大复兴提供磅礴力量》，2019 年 9 月 29 日，http：//news. eol. cn/yaowen/201909/t20190929_1685303. shtml。

③ 《习近平会见联合国教科文组织总干事阿祖莱时的讲话》，《人民日报》2018 年 7 月 17 日。

文明史。特别是国际文化交流增进了不同国家文化的相互交流和学习，是一个国家发展进步的动力，促进了世界文化多元多样发展。费孝通认为，现在的世界应该是“各美其美，美人之美，美美与共，天下大同”。因为只有将自尊和尊敬他人之长结合起来，才是美美与共，才能共同创造多彩文明，为人类提供正确精神指引，达到天下大同的境界。

第二节　文化自信与文化教育

2016 年 9 月 9 日，习近平在教师节前夕回到母校北京市八一学校看望师生时提出，我们的教育改革要坚持文化自信，好的经验要坚持，不足的要补齐①。文化教育与其他文化传承方式相比，其传承的文化是人类文化中最基本、最精华的部分。在新的历史发展时期，我国要通过文化教育，激发全体人民对中华优秀传统文化的历史自豪感和文化认同感，在全社会形成对社会主义核心价值观的普遍共识和价值认同，激发全社会文化创造热情和培养民众文化创造精神，推动社会主义文化的繁荣兴旺，并以包容互鉴、共同发展的胸怀，推动世界文化多元多样发展。

一、通过文化教育涵养民族情怀，增强文化认同

随着改革开放不断深入，随着全球化时代日益发展，不少人在国际化的进程中，迷失了自我。有的妄自菲薄，由于不了解中华文化，他们以中华文化的消极部分来否定中华文化的优秀部分；有的崇洋媚外，轻视中华文化，他们以西方所谓先进文化否定中华文化，这都是失去文化自信的表现。习近平指出，坚定文化自信，离不开对中华民族历史的认知和运用。历史是一面镜子，从历史中，我们能够更好看清世界、参透生活、认识自己；历史也是一位智者，同历史对话，我们能够更好认识

① 《习近平总书记在考察北京市八一学校时的讲话》，2016 年 9 月 9 日，http：//www. xinhuanet. com/politics/2016-09/09/c_1119541878. htm。

过去、把握当下、面向未来[①]。习近平在北京大学师生座谈会上的讲话中还指出："我们是中华儿女，要了解中华民族历史，秉承中华文化基因，有民族自豪和文化自信心。"[②] 中华优秀传统文化是中华民族历经磨难而生生不息的历史积淀与思想宝库，是中华文明赓续传承、屹立于世界文化之林的"基因密码"。我们要深入挖掘中华优秀传统文化的价值内涵，弘扬中华民族传统文化的思想精华和道德精髓，以中华优秀文化的学习教育来提升民众的文化素养、文化自觉，涵养民族情怀，以及中华文化的认同感和责任感，培养熟悉中华文化、理解中华文化、尊重中华文化、热爱中华文化，对中华文化充满信心的中国人，进一步激发中华优秀传统文化的生机与活力。

二、通过文化教育传播优秀文化，强化文化自觉

文化自觉是文化自信的体现，没有文化自信，很难有文化自觉，但是有了文化自觉，不等于就有了文化自信。中华优秀传统文化是中华民族的宝贵财富，是中华文化接续传承的动力与支撑，是中华文化弘扬发展的源头活水，也是一个国家文化软实力的重要载体。习近平指出，中华优秀传统文化是中华民族的文化根脉，其蕴含的思想观念、人文精神、道德规范，不仅是我们中国人思想和精神的内核，对解决人类问题也有重要价值。要把优秀传统文化的精神标识提炼出来、展示出来，把优秀传统文化中具有当代价值、世界意义的文化精髓提炼出来、展示出来[③]。作为炎黄子孙，我们要通过教育让学习理解和传承传播中华优秀传统文化成为一种自觉行为，将弘扬中华优秀传统文化作为增强民族自信的重要方式，从内心深处强烈认同中华民族文化承载的价值理念。中国特色

---

① 《习近平在中国文联十大、中国作协九大开幕式上的讲话》（2016 年 11 月 30 日），北京：人民出版社单行本，第 9 页。选自中共中央文献研究室：《习近平关于社会主义文化建设论述摘编》，中央文献出版社 2017 年版，第 17 页。

② 《习近平在北京大学师生座谈会上的讲话》，2018 年 5 月 2 日，《人民日报》2018 年 5 月 3 日。

③ 习近平：《在全国宣传思想工作会议上的讲话》，http：//media. people. com. cn/n1/2018/0823/c40606-30245183. html。

社会主义文化是一个有根有魂的聚合体，它有三个有机组成部分，即中华优秀传统文化、革命文化和社会主义先进文化。坚定文化自信，强化文化自觉，首先是要讲好中国故事，提高中华文化影响力。我们要通过教育讲清楚中华优秀传统文化的历史渊源、发展脉络、基本走向，讲清楚中华文化的独特创造、价值理念、鲜明特色，增强文化自信和价值观自信[①]。其次是要传播中国特色社会主义的革命文化和社会主义先进文化，树立社会主义核心价值观。富有创新活力的马克思主义中国化、时代化是中国文化自信的集中体现，我们要通过教育用先进的文化和价值观引领人们的思想和事业的发展。

三、通过文化教育培养创新精神，激活文化活力

中华优秀传统文化不是固守不变的，而是在不断推陈出新中发展的，历史和现实都证明，中华民族有着极强的文化创造力。一部中华文化史，同时就是一部中华文化思想创造史。早在春秋战国时期，诸子百家留下来的思想经典，几乎涵盖了政治、经济、科技、军事、文化等各个方面，成为中华文明从未间断的文化源头，也为世界文明史作出了不可磨灭的巨大贡献。中华文明之所以能够历经5000年沧桑而从未中断，依赖的就是这种创造力、创新力，中华优秀传统文化的创造性转化和创新性发展是中华民族文化的活力所在。习近平指出，中华民族有着深厚文化传统，形成了富有特色的思想体系，体现了中国人几千年来积累的知识智慧和理性思辨。这是我国的独特优势。中华文明延续着我们国家和民族的精神血脉，既需要薪火相传、代代守护，也需要与时俱进、推陈出新。要加强对中华优秀传统文化的挖掘和阐发，使中华民族最基本的文化基因与当代文化相适应、与现代社会相协调，把跨越时空、超越国界、富有永恒魅力、具有当代价值的文化精神弘扬起来。要推动中华文明创造性转化、创新性发展，激活其生命力，让中华文明同各国人民创造的多彩

---

① 习近平：《在十八届中央政治局第十三次集体学习时的讲话》（2014年2月24日），《习近平关于社会主义文化建设论述摘编》，北京：中央文献出版社2017年版，第140页。

文明一道，为人类提供正确精神指引①。今天，我们要更加积极主动地通过教育培养创新精神，推动中华优秀传统文化的创造性转化、创新性发展，使之与人们现实生活相融相通，形成富有个性、充满时代特征、具有生活气息的文化，激活传统文化在现代生活中的生命与活力。

四、通过文化教育推动文化交流，促进文化传播

古往今来，中华民族一直是命运共同体、文化共同体，文化是民族认同和凝聚的动力，是民族团结的纽带，开放包容的文化态度是中华文化自信的力量之源。历史上，五千多年绵延不断的中华文化，蕴含着许多符合自然发展规律、社会发展规律、人类发展规律的优秀文明成果，这些文明成果不仅是中国人的财富，也是世界人民的宝贵财富。习近平指出，中华文化是我们提高国家文化软实力最深厚的源泉，是我们提高国家文化软实力的重要途径。要使中华民族最基本的文化基因与当代文化相适应、与现代社会相协调，以人们喜闻乐见、具有广泛参与性的方式推广开来，把跨越时空、超越国度、富有永恒魅力、具有当代价值的文化精神弘扬起来，把继承传统优秀文化又弘扬时代精神、立足本国又面向世界的当代中国文化创新成果传播出去②。今天，中国应不忘本来，吸收外来，面向未来，依照尊重世界文明多样性，以文明交流超越文明隔阂、文明互鉴超越文明冲突、文明共存超越文明优越的文化发展理念，与世界各国各民族开展积极的文化交流交融③。不忘本来，就是要在推进教育国际化的进程中“讲好中国故事”，在向世界各国学习的过程中，将中华优秀文化传播出去，让世界上更多的人了解和理解中华文化，尊重和尊敬中华文化，提升中华文化的自信心和影响力。吸收外来，就是要尊重各国的民族文化特色和文化发展规律，承认世界上存在着的人类共同的价值观念，善于创造性地吸收、转化当今世界其他国家和民族的

① 习近平：《在哲学社会科学工作座谈会上的讲话》（2016 年 5 月 17 日），北京：人民出版社 2016 年版，第 17 页。

② 习近平：《在十八届中央政治局第十二次集体学习时的讲话》（2013 年 12 月 30 日），《习近平关于社会主义文化建设论述摘编》，北京：中央文献出版社 2017 年版，第 201 页。

③ 董国政：《坚定我们的文化自信》，《解放军报》2018 年 10 月 27 日。

一切优秀文化，使之成为中华文化的一部分。面向未来，就是要展示传统中华文化的博大胸怀，坚持世界文化多样性和多元性的发展精神，在文化发展方面不故步自封、停滞不前，通过广泛开展的与世界各国和各民族的文化交流，使中华文化在交流中发展、在交流中创新。

一个民族的复兴需要强大的物质力量，也需要强大的精神力量。任何国家的教育都有其文化的使命，这就是传承民族优秀的文化传统，增强文化自信，振奋民族精神。在新时代，我们要通过文化教育承担起文化传承的使命，始终热爱、坚守、弘扬中国特色社会主义文化，激发全民族文化创新创造活力，推动社会主义文化繁荣兴盛，建设社会主义文化强国。

第十章　21世纪中国非遗保护的民众行为逻辑、政策特征及未来发展

第一节　非遗传承人的行为动机和政策引导

作为文化主体的人，不是孤立的个体，而是社会群体中的一分子。他们在与自然和历史的对话中，形成了强大的适应能力和创造能力，不仅可以在限定的范围内适应客观给定的条件，而且还善于因应客观的可能进行创新发展，并在更大的范围借鉴和交流，从而进一步推动文化的发展。人是非物质文化遗产的主体，没有人就不可能有非物质文化遗产，非遗是人的创造物，其保护靠人，传承也靠人，生存语境更是人构成的社会。作为非物质文化遗产传承人的主体性主要体现为人的观念、行动、知识、智慧、技能和实践。对于非物质文化遗产保护和传承来说，不仅有代表性传承人，而且还有那些不为人所重视的一般性传承人。一般性传承人，是非遗传承的基础；代表性传承人，是非遗传承的核心。非物质文化遗产保护政策不仅要关注作为非物质文化遗产传承核心的代表性传承人，而且还要充分调动非物质文化一般性传承人的积极性，使代表性传承人的传承有良好的文化生态基础。为了使非物质文化遗产保护政策真正体现“以人为本”的思想，充分调动非遗传承人的积极性，深入研究传承人的行为动机就显得极其重要。

一、经济追求和精神追求对非遗传承人行为的影响

按照马斯洛的需求层次理论，人的需求可分为生理需求、安全需求、社会需求、被尊重的需求和自我实现的需求五个层次。这可以在一定程度上解释和说明人在不同的环境和自身条件下的核心关切，对人的需求层次的认识是理解其行为的基础，针对不同人的需求制定个性化激励政策是对其进行有效管理和引导的关键。对于非物质文化遗产传承人来说，生理需求是最基本的需求，是生存的前提；社会需求是高级需求，是发展的必需。对绝大多数非遗传承人来说，其传承的动机是生存需求，因此，物质需求、经济追求是驱动其传承的重要因素；对于许多代表性传承人来说，社会需求、精神追求是驱动其传承的主要因素。

（一）经济追求：作为“经济人”的传承人

1. 生存需求是人经济追求的原始动因

经济学作为一门科学，其最根本的假设是关于“经济人”的假设。“经济人”假设认为，人都是追求自己利益的，而且每个人都是在给定约束下追求自己利益的最大化。1776年，亚当·斯密在他的著作《国民财富的性质和原因的研究》中提出，“每个人都不知道如何增进他人的利益，甚至也不知道他人的利益为何物。每个人仅仅知道自己的利益，仅仅从自己的利益出发去行事。但是，当他这么做的时候，却有一只看不见的手，在引导着他，使他在追求自己利益的过程中，去实现他人的或者公众的利益。虽然这不是他的本意”。每个人从自己的利益出发去行事，要比他从他人利益出发去做事，结果对他人更好①。从管理学来看，“经济人”假设认为，人是“实利人”和“唯利人”。一方面，人的一切行为都是为了最大限度地满足个人私利，工作只是为了取得报酬；另一方面，人的一切行为还受到组织机构的操作和控制，因此人又是被

---

① 亚当·斯密：《国民财富的性质和原因的研究》，北京：商务印书馆2002年版。转引自《经济学的基石：经济人假设》，2022年6月2日，https：//baijiahao. baidu. com/s? id=1734517892449327457&wfr=spider&for=pc。

动的。1965年，美国组织心理学家史克恩对“经济人”的特征及管理运用做了如下概括：人是由经济诱因来引发工作动机的，人谋求最大的经济利益。经济诱因在组织的控制下人是被动地受组织的操纵、激发或控制而工作的①。人的情感是非理性的，组织必须善于设法通过控制个人的情感去干涉他所追求的私利，以此协调公利和私利之间的关系。他认为人的经济需求是客观的、基本的，常常构成人的行为动机。

在中国古代，先贤哲人们大多似乎是不言利的。儒家传统一直主张把仁义道德与效用功利对立起来。儒家讲求“义以为上”的义利观，“君子喻于义，小人喻于利”②，对义利的态度是君子和小人的分野；“君子谋道不谋食……君子忧道不忧贫。”③ 君子担忧的应当是道义，而非物质享受。然而对于食人间烟火的百姓来说，他们是“小人”，是草民，他们要生存，要养家糊口，就必须言利。其实汉字“利”字左边是禾苗的“禾”，右边是立刀，“利”者，“禾刀”也，以刀刈禾，这种象征其实也说明了“利”与老百姓的日常生活和生存密切相关。利本来就是俗，俗也必通向利，象形文字“俗”者，“人谷”也。《易经》中“利”出现的频次极高，其中也把“利”说成是人们从事一切行为活动的基本动机。以往中国人的经济性存在，植根于生产力低下、物质资料贫乏、生活水平低、自给自足的农业小生产基础之上，追求功利成为一种生存法则。诚如德国社会学家马克斯·韦伯在《儒教与道教》中所指出的：在中国，肯定现世的功利主义和对作为全面完善的、道德的、万能手段的、财富伦理价值的信念，同巨大的人口密度结合起来，把“精打细算”和寡欲提到了闻所未闻的高度④。人的经济性存在以及与其相关的功利性存在，永远是人的整体性存在的基础。失去了它，人的政治性存

① 董艳玲、王志强：《从西方管理理论的发展看学习型组织的兴起》，《中外企业家》2010年第Z4期，第40—45页；蒙阿仔、温莉：《现代企业人力资源管理中激励机制的有效运用》，《企业研究》2011年第6期，第83—84页。

② 《论语·里仁》。

③ 《论语·卫灵公》。

④ ［德］马克斯·韦伯：《儒教与道教》，王容芬译，北京：商务印书馆2004年版，第295页。

在、法律性存在、伦理性存在和审美性存在等等，都将成为无源之水。作为老百姓日常生活组成部分的非物质文化遗产，尤其是那些传统技艺项目（如民间手工艺、表演艺术、中医药等）的传承者就是以其为手段谋取物质性利益，用以养家糊口的，这是生存的艺术，因此，它必然是趋利的。

2. 市场经济诱发非遗传承人经济价值追逐

人的功利性存在是指人们在消费物质资源和满足感性需求等方面的具体生活内容，但经济性存在的状况往往会直接决定功利性存在的情形。市场经济是最具诱发人功利性存在的经济制度，其突出特点就是强调物质交换、价值规律和市场效应的作用，其结果是价值规律的功用得到充分发挥，市场调节的意义受到了积极肯定，经济效益的标准摆到了重要位置。改革开放使中国进入市场经济时代，从而对各种经济关系做出了质的调整。以经济利益作为调动人们积极性的重要手段，这极大地解放了生产力，丰富了人们的物质生活资料，深刻地影响着当前中国人，促使他们特别关注人的存在中各种功利性的内容。市场经济在人的存在本体论层面的主要意义，在于它首先以一种无法抗拒的强势力量，从根本上塑造着当前中国人新的强大经济性存在，并由此进一步奠定了当前中国人浓郁深重的功利性存在。

中国市场经济体制的建立必然潜移默化地调整各类文化艺术的功利追求，非物质文化遗产传承人的价值追求也同样受市场经济的冲击。物质生活是人类生存最基本的需求，在传统社会，虽然非物质文化遗产传承者被要求“有钱也去、无钱也去”，但实际上，从整体来看他们仍是有经济收获的，他们可以借此维持个人生计。非物质文化遗产传承的这种物质性追求从古至今从来就没有真正消失过。随着市场经济的发展，现代社会人们物质利益观念进一步加强，非物质文化遗产传承者的物质欲望也在逐步提高。与传统技艺相关的各种手工艺、表演艺术、中医药等非物质文化遗产，正在成为国家和区域进行开发利用的重要项目。这些项目的开发利用为传承人带来了收入，创造了就业机会，同时也培养了社区居民的自豪感。现在各地抢抓这一机遇，发挥非物质文化遗产的经济价值，在建设和开发以非物质文化遗产为主体的地方文化方面获得了更大的自由和创造力。对于社区来说，非物质文化遗产这种自给自足的实践对维持群体和社区的生计福祉至关重要，他们可以从与非物质文化遗产相关产业利用开发中受益[①]。在许多地方，基层政府和地方精英一直试图将非物质文化遗产品牌打造为地方文化产业品牌，通过非物质文化遗产品牌资源的开发利用，为地方带来更大的经济效益，甚至成为许多地方消除贫困的一种重要手段。

（二）精神追求：作为“社会人”的传承人

如果仅仅把人看作一种逐利的“经济人”，那是对人的片面理解，其实人类与其他生物体的区别不在于生理需求和趋利本性，而在于社会属性和精神追求，每个人都存在于一个相互依存的社会环境中，由此产生了基本的精神追求和独特的集体记忆，由此形成了“文化人”，在一代又一代人的文化创造中形成了人类文明。作为“社会人”的非物质文化遗产传承人，尤其是那些把非遗项目传承当作毕生事业的代表性传承人，其精神追求的目的性远远超过其经济追求，他们是“社会人”中的“文化人”，是非遗传承的中坚力量。

1. 社会性存在是人精神追求的基本前提

马克思在《关于费尔巴哈的提纲》中指出，“人的本质并不是单个人所固有的抽象物。在其现实性上，它是一切社会关系的总和”[②]。社会是由生物与环境形成的关系总和，是生物为共同利益而形成的生物与生物的联盟。人的社会性是人在社会活动的过程中由人际之间的相互联结而产生的，表现为人所特有的社会关系和由这些关系所决定的活动方式。在现实社会中，个体的一切都在与这个社会系统里的其他个体进行着能量的交换，能量的形式可以是物质、信息、精神等等。社会的发展，形成了一套系统的通用规则，如伦理道德、传统礼仪、风俗习惯等等，尽

① 张玲：《非物质文化遗产与可持续发展》，《民间文化论坛》2021 年第 1 期，第 119—124 页。

② 中共中央马克思恩格斯列宁斯大林著作编译局：《马克思恩格斯选集》（第 1 卷），北京：人民出版社 1972 年版，第 18 页。

管每个时期、每个地区的社会通用规则各不相同，不断变化，但这些通用规则中作为历史沉淀的文化基因往往是不变的。有学者指出，在一个传统的乡土社会之中，人们更多地生活在由社会或习俗安排的时空之中，而不是孤寂地生活在生命有机体的自然存在之中，那是一个彼此共在、相互交融的社会时间安排的场域。这个社会时间可以是无限而漫长的，即便某个体的生命时间不存在了，但基于人的互动前提下的集体记忆却可以仍旧是一直存在着的。这种集体记忆就是一种文化上的传承，是一种基于人的社会存在而发挥作用的可以恒久保持和传递的精神文化。作为传统的非物质文化遗产就是这种精神文化的重要组成部分，而代表性非遗传承人就是这种精神文化的守护者和传递者。

2. 从社会功能来看，非遗传承人承担着集体记忆传承

集体记忆是社会心理学研究的一个现象，是一个具有自己特定文化内聚性和同一性的群体对自己过去的记忆。法国社会学家和历史学家莫里斯·哈布瓦赫认为：集体记忆是一个特定社会群体之成员共享往事的过程和结果，保证集体记忆传承的条件是社会交往及群体意识需要提取该记忆的延续性[①]。他认为，集体记忆是对过去的一种重构，使过去的形象适合现在的信仰与精神需求，是根据各个阶段不同的社会框架来对过去进行重构，从而巩固主体同一性。德国学者扬·阿斯曼发展了哈布瓦赫的理论并提出了“文化记忆”概念，认为每个文化体系中都存在一种“凝聚性结构”，它把过去的重要事件和对他们的回忆以某一形式固定和保存下来，并不断使其重现以获得现实意义。这种凝聚性结构的意义在于维护共同的文化记忆，使其中成员对此文化体系产生归属感和认同感。对集体记忆的传承，就是对于本土文化的认同，从某种程度上说也是一种自我认同的实现。

民众对于本地非物质文化遗产有着与生俱来的根基性情感，通过对非物质文化遗产的历史进行追溯，亦是对其所生活的社区的历史渊源的

① 莫里斯·哈布瓦赫：《论集体记忆》，毕然、郭金华译，上海：上海人民出版社2002年版，第235页。

一种追溯，在这种集体记忆的传承中获得群体认同和文化认同。非物质文化遗产作为一种历史“遗存物”，曾经在传统社会生活中发挥着不可取代的作用，并维系着生活在其中的人们的情感，勾连起集体的记忆。对于传承人来说，非物质文化遗产项目是经过几代人甚至几十代人不懈努力、苦苦探索的集体智慧结晶，更是每个个体传承人穷尽一生为之奋斗的心血所在，在传承这些非遗项目中获得了一种“认祖归宗”的认同感。在人文层面，它是一种信仰，是对非遗所承载集体记忆的认同；在精神层面，它是一种使命，是对非遗传承的一种责任。因此，非物质文化遗产传承人主体内生的文化诉求，也是推动传统非物质文化遗产不断赓续发展的重要动力。

3. 从精神需求来看，非遗传承人实现了个体精神满足

马林诺夫斯基认为，文化是造成人与人之间、种族与种族之间的差异的重要因素。他指出，文化是包括一套工具及一套风俗——人体的或心灵的习惯，它们都是直接地或间接地满足人类的需要。一切文化要素，若是我们的看法是对的，一定都是在活动着，发生作用，而且是有效的。文化要素的动态性质指示了人类学的重要工作就在研究文化的功能[①]。他认为，文化存在的目的在于满足人类自身的种种生理、心理和社交需求，它主张使用“满足需求”来分析文化现象。我国社会学家费孝通把马氏的文化功能论框架进行整合，提出了人类文化学的“需求”和“功能”的三个层次，“除基本（生物）需要以外，还有派生（社会）的和整合（精神）的需求”[②]。随着历史发展的进程进入现代文明阶段，物质资料的丰富和生活水平的提高，势必会极大地刺激需求的高涨，从而全面激活人们的各种感官性、生理性本能欲望。一旦人在经济生活中拥有了比较丰厚的经济基础，具备了比较强的购买能力，这往往就会驱使人们在心理领域去满足感官性生理的欲望情感，于是人的精神性追求得到前所未有的彰显。

---

① 马林诺夫斯基：《文化论》，费孝通译，北京：华夏出版社2002年版，第15页。

② 武宇飞：《社交网络游戏改变人类生活——文化功能论视野下的社交网络游戏》，《北京邮电大学学报》（社会科学版）2012年第1期，第7—11页。

非物质文化遗产是在日常生活中满足人们物质和精神需求的文化。作为一种精神文化，非物质文化遗产是一种以符号和象征为主要特征的消费文化。就非物质文化遗产传承而言，在象征消费中传承人借助非物质文化遗产的生产和创造表达与传递某些意义和信息，包括自己的地位、身份、个性、品位、情趣和认同。就非物质文化遗产消费而言，不但体现出能满足人基本精神娱悦需求，而且也表现社会文化交流的功能，人们消费着非遗所象征和代表的某种文化社会意义，包括集体的价值观念、精神追求、审美趣味等。作为传统文化持有者的非遗传承人，在传承集体文化的记忆中，获得了被民众认可和尊重的精神满足，而这种获得感，对于许多以传承非遗为己任的代表性传承人来说远比他们在经济方面的获得感更为重要，更有价值。

二、建立经济精神激励下的传承人保护政策引导

在今天这样一个人的多样性、全面性发展的诉求在我们现实生活中变得日益重要和突出的时代里，非物质文化遗产政策必须从人的需求出发，采取多种方式调动传承人的积极性，并对他们进行正确引导，从而保证非物质文化遗产向着健康可持续方向发展。

（一）让非遗传承人在非遗产业利用中满足经济获得感

按照马克思关于社会发展三大形态的论述，人类社会要经历从自然经济到商品经济，再到产品经济的发展历程。每一社会形态的经济在质的方面，都有其不同的规定和不同的规律。而在各社会形态的经济借以相互区别的职责规定，表现为生产目的的不同。在第一大社会形态即自然经济的条件下，人不管是处在怎样狭隘的民族的、宗教的、政治的规定性上，毕竟始终表现为生产的目的[①]。换言之，生产的直接的主要的目的是满足社会成员需要的使用价值，而不是交换价值。这种以人本身为生产目的的经济，与文化的发展有着原始的一致性。就这个意义而言，

① 中共中央马克思恩格斯列宁斯大林著作编译局：《马克思恩格斯全集》（第46卷），北京：人民出版社1979年版，第486页。

经济本身具有直接的文化意义。而到了第二大社会形态即商品经济居支配地位的条件下，生产目的发生了根本性的颠倒，生产表现为人的目的，而财富则表现为生产的目的[①]。满足人本身的生存和发展的需要被降低为手段，追求人的身外之物，即交换价值所代表的抽象的财富成为目的。社会发展到第三形态，自由个性的发展成为生产的直接目的，这种发展的基础是个人的全面发展，并且他们的社会生产能力成为他们的共同社会财富。在这种条件下，经济活动和非经济活动的界限，不在于其是物质生产还是精神生产，而在于其活动的目的是否服从于资本的增值[②]。

如前所述，非物质文化遗产不仅仅是具有保存价值的“遗产”，而且是能够转化为具有使用价值的“财产”和具有流通价值的“资本”。如果只是纯粹地“保护起来”，不仅自耗而且难以持续发展，这是一种对先人所创造的文化资源的“浪费”，是对非遗活态保护的忽视[③]。因此，非物质文化遗产的保护创新，需要发挥非物质文化遗产的实用和流通价值，将人们在日常生活中使用的文化承载物转化为可再生的“资本”，并得以传承与发展。在这种价值转换的过程中，作为非物质文化遗产传承保护和开发利用主体的传承人积极性的发挥显得极为重要。在市场经济条件下，尊重人的经济理性，用利益驱动（收益分配）法则进行激励就显得极为重要。

经济理性是市场化环境中经济人所特有的显著特征，每一个经济活动的从业者都会运用利己的条件来满足自己经济利益的诉求。作为市场经济条件下的非物质文化遗产传承人，追逐经济利益往往成为他们的首要目标，解决自己的温饱，支撑家庭的生活成为他们从事非遗传承的首要目的。如果他们最基本的经济诉求都不能够得到满足，我们很难奢望他们能够继续从事非遗传承工作。时代在前进，非遗保护政策必须要创

---

① 中共中央马克思恩格斯列宁斯大林著作编译局：《马克思恩格斯全集》（第46卷），北京：人民出版社1979年版，第486页。

② 刘奔：《历史地把握经济和文化的辩证关系——试论市场经济条件下文化发展的特殊规律》，《哲学研究》1997年第5期，第3—10页。

③ 周阳：《社会记忆视域下“非遗”文化资本的再生产——以“秦淮灯彩”为例》，《民族艺术》2021年第5期，第108—118页。

新，要顺应市场经济的发展，通过经济杠杆激活传承人传承的积极性。而顺应市场需求就必须走产业利用的道路，如果所有的传统工艺品都只靠手艺人手工制作，他们花费了大量的时间与精力去创作一个作品，却只有很小一部分消费者能够接受较高的价格，销售受阻，收入微薄，手艺人的生存也就成了问题。没有产品，没有效益，也就不可能有传承的积极性了。

传统文化的保护与发展，不能够简单地以传承人的传承责任、文化道德等来强迫他们进行传承，而应该在使得传承人经济理性得到满足基础上，再强调传承人履行传承责任①。深深扎根在民间社会的非物质文化遗产传承人是非遗文化持有者和传承主体，他们所掌握的非物质文化遗产知识和技能比常人更全面、更系统，他们在非遗产业利用中能为其提供专业能力、核心竞争力和文化品牌，他们也应当是非遗产业利用的核心主体。在对非遗资源的有效产业利用发展中，传承人可以发挥他们的创新精神和创造性作用，将他们传承的非物质文化遗产转化为可观的经济效益，不仅能有效传承非遗文化，而且还能有效地解决传承人的经济收益问题，提高传承人的社会地位，增强传承人的信心，从而带动更多的人参与非遗的保护和利用。

（二）让非遗传承人在非遗保护传承中增强精神获得感

布尔迪厄将资本划分为三种形式，即经济资本、社会资本和文化资本。在他看来，文化资本与“场域”和“惯习”有密切关系，“遗产”与“资本”是文化资本的具体状态，就是强调一种身体化，即将知识、技能、教养融入身体行为，成为身体和精神不可分割的一部分，也可以被称为“惯习”或“身体化文化资本”。文化资本依靠再生产方式实现转化。非物质文化遗产作为一种具象的文化资本，不是简单地通过金钱购买就能获得，它需要传承人投入大量时间、精力学习相关知识，进而投入大量资金获得客观形态的文化资本。如手艺人，通过长期学习制作

---

① 王庆贺：《经济理性视角下传统工艺的传承研究——基于朱仙镇木版年画的调查》，《原生态民族文化学刊》2017年第1期，第147—151页。

技艺，挖掘社会记忆，提高审美修养，并将这些知识和修养通过手工制作过程内化为自己精神和身体的有机组成部分，再将身体化的文化资本，如知识、技能、审美等通过身体实践，创作出物质化的文化资本——手工艺产品，最终实现身体化的文化资本向物质性的文化资本的转换，成为拥有具体形态的文化资本。这反映了物质性文化资本向身体化的文化资本转化再向物质化产品转化的过程。非物质文化遗产的再生产不是简单的机械重复，而是一种创造性的生产。非物质文化遗产凭借身体化的文化资本不断创作新的文化创造物，从而实现了身体化的文化资本与物质性的文化资本的双向链接①。总之，非物质文化遗产的生产是一个"身体化"的实践过程，是一个通过再生产不断创新的过程，是一代又一代传承人不断实现超越的过程，在这一过程中，非物质文化遗产得到活态传承、创新发展；非遗传承人也获得了经济的回报，更获得了被社会尊重的精神上的成功感和满足感。

在自然经济社会，非物质文化遗产传承人在传承的过程中所体会的受尊重的成功感远比现代社会更加强烈。在日出而作、日入而息的农耕经济社会，在那狭小封闭的乡村小社会里，在那十分有限的物质生产和精神生活的环境中，那些被人们称作"能人"的非物质文化遗产传承人，在为老百姓服务的过程中所体现出来的出众才华，让人众星拱月一般受到尊重和赞赏。比如那些山歌小调民间戏曲的传承人，仅凭几根丝弦两块竹板一副嘴皮，一板三眼一咏三叹慢慢腾腾地绕梁三日，坐在那里一唱就是半天不起，大众睁大眼睛竖起耳朵被动地接受这些信息时所发出的激动的喝彩声，往往让这些传承人获得尊重的成功感。乡村传承人传承活动因被民众所需要与认同而被视作体面和光荣的工作，乡村艺人很看重这份认同和名誉，在某种意义上来说，存在于他们内心深处的荣誉感往往是他们主动传承非物质文化遗产的主要动因之一。

在市场经济不断发展、新媒体不断涌现、人的社会交往圈日益扩大

---

① 周阳:《社会记忆视域下"非遗"文化资本的再生产——以"秦淮灯彩"为例》,《民族艺术》2021 年第 5 期，第 108—118 页。

的当今社会，传统的非物质文化遗产的社会空间被严重挤压，传承人的获得感越来越少，从而出现了大量传统非物质文化遗产项目濒临消亡，传承人人亡艺绝的危机。国家采取了建立非物质文化遗产代表性项目名录和认定非物质文化遗产代表性传承人保护制度等措施保护非物质文化遗产，起到了很好的作用。作为非物质文化遗产传承人，尤其是那些列入国家和地方非物质文化遗产代表性传承人保护名录的传承人，他们被以社会公认的制度化方式被承认并授予荣誉，不仅给予传承人定级定额补助，而且为传承提供各种条件保障，还对他们的传承大力宣传推广。传承人获得政府认可的代表性传承人称号，从而获得了对传承人所拥有知识、修养、技艺的广泛社会认可，他们的身份从社会底层的“工匠”“艺人”转变为有“头衔”的非遗传承人，拥有了更多招揽学徒传递技艺的机会和条件，这种广泛被社会认同往往能激发非遗传承人责任感、自觉性和主动性。

（3）完善非遗传承人认定、考评和激励一体的保护制度

从2004年8月28日，第十届全国人大常委会第十一次会议通过关于批准中国政府加入联合国教科文组织《保护非物质文化遗产公约》的决定算起，我国由政府主导推动的“非物质文化遗产”保护工作迄今已经走过18个年头，保护工作成效显著。但随着经济社会迅速发展，非遗所依存的人文和自然生态环境遭受到比较严重的破坏，出现了一些非遗项目濒临消亡、传承人持续减少的危机。生活成本高，传承场地缺乏，传承收入低，年轻人兴趣不高，“没人、少钱、少收益”是传承人普遍面临的问题[①]。目前我国对非遗传承人的政策主要是给予荣誉和发放补贴，这种政策仅仅起到最基本的保护和保存作用。2021年8月，中共中央办公厅、国务院办公厅印发的《关于进一步加强非物质文化遗产保护工作的意见》制定了一系列“完善代表性传承人制度”的具体措施[②]。

① 全国工商联：《优化非遗政策，通过市场化的机制鼓励非遗传承人保护》，2020年5月25日，https://www.sohu.com/a/397496257_260616。

② 中共中央办公厅、国务院办公厅：《关于进一步加强非物质文化遗产保护工作的意见》，2021年8月12日，http://www.gov.cn/zhengce/2021-08/12/content_5630974.htm。

为促进非遗保护健康、良性发展，政府需要进一步转变观念，进行制度创新，建立和完善非遗传承人认定、考评和激励一体的保护制度，实现非遗保护传承的可持续发展。

一是以传承为中心审慎开展推荐认定工作。在已建立的国家、省、市、县四级非物质文化遗产代表性传承人认定和管理制度的基础上，各级政府都要重视对非遗代表性传承人的分层级认定与系统管理。在对非遗代表性传承人进行认定时，要坚持以传承为中心，严把标准关，既要看非遗传承的实践能力、项目的代表性、区域影响力，更要看政治素养、品德修为、责任担当和敬业精神。通过认定工作，推动建设一支政治素质好、业务精湛、使命感强，能够切实发挥示范带动作用的代表性传承队伍。

二是探索认定代表性传承团体（群体）。非物质文化遗产既有个人传承的项目，也有集体传承的项目，后者需要大家配合才能有效开展活动。目前我国非遗代表性传承人认定制度，只认定代表性个体传承人（个人），尚未建立代表性传承团体（群体）认定制度。要积极探索建立集体传承、大众实践项目的代表性团体（群体）认定制度，开展试点工作，调动集体传承项目与大众实践活动开展中团体（群体）的积极性，让团体传承人共同担负起保护传承职责①。

三是完善传承活动评估体系。全面推行对非物质文化遗产代表性传承人的协议管理，建立完善传承活动评估体系，提高项目传承效果和资金使用效益；以协议为主要依据，制定科学合理的评估指标和规范，采取文化和旅游行政部门实地评估与第三方评估相结合等方式，组织开展国家级非物质文化遗产代表性传承人义务履行评估工作，并在一定范围内对评估结果进行公示，对评估成绩优秀的予以精神和物质奖励②。政府或文化主管部门也可以设立各类国家或地方奖项，对各级非遗项目传

① 黄永林：《关于建立“非遗”代表性传承团体（群体）认定制度的探索》，《文化遗产》2022年第2期，第1—9页。

② 王蔻：《文化和旅游部推进国家级非遗传承人认定与管理办法落实》，《中国旅游报》2020年6月5日。

承具有卓越贡献的非遗代表性传承人予以奖励。

四是实施动态管理。进入各级非遗传承人名录是一种荣誉，是政府与社会对非遗从业者的高度肯定，但要加强对其进行评估与动态管理，完善并实施退出机制。对于不积极履行传承义务的传承人，给予相应的警告，直至最终退出，让有传承能力并积极开展传承活动的实践者替代不合格的传承人。对于有传承的使命感，但因年迈或疾病失去传承能力的传承人，可以尝试由政府或文化主管部门授予荣誉传承人称号，以鼓励其终身奉献①。

五是加强对传承活动的支持。鼓励非遗项目保护责任单位和个人积极推荐申报各级代表性传承人。支持非物质文化遗产代表性传承人开展授徒、传艺、交流等活动，参加学习培训。支持利用公共文化设施或专门的非物质文化遗产传承体验设施，为非物质文化遗产代表性传承人提供必要的传承场所。支持代表性传承人开展对外展览展示、普及教育和宣传推介活动。

六是鼓励传承人产业开发利用。鼓励非遗传承人通过市场化机制，利用非物质文化遗产资源进行产业开发，努力创制出好的作品、产品，对于非遗传承人产业利用项目，政府直接给予专项资金补贴，实施所得税减免政策，降低非遗传承人的税负成本，提高非遗传承人的收入水平。实施政府补贴博物馆、机构、个人消费者等收购、收藏非遗传承人的非遗作品，根据政府认定的非遗传承人等级确定不同的补贴标准。

七是建立非遗消费促进政策机制。建立非物质文化遗产相关文化产品和文化服务消费促进政策机制，利用政策杠杆引导非遗文化产品的消费，培育非遗文化市场机制的形成。对于购买非遗传承人作品或服务的消费者，政府相关部门可出台消费税抵扣个人所得税的政策，通过补贴消费政策，引导消费者购买非遗文创产品、体验相关文化产品和文化服

① 萧放：《健全非物质文化遗产保护体系是新时代非遗保护传承工作的关键》，《中国非物质文化遗产》2021年第5期，第11—16页。

务，引导非遗产品的消费需求，扩大非遗市场规模。

第二节 21世纪以来中国非遗保护政策发展特征

21世纪以来，特别是党的十八大以来，我国重视非物质文化遗产对发展文化事业和文化产业的重要作用，出台了一系列非物质文化遗产保护政策，有效推动了非物质文化遗产的保护传承和利用发展，对推动中国社会主义强国建设和经济发展起到了十分重要的作用。这一时期基本上可以党的十八大为时间节点分为两个阶段，前一阶段主要是基于对非遗文化价值的认识和生存前景的担忧，以“抢救性”“保护传承”政策措施为主；后一阶段主要基于对非遗经济价值挖掘和“创造性转化和创新性发展”的精神，以推动“合理利用”和“产业开发”为主。前者是根本和基础，是公共事业性质的保护；后者是运用和发展，是文化产业性质的发展，是对前者的深化。两个时期有机结合，完整地体现了我国非物质文化遗产“保护为主、抢救第一、合理利用、传承发展”的保护方针。

一、21世纪初的非物质文化遗产抢救性保护的开展

21世纪初，随着我国社会主义市场经济体制改革的推进，乡村城市化进程的加快、互联网带来的新媒体的兴起，民间文化遗产在没有任何法规加以保护的情形下，正经受着全面的冲击，面临着毁灭性的浩劫，或人为毁损，或大量流失海外，或因老人逝去而人亡艺绝。一批中国学者意识到我国优秀传统民间文化生存的危机，以一种强烈的文化责任感为保护民间文化遗产奔走呼吁。2001年，季羡林、于光远、启功等85位专家签名发出了“抢救中国民间文化遗产的呼吁”。2003年2月，文化部与财政部联合国家民委、中国文联启动了中国民族民间文化保护工程，2004年4月8日，文化部与财政部联合正式下发《关于实施中国民族民间文化保护工程的通知》（文社图发〔2004〕11号），并同时印发附件《中国民族民间文化保护工程实施方案》。保护工程是在以往民族

民间文化保护工作成果的基础上，结合新时期的新情况和新特点，由政府组织实施推动的，对珍贵、濒危并具有历史、文化和科学价值的民族民间传统文化进行有效保护的一项系统工程。

2003年10月17日，联合国教科文组织通过的《保护非物质文化遗产国际公约》，将民间口头创作、民俗文化以及传统民间艺术等统一纳入“非物质文化遗产”保护范畴。2004年8月28日，第十届全国人大常委会第十一次会议通过了关于批准中国政府加入联合国教科文组织《保护非物质文化遗产公约》的决定。2005年3月26日，国务院办公厅下发了《关于加强我国非物质文化遗产保护工作的意见》，这是我国发布的第一个使用非物质文化遗产概念的专门保护文件，并提出了“保护为主、抢救第一、合理利用、传承发展”的非物质文化遗产保护方针，正式开启了中国非物质文化遗产保护新时期。为此，我国建立了非物质文化遗产保护工作部际联席会议制度，成立了国家非物质文化遗产保护工作领导小组和专家委员会，文化部增设非物质文化遗产司，建立国家级非物质文化遗产保护的专业机构——中国非物质文化遗产保护中心，另外还成立了中国非物质文化遗产保护协会，各地也相应成立了相关组织。这些为非物质文化遗产保护提供了组织保障。

这一时期可分为三个阶段：基于“全面性”和“代表性”的非物质文化遗产普查和代表性项目认定制度建设阶段，基于“以人为本”的非物质文化遗产代表性传承人保护和传承教育制度建设阶段，基于“整体保护”的“文化生态保护区”制度建设阶段。

1. 基于“全面性”和“代表性”的非物质文化遗产普查和代表性项目认定制度建设

《关于加强我国非物质文化遗产保护工作的意见》的附件《国家级非物质文化遗产代表作申报评定暂行办法》为准确、科学地认定非物质文化遗产代表作项目提供了评审标准。2005年5月9日，文化部办公厅发布《关于开展非物质文化遗产普查工作的通知》，规定普查的范围为：凡具有历史、文化和科学价值的非物质文化遗产均在普查范围内，包括口头传统；传统艺术；民俗活动、礼仪、节庆；有关自然界、宇宙和社会民间传统知识和实践；传统手工艺技艺；与上述文化表现形式相关的文化空间。2006 年 11 月 2 日，文化部发布《国家级非物质文化遗产保护与管理暂行办法》（中华人民共和国文化部令第 39 号），强调“国家级非物质文化遗产的保护，实行‘保护为主、抢救第一、合理利用、传承发展’的方针，坚持真实性和整体性的保护原则”，规定了国家级非物质文化遗产项目保护单位应具备的基本条件和应当履行的职责，以及国家级非物质文化遗产项目代表性传承人应当符合的条件和履行的义务等。2007 年 7 月 23 日，文化部办公厅发布《中国非物质文化遗产标识管理办法》。2009 年 12 月 16 日，国务院办公厅发布《关于加强国家级非物质文化遗产保护中央补助地方专项资金使用与管理的通知》。在国家政策的引导下，这一时期非物质文化遗产项目保护取得了以下成绩。

其一，实施了全国非物质文化遗产普查工作。2005 年至 2009 年期间文化部领导实施的全国非物质文化遗产普查工作，摸清了各地区、各民族非物质文化遗产的家底。据普查统计，我国有 87 万项海量的非遗资源。承续 1979 年文化部、国家民委、中国文联共同发起的“十部中国民族民间文艺集成志书”编撰工作，《中国民族民间文艺集成志书》于 2009 年 10 月已全部出版，全书共 298 部 450 册，5 亿多字，第一次将中华民族几千年来散落在民间的无形遗产转变为有形的文化财富。

其二，建立了四级非物质文化遗产代表性项目名录制度体系。这一时期我国逐步建立了国家级—省级—市级—县级四级非物质文化遗产代表性项目名录制度体系，从而为代表性项目的有序申报、保护及传承提供了制度性保障。目前被各级政府认定的非物质文化遗产代表性项目有 10 万余项。国务院公布的五批国家级非物质文化遗产代表性项目共计 1557 项，按照申报地区或单位进行逐一统计，共计 3610 个子项①。其中 2006 年和 2008 国务院先后公布了 2 批国家级非物质文化遗产名录和 1 批国家级非物质文化遗产扩展项目名录，认定和抢救了一大批濒危的非物质文化遗产项目，可谓是 21 世纪我国非物质文化遗产抢救性保护的

---

① “非物质文化遗产清单”，2022 年 7 月 22 日，https：//www. ihchina. cn/project. html。

高潮。

其三，积极申报联合国教科文组织非物质文化遗产名录。中国积极推进向联合国教科文组织申报非物质文化遗产名录（名册）项目的相关工作，以促进国际一级保护工作，提高相关非物质文化遗产的可见度。截至2020年12月，中国列入联合国教科文组织非物质文化遗产名录（名册）项目共计42项，其中，人类非物质文化遗产代表作34项，急需保护的非物质文化遗产名录7项，优秀实践名册1项，总数位居世界第一。这体现了中国日益提高的履约能力和非物质文化遗产保护水平，对于在国际层面宣传和弘扬博大精深的中华文化、中国精神和中国智慧，都具有重要意义。同时对增强遗产实践社区、群体和个人的认同感和自豪感，激发他们传承保护非物质文化遗产的自觉性和积极性产生了十分重要的推动作用。

2. 基于“以人为本”的非物质文化遗产代表性传承人保护和传承教育制度建设

随着非物质文化遗产保护工作的深入，人们越来越认识到人才是非遗的核心，非遗保护必须坚持以人为本，着力于解决传承人方面的问题。从2007年开始，我国在继续加强对非遗项目保护的同时，非遗保护政策的重心也逐渐向非遗传承转移，主要建立了非物质文化遗产项目代表性传承人认定制度。

为有效保护和传承国家级非物质文化遗产，鼓励和支持国家级非物质文化遗产项目代表性传承人开展传习活动，2007年文化部办公厅印发了《关于推荐国家级非物质文化遗产项目代表性传承人的通知》（办社图函〔2007〕111号）。经各地推荐、申报，专家评审委员会评审、社会公示和复审，最后确定了第一批民间文学、杂技与竞技、民间美术、传统手工技艺、传统医药等5大类的226名国家级非物质文化遗产项目代表性传承人，2007年6月5日，文化部以文社图发〔2007〕21号文件予以公布。2007年11月23日，文化部办公厅发布《关于建立第二批国家级非物质文化遗产项目代表性传承人评审委员会的通知》（办社图函〔2007〕468号），2008年2月15日，文化部颁布文社图发〔2008〕1号文件，公布了第二批包括民间音乐、民间舞蹈、传统戏剧、曲艺和民俗5大领域的551名国家级非物质文化遗产项目代表性传承人。两批10大领域777名传承人榜上有名。为了做好这项工作，在总结第一、二批国家级非物质文化遗产项目代表性传承人推荐评审经验的基础上，2008年5月14日，文化部出台了《国家级非物质文化遗产项目代表性传承人认定与管理暂行办法》（中华人民共和国文化部令第45号）。2008年6月14日起正式施行《国家级非物质文化遗产项目代表性传承人认定与管理暂行办法》①。2010年11月22日，文化部办公厅发布《关于加强国家级非物质文化遗产项目代表性传承人补助经费管理的通知》。2019年文化和旅游部正式印发《国家级非物质文化遗产代表性传承人认定与管理办法》②，并于2020年3月1日起施行。

目前，文化和旅游部认定了5批次共3062名国家级非物质文化遗产代表性传承人，同时，支持1805名国家级非物质文化遗产代表性传承人进行记录。各省（区、市）也先后公布了16000多名省级非物质文化遗产代表性传承人。这些传承人具有非物质文化遗产的丰富知识和精湛技艺，是非物质文化遗产的活宝库，通过保护他们，将更有力地保证非物质文化遗产的口传心授、代代相传③。

3. 基于“整体保护”的“文化生态保护区”制度建设

文化空间保护是一种着眼于多项非物质文化遗产的文化和自然生态环境的全面保护。设立文化生态保护区是我国独具特色的非物质文化遗产保护制度，它是对非物质文化遗产代表性项目集中、特色鲜明、形式和内涵保持完整的特定区域，实行区域性整体保护。

2007年，文化部（现文化和旅游部）设立了我国首个国家级文化生态保护实验区——闽南文化生态保护实验区。2010年2月10日，文化部

---

① 文化部：《国家级非物质文化遗产项目代表性传承人认定与管理暂行办法》（文化部令第45号），2008年5月14日，http://www.gov.cn/gongbao/content/2008/content_1157918.htm。

② 文化和旅游部：《国家级非物质文化遗产代表性传承人认定与管理办法》（文化和旅游部令第3号），2019年11月29日，http://www.gov.cn/gongbao/content/2020/content_5480488.htm。

③ “非物质文化遗产清单”，2022年7月22日，https://www.ihchina.cn/project.html。

印发《关于加强国家级文化生态保护区建设的指导意见》（文非遗发〔2010〕7 号），2011 年 1 月 19 日文化部办公厅又印发《关于加强国家级文化生态保护区总体规划编制工作的通知》。国家级文化生态保护区的建设目标是“遗产丰富、氛围浓厚、特色鲜明、民众受益”。按照相关工作程序，国家级文化生态保护区总体规划实施三年后，由省级人民政府文化主管部门向文化和旅游部提出验收申请，文化和旅游部根据申请，组织开展国家级文化生态保护实验区建设成果验收。验收合格的，正式公布为国家级文化生态保护区并授牌。2019 年 3 月 13 日，文化和旅游部办公厅又发布了《关于贯彻落实〈国家级文化生态保护区管理办法〉的通知》。

设立国家级文化生态保护区，以非物质文化遗产为核心加强文化生态保护，对于推动非物质文化遗产的整体性保护和传承发展，维护文化生态系统的平衡和完整；对于提高文化自觉，建设中华民族共有精神家园，增进民族团结，增强民族自信心和凝聚力；对于促进经济社会全面协调和可持续发展，具有重要的意义。设立国家级文化生态保护区，是我国非物质文化遗产保护进程中保护理念和方式的重要探索与实践，也是中国在非物质文化遗产保护领域的一大创举。2019 年 12 月，为加强非物质文化遗产区域性整体保护，进一步推进国家级文化生态保护区建设，文化和旅游部将闽南文化生态保护实验区等 7 个保护实验区正式确定为国家级文化生态保护区。目前，我国共设立国家级文化生态保护实验区 23 个。

二、党的十八大后的非物质文化遗产利用发展的创新

2011 年，《中华人民共和国非物质文化遗产法》颁发，为非物质文化遗产保护提供了法律保障。其第三十七条规定，国家鼓励和支持发挥非物质文化遗产资源的特殊优势，在有效保护的基础上，合理利用非物质文化遗产代表性项目开发具有地方、民族特色和市场潜力的文化产品和文化服务。开发利用非物质文化遗产代表性项目的，应当支持代表性传承人开展传承活动，保护属于该项目组成部分的实物和场所。县级以

上地方人民政府应当对合理利用非物质文化遗产代表性项目的单位予以扶持。合理利用非物质文化遗产代表性项目的单位，依法享受国家规定的税收优惠。很显然这时国家对非物质文化遗产的“合理利用”政策已经变成“鼓励和支持”。党的十八大以来，我国非物质文化遗产保护按照习近平总书记“推进中华优秀传统文化创造性转化、创新性发展”的指示精神，积极挖掘非物质文化遗产的经济价值，大力开展生产性保护和产业利用，为非物质文化遗产的保护开创了一条创新发展之路。

1. 基于对非物质文化遗产项目经济价值认识，提出了“生产性保护”政策，这是一种通过利益驱动激发传承人保护积极性的创新性保护

随着对文化发展规律和非物质文化遗产与经济关系认识的加深，人们开始认识到：一方面非遗文化的保护传承发展，如果仅仅靠国家投入大量财政资源，简单地采取严格保护措施，这种输血式的保护效果并不明显，无益于文化的传承和可持续发展；另一方面，有些非物质文化遗产广泛存在于人们的日常生活之中，成为人民群众生活的一部分，有着直接的经济价值，可以与大众消费联系起来，具有可操作性和实用性。为加强非物质文化遗产的保护和传承，引导和探索非物质文化遗产生产性保护的方式方法，激发非物质文化遗产的内在活力，促进经济社会全面协调可持续发展，2010 年 11 月 4 日，文化部办公厅发布《关于开展国家级非物质文化遗产生产性保护示范基地建设的通知》（办非遗函〔2010〕499 号），我国开展了国家级非物质文化遗产生产性保护示范基地建设工作。2012 年 2 月 2 日，文化部发布《关于加强非物质文化遗产生产性保护的指导意见》（文非遗发〔2012〕4 号），《意见》指出，非物质文化遗产生产性保护是指在具有生产性质的实践过程中，以保持非物质文化遗产的真实性、整体性和传承性为核心，以有效传承非物质文化遗产技艺为前提，借助生产、流通、销售等手段，将非物质文化遗产及其资源转化为文化产品的保护方式。目前，这一保护方式主要是在传统技艺、传统美术和传统医药药物炮制类非物质文化遗产领域实施。文化部先后于 2011 年 10 月和 2014 年 5 月公布了两批国家级非物质文化遗产生产性保护示范基地（以下简称“基地”），第一批基地涉及 41 个企

业或单位，第二批基地涉及59个企业或单位，两批基地合计100个。其中，传统技艺类基地57个，传统美术类基地36个，传统医药类基地6个，同时作为传统技艺和传统美术类基地的1个，即山东省潍坊杨家埠民俗艺术有限公司，涉及风筝制作技艺（潍坊风筝）和杨家埠木版年画两个国家级非物质文化遗产代表性项目。

2015年以来，在《国家“十三五”文化发展改革规划纲要》指导下，中国非物质文化遗产传承人群研修研习培训计划（以下简称“研培计划”）成为文化发展建设的重要指标和任务，也成为非物质文化遗产保护事业的一项基础性、战略性工作。“研培计划”以非物质文化遗产传承人群为重点关注对象，将传承人与高校、企业结合（以高校为主），利用高校教育优势对传承人群进行培养、培训，增补非物质文化遗产的传承方式。从2015年4月起，文化部陆续启动并完成了研修、研习、普及培训试点工作。2015年11月，文化部联合教育部印发了《关于实施中国非物质文化遗产传承人群研修研习培训计划的通知》，正式在全国范围实施研修研习培训计划。2018年4月，文化和旅游部、教育部、人力资源和社会保障部印发了《中国非物质文化遗产传承人群研修研习培训计划实施方案（2018—2020）》。2021年10月，文化和旅游部、教育部、人力资源和社会保障部印发了《中国非物质文化遗产传承人群研修研习培训计划实施方案（2021—2025）》，根据《中华人民共和国国民经济和社会发展第十四个五年规划和2035年远景目标纲要》中“健全非物质文化遗产保护传承体系”的工作要求，为提高传承人研修培训工作的系统性、规范性、针对性和有效性，2021年至2025年，“中国非物质文化遗产传承人群研修研习培训计划”更名为“中国非物质文化遗产传承人研修培训计划”，由文化和旅游部、教育部、人力资源和社会保障部共同实施。自2015年“中国非物质文化遗产传承人群研修研习培训计划”实施以来，完成了“十三五”培训传承人群10万人次的目标任务，参与院校达121所。

非物质文化遗产传承人群研修研习培训，既是中国非物质文化遗产传承人保护的一种工作模式，突出了人的主体性及其作用，增强了文化自信和传承实践能力，突破了代际传承、秘而不传等方式的局限，为传承人群新知识的学习和创造性的表达提供了契机和条件，解决了当前非物质文化遗产传承人群老龄化与后继无人的危机，扩大了非遗传承人才队伍，提升了非遗保护传承水平，促进了非遗保护理念的社会传播，又是利用非物质文化遗产项目促进地方经济发展的一种产业模式，提高了传统工艺设计制作水平，改善了一批项目保护传承情况，拓展了非遗保护传承的手段和方式，推动了一批示范性项目和探索性项目，带动了地方经济社会发展。非物质文化遗产生产性保护丰富了非遗保护的举措，激发了非遗传承的活力，促进了非遗与现代生活的融合。早在 2011 年就有学者指出："非物质文化遗产既有意识形态属性，又有商品属性。非物质文化遗产真正的价值在于其所蕴含的丰富的文化因子，这些文化因子可以通过生产、流通、销售等方式转化成为体现独特的民族风格和地方特色的优秀文化产品，使之重新融入现实社会，走进人们的日常生活，这种对非物质文化遗产的生产性保护是最具文化延续性和创造力的保护。"①

2. 基于非物质文化遗产资源价值的全面认识，提出了"两创"的保护政策，理念是"活化"，这是一种与日常生产生活结合的保护，点燃了全社会保护的热情

2014 年 9 月 24 日，习近平在纪念孔子诞辰 2565 周年国际学术研讨会暨国际儒学联合会第五届会员大会开幕会上的讲话中指出，努力实现传统文化的创造性转化、创新性发展，使之与现实文化相融相通，共同服务以文化人的时代任务。2017 年 10 月，党的十九大报告强调推动中华优秀传统文化创造性转化、创新性发展，要坚持为人民服务、为社会主义服务，坚持百花齐放、百家争鸣，坚持创造性转化、创新性发展，不断铸就中华文化新辉煌。基于"创造性转化、创新性发展"的精神，这一时期我国更加重视文化遗产与人们日常生活的联系，在保护文化遗产历史价值的同时，深入挖掘其作为文化资源的经济价值，凸显其当下

① 黄永林：《生产性保护是最好的保护》，《光明日报》2011 年 10 月 7 日。

意义，从而实现文化遗产的古今关联。对非遗传承发展来说，要合理利用其经济价值，用产业开发点亮人民美好生活，服务于经济社会发展。

2017 年 1 月 25 日，中共中央办公厅、国务院办公厅印发的《实施中华优秀传统文化传承发展工程》特别强调，坚持创造性转化和创新性发展。……把中华优秀传统文化内涵更好更多地融入生产生活各方面。……深入开展“我们的节日”主题活动，实施中国传统节日振兴工程，丰富春节、元宵、清明、端午、七夕、中秋、重阳等传统节日文化内涵，形成新的节日习俗。加强对传统历法、节气、生肖和饮食、医药等的研究阐释、活态利用，使其有益的文化价值深度嵌入百姓生活。实施中华节庆礼仪服装服饰计划，设计制作展现中华民族独特文化魅力的系列服装服饰。大力发展文化旅游，充分利用历史文化资源优势，规划设计推出一批专题研学旅游线路，引导游客在文化旅游中感知中华文化。推动休闲生活与传统文化融合发展，培育符合现代人需求的传统休闲文化。发展传统体育，抢救濒危传统体育项目，把传统体育项目纳入全民健身工程。

2017 年以来，我国就非物质文化遗产特色文化的创新发展出台了一系列文件，包括国务院办公厅转发的由文化部、工业和信息化部、财政部制定的《中国传统工艺振兴计划》（国办发〔2017〕25 号），商务部等八部门发布的《关于促进老字号改革创新发展的指导意见》，商务部等八部门联合印发的《关于促进老字号创新发展的意见》（商流通发〔2022〕11 号），国务院办公厅印发的《关于加快中医药特色发展若干政策措施》（国办发〔2021〕3 号），文化和旅游部等十部门印发的《关于推动传统工艺高质量传承发展的通知》等。这些文件都强调通过传承人、文化和艺术家的精心研究，从这些传统特色非物质文化遗产中挖掘有价值的项目和提取其有价值的独特元素，使之融入现代生活、现代生产和文化艺术作品中，实现其创新发展。这个过程可以视为保护、传承和开发利用的过程，可实现非物质文化遗产保护传承的社会效益与开发利用经济效益的双丰收。

随着“乡村振兴”“精准扶贫”等国家政策的持续推行，非遗开发利用的作用也逐渐显现出它的优势。《实施乡村振兴战略的意见》和《乡村振兴战略规划（2018—2022年）》等文件，特别强调非遗传承和利用具有十分积极的推动作用。2018年，文化和旅游部办公厅发布《关于大力振兴贫困地区传统工艺助力精准扶贫的通知》，文化和旅游部办公厅、国务院扶贫办综合司印发《关于支持设立非遗扶贫就业工坊的通知》，通知明确了通过非物质文化遗产开展扶贫工作的具体形式：成立非遗扶贫就业工坊；组织开展传统工艺培训，帮助当地建档立卡贫困户学习传统工艺，掌握相关技能；组织专家团队，对传统工艺产品进行专业设计和改造提升；搭建平台，支持电商企业等通过订单生产、以销定产等方式，助力销售非遗扶贫就业工坊生产的传统工艺产品，形成扶贫就业、产业发展和文化振兴的多赢格局。以深度贫困地区“三区三州”为重点，兼顾部分少数民族地区国家级贫困县，公示并确定了第一批“非遗+扶贫”重点支持地区。非物质文化遗产尤其是传统工艺具有带动贫困地区群众就近就业、居家就业的独特优势，是助力精准扶贫的重要抓手。

2022年，文化和旅游部、教育部、自然资源部、农业农村部、国家乡村振兴局、国家开发银行印发《关于推动文化产业赋能乡村振兴的意见》（文旅产业发〔2022〕33号），配合乡村振兴、脱贫工程，挖掘农村文化资源以实现自救。在保护和传承的同时，各地积极探索开发利用非遗文化。依托各地非遗文化资源，积极推动贫困地区、贫困人口参与，并使其通过民间民族手工艺品、民间民族演出、乡村文化旅游等产业项目获得收益。此外，不少政策正在推动非遗与旅游相结合。例如，《“十四五”文化和旅游发展规划》《关于进一步加强非物质文化遗产保护工作的意见》等文件，提出通过开发非遗主题旅游路线、非遗研学旅游产品等方式，促进非遗的开发利用。截至2022年6月，文化和旅游部支持各地设立非遗工坊2500余家，其中1400余家设立在脱贫县，形式多样的非遗展示展演活动和线上传播活动营造了全社会共同关注、参与保护传承中华优秀传统文化的浓厚氛围。

三、21世纪以来非物质文化遗产保护政策发展逻辑

21世纪以来，我国非物质文化遗产保护政策从动态演变看，经历了

从“十五”时期“抢救保护”到“十一五”时期“重点保护”的“保护为主”阶段，从“十二五”时期“生产性保护”到“十三五”时期“产业开发”的“合理利用”阶段，体现了国家对非物质文化遗产从重视“文化价值”到发现“经济价值”的认知逻辑，从“抢救第一”—“重点保护”—“合理利用”的行为逻辑。在各个不同历史时期和发展阶段，我国非物质文化遗产政策提供了正确引导和重要支撑。未来的中国非物质文化遗产保护政策将在加强保护的基础上，大力鼓励合理利用非物质文化遗产资源发展产业，促进社会经济文化全面协调发展。

1. 21世纪第一个十年以“保护”为重点，开展抢救工程和重点保护

（1）实施抢救工程

“十五”期间，我国非物质文化遗产保护的重点工作是启动“中国民族民间文化保护工程”。这项工程主要基于中国知识分子对中国民族民间文化遗产价值的认识和现实的忧虑，出于对中国民族民间文化发展的强烈责任感而发起和推动的抢救性工程。尽管2004年4月8日，文化部与财政部联合下发的《中国民族民间文化保护工程实施方案》提出了实行“保护为主、抢救第一、合理利用、传承发展”的方针，但整个工程突出的是“抢救”二字，通过实施抢救性普查、抢救性记录、抢救性整理、抢救性登记、抢救性出版等抢救性保护，使大量濒危的民族民间文化遗产得以及时地记录、整理、保存，其根本目的是“抢救保护中华民族文化的根”。

（2）实施重点保护制度

2004年8月28日，第十届全国人大常委会第十一次会议通过了关于批准中国政府加入联合国教科文组织《保护非物质文化遗产公约》的决定。2005年3月国务院办公厅下发的《关于加强我国非物质文化遗产保护工作的意见》和2005年12月国务院印发的《关于加强文化遗产保护的通知》提出的工作指导方针仍为“保护为主、抢救第一、合理利用、传承发展”，强调坚持非物质文化遗产保护的真实性和整体性，坚持依法和科学保护，正确处理经济社会发展与文化遗产保护的关系。从主要措施来看都是突出保护，并未提及合理利用问题。2006年文化部出台的

《国家级非物质文化遗产保护与管理暂行办法》，还特别强调利用国家级非物质文化遗产项目进行艺术创作、产品开发、旅游活动等，应当尊重其原真形式和文化内涵，防止歪曲与滥用。这里虽然提到了对非遗进行开发利用，但主要是从"负面清单"的角度提出了禁止性要求。这一时期非物质文化遗产政策和工作重点主要有：其一，建立非物质文化遗产代表性项目名录体系，对具有重大价值的非物质文化遗产项目进行重点保护；其二，建立非物质文化遗产代表性传承人认定制度，对非物质文化遗产代表性项目的代表性传承人进行重点保护；其三，设立国家级文化生态保护区，对非物质文化遗产重点区域实行整体保护。概括起来就是对重点项目的保护、重点传承人的保护和重点文化空间的保护。在这些重点保护政策的支持下，我国非物质文化遗产保护工作取得了突出的成绩。

2. 新世纪第二个十年以利用为重点，开展生产性保护和产业开发

（1）开展生产性保护

2011 年 2 月《中华人民共和国非物质文化遗产法》的颁发，为非物质文化遗产保护提供了法律保障，其第三十七条明确规定，国家鼓励和支持发挥非物质文化遗产资源的特殊优势，在有效保护的基础上，合理利用非物质文化遗产代表性项目开发具有地方、民族特色和市场潜力的文化产品和文化服务。随着我国社会主义市场经济的发展，以及非物质文化遗产保护工作的深入展开，我国开始探索非物质文化遗产保护与生产结合的路径，从政策上提出了生产性保护的方式。2010 年 11 月，文化部办公厅发布《关于开展国家级非物质文化遗产生产性保护示范基地建设的通知》，2012 年 2 月 2 日，文化部发布《关于加强非物质文化遗产生产性保护的指导意见》，在全国范围内开展国家级非物质文化遗产生产性保护示范基地建设和推动非物质文化遗产生产性保护。开展非物质文化遗产生产性保护，符合非物质文化遗产传承发展的特定规律，有利于增强非物质文化遗产自身活力，有利于推动非物质文化遗产保护更紧密地融入人们的生产生活，有利于提高非物质文化遗产传承人的传承积极性，为非物质文化遗产保护奠定持久、深厚的基础，有利于继承弘扬优秀传统文化，推动优秀传统文化繁荣发展，满足人民群众的精神文

化需求，有利于促进文化消费、扩大就业，促进非物质文化遗产保护与改善民生相结合，推动区域经济、社会全面协调可持续发展。

（2）鼓励产业利用

根据《中华人民共和国非物质文化遗产法》和联合国教科文组织《实施〈保护非物质文化遗产公约〉的业务指南》（2018 年修订版）中对非遗产业开发和经济利用的认可和鼓励，为贯彻党的十九大提出的“推动中华优秀传统文化创造性转化、创新性发展”精神，我国在全面分析作为生活资源、生产资源的非物质文化遗产多种价值的基础上，提出了非物质文化遗产“活化”利用的积极保护策略，即适应市场经济发展，在保护好非物质文化遗产的基础上，进行合理的、有序的开发利用，使其创造一定的经济价值，让人们从中获得一定的经济收益，使保护的积极性上升为一种有目的和有动力的自觉行动。与生产性保护相比，产业开发突破了仅靠发挥部分传承人的技艺对少数非物质文化遗产项目进行生产性利用的局限，利用经济杠杆，激发非物质文化遗产的内在活力，调动广大民众和企业的积极性，使非物质文化遗产保护从过去“靠政府、靠公益、靠个人”的被动消耗型模式转向“靠自身、靠市场、靠社会”的主动发展型机制，真正实现非物质文化遗产的健康可持续发展①。当今，非物质文化遗产已然成为文化产业的热门词汇，非物质文化遗产资源正发挥着重要的应用价值。

3. 21 世纪非物质文化遗产保护政策选择发展逻辑的反思

回顾 21 世纪非物质文化遗产保护政策选择的发展过程，我们认识到，使用什么样的制度安排对非物质文化遗产的保护发展至关重要，而不同历史时期和发展阶段有着不同的现实情况，因此我国的非物质文化遗产保护就有不同的制度选择。21 世纪初，随着我国社会主义市场经济体制改革的推进，乡村城市化进程的加快、互联网带来的新媒体的兴起，在民间文化遗产正经受着全面的冲击，面临着毁灭性浩劫和因传承人人

---

① 施展、周星宇：《关于“非遗文创化”的调查研究——以河南省八项传统技艺开发为例》，《文化产业》2019 年第 21 期，第 7—10 页。

亡艺绝的危机，“抢救第一”无疑应该成为保护工作的重点。当抢救保护工作取得初步成效，面对已掌握的大量非物质文化遗产资源和信息，保护工作必须根据轻重缓急突出重点，实施对重点项目、重点传承人和重点文化空间（区域）的“重点保护”制度成为必然的选择。当《非物质文化遗产法》颁布带来的保护意识的增强，市场经济发展带来的价值理念深入人心，中华优秀传统文化多维价值被人们逐步认识的时候，我国探索性地提出了“生产性保护”的政策，这一政策兼顾了非物质文化遗产项目保护和合理利用双重要求。当党的十九大提出“推动中华优秀传统文化创造性转化、创新性发展”、国家实施“中华优秀传统文化传承发展工程”和推动文化产业高质量发展，当全面建设小康社会、国家乡村振兴和扶贫攻坚战略等一系列国策全面实施，经济与文化的互动日益加强，人们看到了非物质文化遗产生活属性的资源潜力，提出非物质文化遗产“产业开发利用”成为必然的政策创新选择。21 世纪以来，我国非物质文化遗产保护政策选择的发展变化，是历史发展的必然和时代发展的必需。前期由政府主导的抢救性保护、重点保护和后期由市场主导的产业开发、合理利用都是非遗保护制度与时俱进、不断创新发展的结果。

在非物质文化遗产保护理念上，最初基于非物质文化遗产的“遗产性”提出了“原汁原味”的“本真性”保护，这虽然是一种理想化的保护，但却是一种被动式的保护，留下的只是“遗产”，却没有了“生活”，留下了“过去”，却没有了“未来”。从文化自身发展的规律看，非物质文化遗产是在与人类现实生活不同程度融合中不断发展的，要实现“原汁原味”保护就不可能发展。因此，后来基于非遗在生活中的变化发展，提出了“活态保护”理念，让非遗与生活结合，让非遗潜在的多维价值与现实的生产生活结合，在开发利用中彰显其活力。我们要正确理解非物质文化遗产保护的“本真性”和“活态性”的关系，“原汁原味”的“本真性”保护强调的是在“某一时点上”对非物质文化遗产的记录和描述时必须尊重非物质文化遗产的本色，不能有过多的主观描述，即按这一时刻非遗本来的样貌呈现。这是我们在非遗田野作业中必须遵循的原则。而在发展中进行的活态性保护，强调的是非遗与日常生活的联系，强调的是非物质文化遗产丰富资源在发展经济中运用的必然性，着眼于让遗产活起来，焕发出蓬勃的生命力。本真意味着守正，利用意味着创新，这是21世纪以来我国非物质文化遗产保护政策由保护走向利用的思想逻辑。

第三节　未来非物质文化遗产保护政策的新发展理念和路径

一、未来非物质文化遗产保护政策的新发展理念

2022年8月16日，中共中央办公厅、国务院办公厅印发的《“十四五”文化发展规划》指出，贯彻新发展理念，构建新发展格局，推动高质量发展，文化是重要支点，必须进一步发展壮大文化产业，强化文化赋能，充分发挥文化在激活发展动能、提升发展品质、促进经济结构优化升级中的作用。未来的非物质文化遗产保护政策必将是：以习近平新时代中国特色社会主义思想为指导，尊重非物质文化遗产发展规律，弘扬非物质文化遗产的当代价值，建立和完善符合中国国情、具有中国特色的非物质文化遗产保护制度，推动非物质文化遗产保护真正成为全民参与、惠益全民的文化民生工程。未来的非物质文化遗产保护政策必须遵循以下新发展理念。

1. “以人为本”理念

2022年8月16日，中共中央办公厅、国务院办公厅印发的《“十四五”文化发展规划》指出，坚持人民至上，以人民为中心，尊重人民主体地位，保障人民文化权益，把宣传、教育、引导和服务群众结合起来，鼓励人民参与文化创新创造、依法参与国家文化治理，做到文化发展为了人民、依靠人民、成果由人民共享，促进满足人民文化需求和增强人民精神力量相统一。2021年8月12日，中共中央办公厅、国务院办公厅印发的《关于进一步加强非物质文化遗产保护工作的意见》提出，到

2025年，人民群众对非物质文化遗产的参与感、获得感、认同感显著增强，非物质文化遗产服务当代、造福人民的作用进一步发挥。到2035年，非物质文化遗产在推动经济社会可持续发展和服务国家重大战略中的作用更加彰显①。非遗是以人为核心、以生活为载体的活态传承实践。非物质文化遗产与民众利益相关。民众必须始终是与遗产相关的任何活动的主要受益方，并在遗产管理中发挥主导作用，要充分尊重广大民众在非遗传承、保护和享用中的各种权益。保护非遗的目的是为非物质文化遗产持有的社区和群体提供认同感，增强对文化多样性和人类创造力的尊重，满足各社区、群体及个人之间相互尊重的需要。在非物质文化遗产保护工作中，必须坚持以人民为中心，通过创造和创新，把丰富的非物质文化遗产资源融入现代生活中去，在现代生活中得到展现，努力增强人民群众对非物质文化遗产的参与感、获得感、认同感，更好地满足人民群众对美好生活的新期待和新需求。

2. “走进生活”理念

2021年5月25日，文化和旅游部发布的《“十四五”非物质文化遗产保护规划》提出，尊重非遗基本文化内涵，弘扬非遗当代价值，推动非遗在人民群众的当代实践中实现创造性转化、创新性发展，不断增强非遗的生命力。非物质文化遗产不仅覆盖了人们传统的生活方式和生产方式的方方面面，也与当代人们的日常生活有着十分密切的联系，非物质文化遗产保护不能人为地将非遗与现实生活割裂开来，甚至封闭起来。非遗要在日常生活中振兴，在社区居民的需求中发展，必须在有效保护前提下，让它们融入人们现实生活，从非物质文化遗产中提取出关键元素，结合现代审美理念进行创新，将其转变为新时代美好生活的重要元素，开发出具备审美和实用双重功能的为广大民众所喜爱的文化产品。要大力鼓励民众深入参与非遗的保护与传承，通过创新注入新活力，使传统的非物质文化遗产在满足人们的多样化需求、提高民众收入、扩大

① 中共中央办公厅、国务院办公厅：《关于进一步加强非物质文化遗产保护工作的意见》(2021年8月12日)，《人民日报》2021年8月13日。

就业中获得强大的生命力。

3. “保护为主”理念

2021年5月25日，文化和旅游部发布的《“十四五”非物质文化遗产保护规划》提出，非物质文化遗产保护工作要继续贯彻“保护为主、抢救第一、合理利用、传承发展”的工作方针，坚守中华文化立场、传承中华文化基因，要进一步促进人们对非物质文化遗产的自觉珍视和积极保护，以坚韧的守望和坚持，薪火相传、代代守护。要尊重非物质文化遗产的多维价值，在做好保护的前提下，合理利用非物质文化遗产宝贵资源，实现合理的“生产自救”与“产业发展”关系的平衡，使其从“输血”转变成“造血”，形成活态化的可持续发展体系。对于非遗活化利用要秉持慎重、稳妥的原则，警惕过度化开发利用，使保护和开发在现实之中并行发展、共生共衍，实现非遗文化的多元化、多维度、可持续发展。

4. “活态传承”理念

联合国教科文组织的《保护非物质文化遗产公约》明确提出，承认各社区，尤其是“原住民”、各群体，有时是个人，在非物质文化遗产的生产、保护、延续和再创造方面发挥着重要作用，从而为丰富文化多样性和人类的创造性做出贡献。缔约国“创造条件促进对它的利用”是“确保非物质文化遗产生命力”的重要措施。因此，维护和促进非遗的生命力，是研究制定非遗保护政策和措施的基本立足点。只有坚持保护和开发并重，通过面向市场的非物质文化遗产产业利用运作，发挥非物质文化遗产资源的经济价值和社会效益，让非物质文化遗产真正“活”起来，非物质文化遗产才能葆有最长久的生命和活力。政府要做的是，提出“合理利用”“产业开发”的路径，鼓励和支持个人及相关企业积极利用非物质文化遗产资源发展文化产业，引导非遗文化传承人在科学地把握非物质文化遗产独特的传承规律和技艺、文化内涵和当代价值基础上，进行创造性转化和创新性发展，使非物质文化遗产在“活化”中获得新生。

5. “融合发展”理念

非物质文化遗产产业利用本身就是一种潜力巨大的产业，关键是如何找到最佳的开发模式，非遗与多产业的融合发展已成为最佳发展模式。当今，“非遗+”正在以多种产业融合模式开始显现其独特效力；未来，“非遗+”理当以更多种融合创新方式发挥更大的作用。一方面，深入提炼非物质文化遗产中的优秀文化传统与新时代文化精神的契合点，进行创造性转化，使之成为社会主义精神文明建设的深厚滋养；另一方面，深入挖掘非物质文化遗产资源的经济价值，使非物质文化遗产与相关产业结合起来，把文化资源转化为产业，如通过“非遗+旅游”“非遗+文创”“非遗+影视”“非遗+演艺”等，使之成为新时代经济发展的重要增长极。

6. “科技赋能”理念

2022 年 8 月 16 日，中共中央办公厅、国务院办公厅印发的《“十四五”文化发展规划》指出，推动科技赋能文化产业。把先进科技作为文化产业发展的战略支撑，建立健全文化科技融合创新体系。在信息化、媒介化、数字化和智能化时代，技术进步的决定性作用，特别是核心技术的关键性作用日益明显。围绕文化强国建设目标任务，以科技创新引领和支撑非物质文化遗产发展，提高文化生产要素水平，推动实现高质量发展。5G、大数据、云计算、物联网、人工智能等技术的不断发展，为非物质文化遗产的保护利用提供了强大的技术支持。实施数字化战略，积极运用新技术，创新非物质文化遗产的工艺设计、生产流程、制作方式和传播手段，实现从保护到活化，推进非物质文化遗产相关产业基础高级化、产业链现代化，促进非物质文化遗产价值的创新转化，延续中华民族文化精神根脉，发挥非物质文化遗产在推动经济社会发展中的独特作用。

总之，未来的非物质文化遗产保护的重点将是让非遗以更多种创新方式发挥更大的作用。通过守正创新，让传统的非物质文化遗产在现代社会中焕发生机活力，为全面建设社会主义现代化国家提供强大的精神力量和丰富的经济资源。

二、深化非物质文化遗产保护政策改革的路径

目前，我国非遗政策体系正处于深入发展阶段，政策不断加力，文

本内容的覆盖面不断扩大，涉及不同的非遗种类、不同的非遗传承群体、不同的非遗保护措施。参与政策制定的部门也逐渐多样化，不仅有主管的文化和旅游部门，还有中央和地方党政部门及其相关职能部门。在系统性保护方面，非遗保护和传承受到政策重点关注，而“开发利用”还有待具体政策支持。目前，具体政策上缺少非遗相关企业的具体管理条例，关于非遗与科技结合、非遗数字化等内容缺乏，评估类政策表述不够明确，奖惩类政策规定以精神奖励为主。此外，民众对于非遗保护政策制定和执行的参与度还有待提高。

2021年，随着“十四五”时期的到来，我国相继印发了《“十四五”文化和旅游发展规划》《“十四五”文化和旅游科技创新规划》《“十四五”文化发展规划》《“十四五”非物质文化遗产保护规划》《关于进一步加强非物质文化遗产保护工作的意见》等相关文件。“十四五”时期，我国将在推动中华优秀传统文化创造性转化和创新性发展的基础上，继续贯彻“保护为主、抢救第一、合理利用、传承发展”的工作方针，不断完善我国非遗保护与传承的政策体系，促进我国非物质文化遗产保护工作高质量发展。

1. 建立协同机制，构建政策协商民主

非遗的保护传承和合理利用是一项复杂的、长期的、需要多方协同才能进行的事业和产业，因此政策制定主体要多样化；要研究和修改《中华人民共和国非物质文化遗产法》，完善相关地方性法规和规章，进一步健全非物质文化遗产法律法规；要坚持党对非物质文化遗产保护工作的领导，巩固党委领导、政府负责、部门协同、社会参与的工作格局；要进一步加强对非物质文化遗产保护工作的组织领导，强化协调配合，形成工作合力，切实提升非物质文化遗产系统性保护水平。完善非物质文化遗产保护工作联席会议制度，充分发挥各级文化和旅游部门作为统筹非遗工作的主管单位的主体责任，加强与其他相关部门的紧密合作，综合利用教育、科技、信息、人事、资源、商务、财务、税收、银行、外事等方面的政策和制度，支持非物质文化遗产保护传承事业的发展。建立政策制定和执行民主协商机制。既要尊重非遗代表性传承人的主体地位，为他们赋权增能，更要充分调动广大非遗一般传承者和享受人的积极性，在政策制定时充分听取他们的建议，集思广益，保证政策制定的科学性；在政策执行中及时、广泛地听取他们的意见，保证政策能与时俱进，不断完善。加大政策法规宣传力度，确保信息沟通渠道通畅。既要充分利用报纸、电视、广播等传统方式，更要利用互联网、移动终端、智能手机等新媒体进行非遗政策信息发布和反馈意见收集。在政策发布时，既要有长期规划，对非遗工作提出发展目标和具体任务，又要有政府颁布的细化贯彻落实政策，做到远景目标和实施措施相互衔接。

2. 完善保护制度，留住非遗文化之根

完善调查记录体系，加强档案数字化建设；运用现代科技手段，提高专业记录水平；进一步促进非物质文化遗产数据资源的整合共享，依法向社会开放利用。完善代表性项目制度，构建更加科学、合理的代表性项目分类体系。完善代表性传承人制度，对集体传承、大众实践的项目，探索认定代表性传承团体（群体）。加强对代表性传承人的评估和动态管理，完善退出机制。完善区域性整体保护制度，加强新型城镇化建设中的非物质文化遗产保护，全面推进“非遗在社区”工作。完善传承体验设施体系，鼓励社会力量兴办传承体验设施。完善理论研究体系，统筹整合资源，加强国家非物质文化遗产专业研究力量，建设一批国家级非物质文化遗产研究基地和物质文化遗产重点实验室。完善非遗保护经费保障体系，加大非遗保护经费投入，通过多种渠道筹措资金，建立传承人保护基金会。让非遗项目和非遗传承人有充足经费支持，增强项目保护单位和传承人保护和传承非遗的积极性，保证非遗传承活动的正常有序开展。增加公共服务的政策支持，鼓励各级各类公共文化服务机构举办非遗展示传承活动。

3. 鼓励合理利用，推动非遗产业发展

加强非物质文化遗产保护传承，生动呈现中华文化独特创新、价值理念和鲜明特色，实现可持续发展。制定非物质文化遗产合理利用条例，贯彻“保护为主、抢救第一、合理利用、传承发展”的工作方针，坚持把社会效益放在首位、社会效益和经济效益相统一。通过非遗走近群众，产品走向市场，更好地融入现代生活，找到传统文化和现代生活的连接点。在有效保护前提下，让非遗项目走进现代生活，推动合理利用，增强非遗项目的影响力和生命力。促进非遗与相关产业融合发展，以非遗文化产品和服务为龙头，带动相关服务和产业链条向下游延伸，打造一批高标准、高质量、高素质非遗文化品牌，推动高质量发展。支持利用非物质文化遗产资源发展文化旅游，鼓励非物质文化遗产有机融入景区、度假区，建设非物质文化遗产特色景区。鼓励合理利用非物质文化遗产资源进行文艺创作和文创设计，提高品质和文化内涵。鼓励非物质文化遗产相关企业拓展国际市场，支持其产品和服务出口。政府将非遗文化产品列入政府采购目录，增大对非遗文化产品的采购份额，鼓励相关单位购买非遗相关产品和服务，从而支持非遗相关企业的经营。鼓励对非遗项目经营企业采取税收减免措施，降低其运营成本，提高效益；支持非遗传承人进行商业开发，增加传承人的经济收入；通过采购、征集等方式，收购一些优秀老艺人的经典作品，用作政府对外交流的礼品和展馆展示的实物，以支持非遗传承人增收创业。

4. 出台消费政策，激活非遗消费活力

非遗是中华民族的宝贵财富，是中华文明绵延传承的生动见证。让非遗传承“潮”起来，让文化遗产“活”起来，是非遗保护的应尽之责，激活非遗消费也是非遗传承的应有之义。坚持人民的非遗人民共享，激发非遗活力创造美好生活的理念，盘活特色非遗资源，激发非遗活力，以非遗特色产品、佳作精品，满足群众对美好生活的新期待。通过举办“非遗购物节”，引领百姓就近体验和消费身边各种好吃、好玩、好购的非遗与中华老字号产品，形成大众消费非遗文化的浓厚氛围。通过联合电商平台、权威媒体开展线上推广展示非遗产品活动，鼓励非遗传承人开展直播带货，激活非遗线上消费市场巨大潜力；通过发放文旅消费券，吸引众多市民和游客前来体验非遗项目，购买非遗文创产品，参加非遗展示等，刺激非遗消费市场。通过定制方式生产和服务，完全可以针对特定对象，建立特定的非遗文化产品和服务私人定制市场，彰显消费者生活个性。要突破传统非遗消费观念，处理好公共福利与市场供给关系，在公共领域，老百姓的基本需要，是公共利益，由政府确保；在市场领域，消费者个性化需求，是市场行为，由市场决定，通过培育市场，由消费者自己选择非遗产品和服务。

5. 实施数字战略，创新非遗保护手段

随着数字经济的快速发展，非遗保护的手段更加多样，借势挖掘数字化潜力，对于实现非遗保护的可持续发展具有重要作用。运用数字化方式加以保护，实现非遗的传承与创新，展现非遗文化的生命力。实施非物质文化遗产数字化保护工程，采用录音、录像、多媒体等现代数字技术手段，开展非物质文化遗产项目记录，建立国家、省、市、县四级非物质文化遗产保护数字化管理体系。利用数字多媒体等现代化技术手段，全面、真实、系统地记录代表性传承人掌握的非遗知识和精湛技艺，为后人传承、研究、宣传、利用非物质文化遗产留下宝贵资料。启动“智慧非遗”大数据建设，统筹规划全国非物质文化遗产数据库建设，初步建立起适应社会发展、满足工作需要、兼顾各地实际、提供公众服务的数据库群。鼓励和支持各地政府和社会组织加强非物质文化遗产网站建设，联合各地非物质文化遗产网络资源，形成各具特色、独立运作又相互协调的全国非物质文化遗产网站群。通过“互联网+科技+非遗”的手段，以“听得见的非遗”“带得走的非遗”“学得来的非遗”三种简单、贴近生活的数字化方式，展示和传承非遗。运用数字技术对非遗项目进行音像采集，以VR（虚拟现实技术）、AR（增强现实技术）全景为基本形式，沉浸式、立体化地展示非遗项目。通过5G网络平台和智能手机让人们可随时随地欣赏非遗精品、了解非遗故事、体会非遗产品的魅力。

6. 建立奖惩机制，激励非遗保护主体

非物质文化遗产的保护传承活动必须尊重非遗保护伦理原则，完善对非遗代表性传承人的评审、考核和奖惩制度。非遗文化传承人承担着非遗文化的保护和传承任务，各级政府在认定非遗代表性传承人的时候，不仅要鉴别所传承的非遗项目，更应该对申报人的政治立场和社会道德等进行综合考察。建立对代表性传承人传承实践的考核、奖惩机制，逐步建立和完善代表性传承人认定和退出机制。建立对政府保护单位的考核评估检查监督制度。要制定与非物质文化遗产保护相适应的绩效考核标准，科学考评财政投入和使用情况、机构设置、人员配备、制度执行、目标实现程度等内容，并通过行政、经济、法律等手段进行调控，促进政府部门积极履行保护职责。建立地方政府非遗保护职责履行的监督机制。依据《中华人民共和国非物质文化遗产法》，通过对政府职责履行情况进行法制监督、行政监督和社会监督，防范政府在非遗保护中的“不作为”、权力寻租等失职行为，提高政府职责履行效能。支持非物质文化遗产相关企业按规定享受税收优惠政策，鼓励和引导金融机构继续加强对非物质文化遗产的金融服务，支持和引导公民、法人和其他组织以捐赠、资助、依法设立基金会等形式参与非物质文化遗产保护传承。

7. 尊重非遗价值，加强知识产权保护

加强非物质文化遗产知识产权保护，依法维护非物质文化遗产传承人合法权益。建立和完善非遗知识产权保护法规体系。在非遗法与知识产权法基础上，制定各类更为具体的实施细则。增加对使用非遗资源的经济和精神补偿机制，维护原创者、传播者的权益。构建以各级政府为主导的非遗保护单位体系，明确界定公共成果与独创成果；进一步建立健全非遗档案，特别是“公知技术内容库”，让非遗传承人和文创产品设计者、生产企业明确知晓自身权利范围；推进非遗知识产权保护方面的普法宣传，提升全社会特别是非遗项目集中的地区、非遗行业和从业者对非遗知识产权保护的意识。建立传承人权益保护组织，集中管理传承人权利，或在有关行业协会中增加这方面职能。有了法律法规的保障和相应的权益保护组织，才能有力地促进非物质文化遗产的传承与发展。

8. 加强人才培养，打造非遗专业队伍

各级党委和政府要根据当地非物质文化遗产资源富集程度和实际工作需要，统筹加强非物质文化遗产保护人才队伍建设，完善人才培养机制。强化代表性传承人在保护传承中的关键性作用，继续鼓励和扶持代表性传承人提高技艺和开展传习活动。实施全国非物质文化遗产人才队伍能力提升工程。将非物质文化遗产保护纳入有关干部教育培训内容，提升岗位工作能力。完善非物质文化遗产保护专业技术职称评审制度，建设一支理论知识与实际操作兼备的专业化、职业化人才队伍。推动非物质文化遗产智库建设，进一步发挥专家咨询作用。对在非物质文化遗产保护工作中作出显著贡献的组织和个人，按照相关规定予以表彰奖励。

将非物质文化遗产内容贯穿国民教育始终，构建非物质文化遗产课程体系和教材体系，出版非物质文化遗产通识教育读本。在中小学开设非物质文化遗产特色课程，鼓励建设国家级非物质文化遗产代表性项目特色中小学传承基地。加强高校非物质文化遗产学科体系和专业建设，支持有条件的高校自主增设硕士点和博士点。在职业院校开设非物质文化遗产保护相关专业和课程。建设一批国家非物质文化遗产传承教育实践基地，鼓励非物质文化遗产进校园。支持建立高校非物质文化遗产研究基地，培养非物质文化遗产保护传承专业人才。

附录：

黄永林教授微传*

一个人成人成才之路，很大程度上靠的是名师指路。在大学里就有一批学识渊博而又诲人不倦、深受学生喜爱的老师。黄永林教授就是这样一位好老师，是全校研究生自主评选出来的“我心目中的好导师”。作为华中师范大学“双肩挑”教师，他在行政管理与教学科研两个领域都做得很出色，受到大家的好评。

一、善政：以研促管，务实高效

1983 年他大学毕业即留院工作，担任中文系 1981 级辅导员。这是他带过的唯一一届本科生，这届学生中绝大多数已经成长为企事业单位的领导中坚，其中不乏高校党政领导、国企一把手、厅局级干部，堪称桃李满天下，这展示了他教育学生、培养人才的管理才能。

1988 年 3 月，当时还在在职攻读研究生学位的他被领导赏识，调到学校财务处，正式成为教学研究与行政管理双肩挑干部。这或许是与他早年算盘打得不错，曾在生产大队当过会计有一定关系吧。但从文学研究跨行到财务管理，从形象思维到抽象思维，无疑是一项非常严峻的挑战。而他迎难而上，刻苦学习，勤于钻研，以超乎寻常的毅力努力提升

---

* 本文作者：徐金龙，华中师范大学国家文化产业研究中心副教授、博士、硕士生导师。研究方向：非物质文化遗产保护利用、文化资源与文化产业、民间文化与动漫产业。原载《文学教育》2020 年第 5 期中旬号。

自己的业务水平，迅速完成了从“门外汉”到行家里手的转变。

2005 年在英国剑桥大学访学

1989 年他结合国务院新批转的文件，针对高校开展有偿社会服务存在的问题，发表了《论高校有偿服务的“度”》一文，率先提出高校有偿社会服务“度”的问题，主张“规模上必须量力而行，统筹兼顾”、“内容上必须与学校教学科研相结合”、“效益上必须坚持把社会效益放在首位”和“收入分配上必须正确处理国家、集体和个人三者利益的关系”，这些当时颇为新锐前沿的观点至今仍有重要的现实借鉴意义。同年，他参与调查撰写的专题报告《高校公费医疗超支原因和改革建议——武大、华工和华师医疗费超支情况调查》受到有关部门高度重视，为深化高校公费医疗制度改革提供了有力借鉴。

1994 年，他被推选为中国教育会计学会会刊《教育财会研究》（中国唯一的教育财会理论专刊、教育部一级教育财会权威期刊）主编，随后被推选为中国教育会计学会副会长、全国高等师范院校财务管理研究会会长。高校财务管理的行政岗位促使他在教育财会理论学习中结合工作实际思考具体问题，特别是作为杂志主编，在编发文章时关注国内外教育财务管理的新情况、新问题和新理论，养成了他对教育财务管理和会计核算中重点与热点问题思考和研究的习惯。紧密结合国家教育改革和学校财务工作，他先后发表了《论高等教育消费》《高校实行责任会计初探》《试论高校会计的决策职能》《高校人才成本核算初探》《加入WTO与中国高校财会工作》等一批研究文章，就理论界关注的重要问题进行深入探讨，为学校各项决策提供科学的依据，促进了学校教育事业的发展。

2003年底，学校面向海内外公开招聘副校长，他在众多竞争对手中脱颖而出，成为主管财经工作的副校长，并且一干就是十三年。他多次参与教育部、财政部关于教育财务与会计改革政策和制度的制定、财务预决算分析和重要课题研究等工作，先后主持了10多项教育财会研究重大和重点项目，如教育部财务司、财政部教科文司项目“世纪之交的中国教育财务改革与发展研究”“中国高校独立学院财务管理研究”“新中国成立60年教育财务改革与发展研究”“改革完善中央高校经费投入机制研究”等；出版关于教育管理和财会方面著作10多部，如《新中国教育财会六十年》《中国独立学院财务管理理论与实践研究》《教育财务与会计手册》《教育财会改革探究》《中国教育会计学会三十年（1988—2018）》等；发表关于教育管理和财会研究论文60多篇，其中有多篇被《新华文摘》、人大报刊复印资料等全文转载；获得第六届国家图书奖提名奖、中国教育会计学会优秀论文二等奖等奖励多项。这些从行政实务中提炼的成果，很多转化为科学管理的施政决策。他当副校长分管财务工作10年，带领全校师生开源节流，成效显著，学校经费从2004年不到5亿元，到2014年达到20亿元，10年时间增长了4倍，成为华中师范大学历史上经费增长速度最快的时期，为学校发展提供了经济保障。后来他转到分管学校办公室、学校科研和对外合作等工作，也取得了突出的成绩。

行政管理工作中，他一向坚持原则，克己奉公，雷厉风行，低调务实，取得了骄人的业绩。2017年他从校领导岗位退下来，一心从事学术研究。作为国家文化产业研究中心的开创者、负责人，他勤勤恳恳，兢兢业业，致力于将之打造成为文化和文化产业领域的高端智库和特色品

与著名诗人贺敬之先生合影

牌。该中心是文化部在中部地区设立的唯一一个国家级文化产业研究中心，自 2006 年底成立以来，现已建设成为集政、产、学、研一体化，跨学科、综合型、开放流动的研究和公共服务平台，从最初四五个教师编制逐渐发展壮大到现在十几名专职教研人员、几十名兼职教授，硕博士研究生数也从最初的 10 来人发展到近 300 人，人均科研经费多年来名列学校前茅。2019 年底，文化产业研究中心获批文化和旅游部“文化和旅游研究基地”，入选中国智库索引（CTTI）来源智库。

二、博学：跨界融合，精进创新

黄教授出身于湖北江汉平原乡村人家，从小受到民间文艺的熏陶，童年的生活环境和个人兴趣促使他与民间故事和小说结缘，喜欢听故事、看小说，对文化情有独钟。热爱文学、关注文艺、研究文化，成了他的人生志趣所在。

1979 年，他考上了华中师范学院（现华中师范大学）中文系，对故事和小说爱不释手，第一次读《十日谈》，竟至废寝忘食、通宵达旦，一连看了三遍。自此如痴如醉地遨游在文学的殿堂里，心无旁骛地走上了研究民间故事和中西通俗小说之路。在著名故事学家刘守华教授指导下，他完成了学士学位论文《中国民间故事与中国小说之发展》，因颇具新意而获得好评，修改后很快在省电大学报发表了。留校后，他继续民间文学特别是湖北民间故事的研究，选编出版了机智人物故事集《钱六姐与贱三爷》，陆续发表了《孟姜女传说在湖北》等一系列研究论文，引起民间文学界的关注。

1985年他考取了民间文学研究生，成为刘守华教授的开门弟子（硕士），又恰逢通俗文学兴起研究热潮，便敏锐地以《论通俗文学与民间文学的关系——论郑振铎的俗文学观》作为硕士学位论文选题。该论文既有现实性又有前瞻性，兼具填补学术空白的开拓意义，发表后就被《新华文摘》、人大报刊复印资料等权威刊物转载。其后他进一步深入探究，出版了专著《郑振铎与民间文艺》，获得中国民间文艺学最高奖项"山花奖"学术著作奖、湖北省社会科学优秀著作奖。这时，他开始了中西通俗小说的比较研究，合作翻译了国际著名的民间文艺学家丁乃通先生的著作《中西叙事文学比较研究》，并在《外国文学研究》等重量级期刊发表了一系列研究文章，1995年还在台湾文津出版社出版了《中西通俗小说比较研究》，将中国古代到现代的通俗小说与西方通俗小说进行系统细致的比较，这是我国第一本关于中西通俗小说比较研究的专著。其后，他在此基础上拓展深化，经多年潜心研究，于2009年出版了近50万字的《中西通俗小说叙事：比较与阐释》，从中西通俗小说发展的动态中探求演变规律，从社会文化背景和文化精神上阐释中西通俗小说的异同及其根源，体现了宏观与微观、历史与现实、理论与实际的结合，该书获得教育部高等学校科学研究优秀成果奖（人文社会科学）二等奖，于2018年翻译成英文，由德国斯普林格（Springer）出版社出版，在全球发行。

1997年他考取了著名现代文学评论家黄曼君教授的博士生，以"20世纪中国大众文学的现代转型及其品格"作为博士学位论文选题，从宏观上考察20世纪中国文学与社会、经济、文化、科技的关系，微观上透视其商品性和市场性、世俗性和消闲性、工业性和科技性、民主性和大众性等特点，出版以后成为我国第一本系统研究大众文学的著作。同时，

与刘守华教授等教研室老师参加民间文学博士毕业论文答辩会

他积极参与编写民间文学、中国现代文学史等教材，发表了一系列大众文学的论文，出版的《民间文化和荆楚民间文学》获得了中国民间文艺学学术著作奖，《大众视野与民间立场》获得武汉市社科优秀成果著作奖。2003 年，他获批教育部人文社会科学研究项目“中国民间文化对现代小说创作的影响”，深入探讨民间文化与作家文学的关系及雅俗互动规律，其结项成果富有创新性而被鉴定为优秀，后由人民出版社出版《中国民间文化与新时期小说》一书，于 2009 年获得第四届教育部高等学校科学研究成果奖（人文社会科学）二等奖。

进入 21 世纪以来，文化产业日益受到党和国家重视，并被提升到国家战略的高度。他因时而动，与时俱进，在原来研究民间文学、通俗文学、大众文化、民间文化的基础上，勇于迎接新的形势和挑战，转而专攻文化科技融合与文化产业发展，加强“文化资源与文化产业”交叉学科博士点建设，致力于非物质文化遗产数字化、文化资源到文化产业的创造性转化研究。2014 年他被中国文化创意产业网提名为“2014 中国文化创意产业最具贡献度的十大名人”（进入前 30 名），获得两岸文化创意产业研究联盟“杰出贡献奖”。

他先后主持了财政部、文化部委托的重大调研项目，承担国家高等教育“211 工程”三期重点学科建设项目、文化部科技提升计划项目、国家“十二五”科技支撑计划、国家社科基金等项目。他主持的“中华民族文化保护、创意与数字化工程”于 2012 年获得“第四届文化部创新奖”（三年一届）。同时他为湖北省、武汉市成功获批“武汉东湖国家级文化和科技融合示范基地”“武汉国家现代服务业数字内容产业化基地”贡献智慧，发挥了重要作用。他近年主持的湖北省改革智库多个重点项目成果，有的已转化为湖北省文化领域的改革政策文件；2016 年“湖北省文化体制改革现状分析与对策研究”入选“湖北高校优秀决策咨询研究成果十大成果”。2018 年《数字化背景下非物质文化遗产的保护与利用》获得湖北省第一届非物质文化遗产保护与传承优秀科研成果一等奖。2019 年暑假期间他带领团队深入全省 17 个地市州调研，高质量完成了湖北省文化产业“十四五”规划前期研究课题和湖北省改革智库重点课题。2020 年，针对新冠肺炎疫情对重灾区湖北省文化企业的影响，他联合中共湖北省委宣传部文化产业处和湖北文化产业网，带领团队执笔完成了《关于新冠肺炎疫情对湖北文化企业影响的调研报告》，提出了系统性的应对之策，获得湖北省委副书记、省长王晓东，省委常委、省委宣传部部长王艳玲和副省长肖菊华三位省领导批示。

1987 年在民间故事家刘德培老人家中采访

纵观黄教授40来年的学术生涯，他经历了从民间文学到通俗文学，从大众文化到民间文化，从文化资源到文化产业的几次大的转型跨越。从纯理论研究转向应用性研究，游走在文学、文化和经济几大领域，瞄准学术前沿，运用多种方法，跨界交叉融合，博采众家之长，不断超越自我，攀登了一座座学术高峰。

三、勤思：刻苦钻研，沉醉痴迷

人们不禁要问，黄永林教授是如何做到行政与学术兼顾的呢？他在完成紧张繁忙的行政工作的同时，勤于思考，对学术研究投入极大的热情，甚至有些沉醉痴迷，让人感动敬佩到心疼，或许这就是他能够取得“双肩挑”双峰并峙的秘诀吧。

2017年大年三十除夕夜，据黄教授的夫人谈起，他假期一直在书斋搞学问，到了吃团年饭的时候才出来，陪着家人吃完饭后勉强看完了春节联欢晚会。那时候都已凌晨了，然而他兴致勃勃，一头钻进了书斋，像往常一样在夜深人静的时候继续他的学术事业，一直到凌晨两三点钟。有时候深更半夜，他想到好点子，写到精妙处，高兴得像个孩子似的，快活得又蹦又跳，还得意地哼上几句，比打麻将的人和了一个很难的绝和还过瘾。恐怕学界这样“走火入魔”的学痴为数不多吧。他家对门邻居有一次半开玩笑地说：“说起黄老师啊，清心寡欲，感觉都快不食人间烟火了，牺牲了多少‘生活情趣’啊。也许做他的学问，就是他莫大的幸福、最大的快乐吧。”

他的一位同事也是学校副校长，同是“双肩挑”干部，曾经颇有感触地说：“永林校长不太喜欢应酬的场合，总是非常理性克制，为的就是保持清醒，应酬完了之后，不管多晚准是钻书房，搞他的学问去了的。”黄教授夫人补充印证说，他有时候在外面应酬回来，免不了人情往来、推杯换盏，偶尔带点酒意，却仍然待在书房，沉浸在他自己的学术天地里。有位学院党委书记住在他家附近，感慨地说：“黄校长书房的灯总是熄得很晚。好多老师都观察反映过，我就亲眼目睹过好几次，而且他第二天早上上班很精神、很准时……他的勤奋敬业精神可见一斑。”这正是他“夜眠人静后，早起鸟啼先”的真实写照。

在一次学生座谈会上，他自嘲地说：“我这个人，一生也没有什么特别爱好，不打麻将也不打扑克，不会唱歌也不会跳舞，不会抽烟也不怎么喝酒，不爱运动也不爱看电视，唯一的爱好就是看书、写书了。”

稍微了解他的人都知道，事实确实如此。他向来严于律己，洁身自好，谨言慎行，没有什么不良嗜好，也谈不上有什么娱乐爱好。他唯一的爱好，如果算得上是爱好的话，无疑就是醉心痴迷于研究思考了，琢磨他的行政工作，钻研他的专业学问。他在回顾自己研究之路、激励青年学生时曾说："我的学问都是在别人看电视、打麻将、游戏消遣的时候，利用自己业余时间做出来的。"

他做项目并不是像某些专家领导只是挂个名，而是事必躬亲，他经常利用假期带领团队深入实践开展调查研究。20 世纪 80 年代中期，他在读研究生的时候，赶赴湖北长阳考察土家族跳丧习俗，当时的条件相当恶劣，他硬是签下了生死状才说服船夫渡江，不惜冒着生命危险深入民俗田野，探访非遗传承人。事后，船夫都吓出了一身冷汗，后怕不已。在做全国农村文化调研时，他在时任贵州民族大学预科教育学院院长、现任贵州师范大学校长肖远平教授陪同下，不顾颠簸，翻山越岭，险些遭遇车祸，坚持深入贵州等西南少数民族边远山区，吃住在当地，即使水土不服也不退却，为的就是获取第一手的鲜活材料。

从黄永林教授身上不难看到，一名真正的学者，在当前急功近利甚至追名逐利的浮躁社会里，面对喧嚣和诱惑，岿然而立，抱朴守真，坚守学术就像入定的苦行僧一般淡泊宁静，坐得了冷板凳，耐得住寂寞，而又悠然自得，乐此不疲；浸润学问好似皈依的教徒一样虔诚狂热，哪怕魂牵梦萦，哪怕走火入魔，依然痴迷忘返，沉醉其中，独享那一隅学术天地的安宁平和，自得于精神的丰润富足，达到一种大胸襟、大情怀、大境界。

后　　记

2013 年 2 月 25 日，中山大学、华中师范大学、厦门大学和哈尔滨工业大学在中山大学联合举行了“文化遗产传承与数字化保护协同创新中心”培育启动仪式。四校签署了《组建“文化遗产传承与数字化保护协同创新中心”框架协议》，其后又有文化部中国艺术研究院加盟。这个协同创新中心按照“国家急需、世界一流”的要求，以国家重大需求为牵引，以机制体制创新为核心，发挥协同单位多学科、多功能的优势，积极联合创新力量，聚集创新要素和资源，搭建人才培养、学科建设、科学研究“三位一体”的协同创新平台，致力于我国文化遗产传承与数字化保护问题理论研究和实践探索，为我国文化遗产的传承与保护开辟新的道路。协同创新中心成立后，在中山大学的统一领导下，相关协同学校和单位，认真贯彻实施教育部、财政部《关于实施高等学校创新能力提升计划的意见》（教技〔2012〕6 号），整合协同中心各成员单位相关学科领域的主要力量，组建了一个强强合作、优势互补、实力雄厚、高水平的协同创新团队，初步形成了有利于协同创新可持续发展的能力。在数字化技术与文化遗产保护、传承、利用、展示和管理等问题的创新研究方面进行了较为深入的协同研究，推进了人才培养模式创新，提升了人才培养质量，深化了非物质文化遗产数字化研究，扩大了学科的影响力，协同创新工作迈出了可喜的步伐。

2016 年，为了加强协同研究，在教育部人文社会科学研究重点基地中山大学中国非物质文化遗产研究中心的大力支持下，华中师范大学国家文化产业研究中心参与了该基地的教育部人文社会科学重点研究基地重大项目的申报，项目名称为“非遗数字化保护与传播研究”，经过专家评审、教育部审批等程序，获得了这一重大项目，项目编号为16JJD860009。项目具体承担单位华中师范大学国家文化产业研究中心，是2006年原国家文化部批准成立的国家级文化产业研究单位，主要开展文化资源与文化产业研究。近几年来，承担国家级、省部级课题50余项，重大重点项目近20项。其中有国家“十二五”和“十三五”科技支撑计划项目、国家文化部科技提升项目、国家社科基金重大招标项目、教育部哲学社会科学研究重大课题攻关项目等一大批重大项目。同时，还以科学研究带动学科的建设和发展，依托优势学科，通过多学科交叉，形成了新兴的文、理、工、管、艺等学科交叉的“文化资源与文化产业学科”，已独立设置“文化资源与文化产业”学术型硕士、博士学位点，“农业推广（农村文化）硕士专业学位点”，构建了从硕士（包含专业学位硕士）、博士到博士后的完整、结构合理的高层次人才培养体系。国家文化产业研究中心还荣获国家文化科技创新最高奖项——第四届文化部创新奖，以及中国智库索引（CTTI）2018年度精品成果奖、教育部高等学校科学研究优秀成果奖（人文社会科学）等，指导的学生参加国家五部委组织的“创青春”全国大学生创业大赛获银奖，入选“湖北高校优秀决策咨询研究成果十大成果”，获得湖北省第一届非物质文化遗产保护与传承优秀科研成果一等奖。

非物质文化遗产研究、文化与科技融合研究是研究的重点和优势，由华中师范大学国家文化产业研究中心主持论证参与申请的武汉东湖国家级文化科技融合创新示范基地获国家批准建立，在中心主导的农村文化研究项目基础上申报的“农村公共服务综合改革协同创新研究中心”也经国务院农村综合改革工作小组正式批准，同时中心还是中华文化促进会文化产业（中国）协作体学术支持机构，“中国文化科技创新与文化产业发展联盟”发起单位，海峡两岸文化创意产业高校研究联盟合作单位，湖北省非物质文化遗产研究中心、湖北文化体制改革智库和武汉文化科技创新研究院的依托单位。

在中山大学中国非物质文化遗产研究中心和华中师范大学国家文化产业研究中心的通力合作下，由我承担的教育部人文社会科学重点研究基地重大项目“非遗数字化保护与传播研究”进展十分顺利，目前已出版专著2部，发表论文30多篇，其中被《新华文摘》和人大报刊资料转载的就有10篇，拍摄非物质文化遗产影视片13集。另外，还获得省部级非物质文化遗产成果奖励3项。本书是该项目的主要结项成果。

除书中已署名了的合作者外，华中师范大学国家文化产业研究中心的孙传明副教授、徐金龙副教授，博士生毕曼、沈思涵，硕士生沈钰玥、赵经纬等也参加了本项目的部分研究和本书的校对工作。在此，对上述参与单位和人员表示衷心的感谢！

借此机会，我还要特别感谢华中师范大学的刘守华教授、詹一虹教授、谈国新教授，中山大学的宋俊华教授、王霄冰教授、刘晓春教授、蒋明智教授，以及山东大学的张士闪教授、王加华教授、刁统菊教授，北京大学的高丙中教授，北京师范大学的萧放教授，中央民族大学的林继富教授等一大批学者在本项目研究过程中给予的大力支持和无私帮助。

当然，我还必须感谢教育部社科司、华中师范大学、中山大学以及华中师范大学出版社的支持！

对于我来说，这里交出的是一份并不算十分满意的答卷，因为我深知其中存在的不足不少，我期待着大家的批评指正。本项目研究虽然已经结束，但我对乡村文化和非物质文化遗产的研究还将继续深入，我期待各位继续关心和支持。

黄永林

2022年8月26日于桂子山